EVA JOLY

Im Auge des Zyklons

Buch

Acht Jahre lang hat die französische Ermittlungsrichterin Eva Joly die Untersuchungen des Finanzskandals um den Öl-Konzern Elf Aquitaine geleitet. Statt bei ihren Untersuchen Unterstützung zu erfahren, wurde sie systematisch behindert, eingeschüchtert, illegal abgehört und sogar mit dem Tod bedroht. Sie machte sich den obersten Richter des Landes zum Feind und brachte sowohl Elf-Aquitaine-Chef Loik Le Floch-Prigent als auch den ehemaligen Außenminister der Republik, Roland Dumas, vor Gericht: »Ich wollte einfach nicht, dass Zynismus und das Gesetz des Stärkeren die Oberhand behielten. Das ist alles.« Die Korruption, so Eva Joly, hat sich weltweit zum System entwickelt, das unsere moralische und wirtschaftliche Integrität untergräbt: »95 Prozent der großen Geldbetrügereien bleiben ungestraft.« Eva Joly zeigt, mit welchen Einschränkungen eine Vertreterin des Gesetzes konfrontiert ist, wenn sie den Nimbus der Unberührbarkeit durchbricht und die Reichen und Mächtigen zur Verantwortung zieht. Doch weil Eva Joly gerade dies geschafft hat, ist das vorliegende Buch auch ein Dokument der Hoffnung.

Autorin

Eva Joly wurde in Oslo geboren. Mit 18 Jahren kam sie nach Paris. Sie studierte Jura und wurde 1990 Oberste Ermittlungsrichterin im französischen Finanzministerium. 1995 begann sie mit Ermittlungen in einer Unterschlagungsaffäre von Elf Aquitaine. Als sie der Verstrickung vieler Politiker und Unternehmen in die Affäre auf die Spur kam, wurde die Situation hochexplosiv: Unter Morddrohungen deckte sie den größten europäischen Korruptionsskandal auf. Im März 2001 konnte sie die Ermittlungen erfolgreich abschließen. Im Juni 2000 wurde sie vom norwegischen Justiz- und Außenministerium mit dem Aufbau einer Kommission beauftragt, die auf internationaler Ebene den Kampf gegen die Korruption und die Schwarzgeldströme zwischen Politik, Wirtschaft und Mafia aufnehmen soll. 2002 wurde Eva Joly zur Europäerin des Jahres gewählt. Sie lebt heute wieder in Oslo.

Eva Joly

Im Auge des Zyklons

Mein Kampf gegen internationalen Finanzbetrug

Aus dem Französischen
von Elisabeth Liebl

GOLDMANN

Die Originalausgabe erschien 2003 unter dem Titel
»Est-ce dans ce monde-là que nous voulons vivre?«
bei Editions Les Arènes, Paris.

FSC
Mix
Produktgruppe aus vorbildlich
bewirtschafteten Wäldern und
anderen kontrollierten Herkünften

Zert.-Nr. SGS-COC-1940
www.fsc.org
© 1996 Forest Stewardship Council

Verlagsgruppe Random House FSC-DEU-0100
Das FSC-zertifizierte Papier *München Super* für Taschenbücher
aus dem Goldmann Verlag liefert Mochenwangen Papier.

1. Auflage
Taschenbuchausgabe Februar 2006
Wilhelm Goldmann Verlag, München,
in der Verlagsgruppe Random House GmbH

Umschlaggestaltung: Design Team München
Umschlagfoto: SIPA Press
KF · Herstellung: Str.
Druck und Einband: GGP Media GmbH, Pößneck
Printed in Germany
ISBN-10: 3-442-15338-7
ISBN-13: 978-3-442-15338-1

www.goldmann-verlag.de

Dieses Buch ist all jenen gewidmet, die ihre Weigerung, sich korrumpieren zu lassen, mit dem Leben bezahlten. Allen Journalisten und Richtern, die den Tod fanden, weil sie ihre Pflicht taten. Im Besonderen:

François Renaud
Ermittlungsrichter in Lyon, ermordet am 3. Juli 1975.

Don Bolles
Journalist der *Arizona Republic*, der am 2. Juni 1976 in den Vereinigten Staaten bei einer Explosion seines Wagens umkam. Er stellte Nachforschungen über die Beziehungen zwischen Unternehmen, Politik und organisiertem Verbrechen an.

Pierre Michel
Ermittlungsrichter in Marseille, ermordet am 21. Oktober 1981.

Hernando Baquero Borda
Richter am Obersten Gerichtshof in Kolumbien, ermordet am 31. Juli 1986.

Antonino Saetta
Präsident des Appellationsgerichtes in Palermo, Sizilien, ermordet am 26. September 1988 zusammen mit seinem Sohn **Stefano**.

Ivan Martinez Vela

Präsident des Obersten Gerichtshofes in Ecuador, am 24. Oktober 1988 von drei Kugeln niedergestreckt.

Giovanni Falcone

Richter in der Anti-Mafia-Einsatzgruppe in Palermo, der mit seiner Gattin und drei Leibwächtern am 23. Mai 1992 ermordet wurde.

Paolo Borsellino

Richter in der Anti-Mafia-Einsatzgruppe in Palermo, der mit fünf Mitgliedern seiner Eskorte am 19. Juli 1992 ermordet wurde.

Veronica Guerin

Journalistin beim *Sunday Independent*, die am 26. Juni 1996 in Irland von mehreren Kugeln niedergestreckt wurde. Sie hatte zahlreiche Artikel über die Unterwelt und den Drogenhandel in Irland veröffentlicht.

Norbert Zongo

Direktor des *L'Indépendant*, der am 13. Dezember 1998 in Burkina Faso ermordet wurde. Er hatte mehrere Finanzskandale publik gemacht, in welche Angehörige des Präsidenten Blaise Compaoré verwickelt waren.

Hector Jiménez Rodriguez

Richter am Obersten Gerichtshof von Medellín in Kolumbien, ermordet am 17. Oktober 1999.

Carlos Cardoso

Journalist aus Mosambik, ermordet im November 2000. Er hatte mehrere Korruptionsskandale aufgedeckt, in die die höchsten Kreise der Politik und Justiz seines Landes verwickelt waren. Als er starb, untersuchte er einen Fall, der die Banque Commerciale du Mozambique betraf.

Gueorgui Gongadze

Journalist, der eine Webseite ins Leben gerufen hatte, die sich der Korruption der ukrainischen Behörden widmete. Er verschwand im September 2000. Sein enthaupteter Leichnam wurde erst zwei Monate später aufgefunden.

Feng Zhaoxia

Journalist bei der chinesischen Tageszeitung *Gejie Daobao*, den man am 15. Januar 2001 mit durchgeschnittener Kehle fand. In seinen Artikeln widmete er sich wiederholt den Verbindungen zwischen einzelnen Lokalpolitikern und der chinesischen Mafia.

Gueorgui Sanaïa

Journalist beim unabhängigen Fernsehsender »Rustavi 2« in Georgien, der am 26. Juli 2001 durch einen Kopfschuss getötet wurde. Seine tägliche Sendung griff immer wieder Fälle von Korruption und Schutzgelderpressung auf. Seine Anklagen richteten sich vor allem gegen die Staatsanwaltschaft und das Ministerium für nationale Sicherheit.

Jorge Mynor Alegría Armendáriz

Journalist bei »Radio Amatique« in Kolumbien. Am 5. September 2001 von Unbekannten vor seiner Haustür ermordet. Auch er untersuchte Korruptionsfälle hoher Politiker und Verwaltungsbeamter.

Paul Nkoué

Richter in Kamerun, ermordet am 17. Februar 2002.

Harun-ur-Rashid

Journalist bei der Tageszeitung *Dainik Purbanchal* in Bangladesh, ermordet am 2. März 2002. Er hatte Artikel über das organisierte Verbrechen im Südwesten des Landes, vor allem über die Mafiaverbindungen der Purba-Bangla-Sharbahara-Partei, geschrieben.

Valeri Ivanov

Chefredakteur einer Zeitschrift in der russischen Stadt Togliatti, ermordet im Mai 2002. Er hatte gerade eine Serie von Artikeln über die Korruption lokaler Politiker verfasst.

Edgar Damalerio

Reporter bei »Radio DXKP« und Direktor der Zeitschrift *Zamboanga Scribe* auf den Philippinen, ermordet am 13. Mai 2002. Er hatte mehrere Artikel über Korruption in der Politik und bei der Polizei veröffentlicht.

Leïla Baisetova

entführt, gefoltert und ermordet am 23. Mai 2002 in Kasachstan. Am Vortag hatte ihre Mutter, die Journalistin Lira Baisetova, ein Interview mit dem Schweizer Staatsanwalt Bertossa veröffentlicht, in dem es um Schweizer Nummernkonten zweier früherer Premierminister des Landes ging. Lira Baisetova, die seit Jahren bedroht wird, hatte bei einem Angriff bereits ein Auge verloren.

Sonny Alcantara

Direktor der philippinischen Zeitschrift *Kokus* und Fernsehjournalist, getötet durch einen Kopfschuss am 22. August 2002. Er fühlte sich bedroht, seit er mehrere Artikel über den ehemaligen Bürgermeister von San Pablo City geschrieben hatte.

Hector Rodriguez

Richter am Verwaltungsgericht von Guatemala City, ermordet am 12. Januar 2003.

Guillermo Bravo

Fernsehjournalist, und **Jaime Rengifo**, Radioreporter, ermordet am 28. bzw. 29. April 2003 in Kolumbien. Beide hatten mehrere Korruptionsskandale und die Praktiken der Privatarmeen aufgedeckt.

Im Augenblick leben wir im Zeitalter der Aufseher und Polizisten. Das Zeitalter der Richter bricht erst an, ob Ihnen dies nun gefällt oder nicht. Und es werden dies gerechte Richter sein.

Marc Bloch

Ich weiß nicht, weshalb ich ein so unerschütterliches Vertrauen in die Zukunft der Menschen hege. Möglicherweise ist es überhaupt nicht gerechtfertigt. Doch die Verzweiflung ist per se irrational: Sie löst kein einziges Problem, sondern schafft ihrerseits nur immer neue. Daher ist sie von Natur aus leidvoll. Es stimmt, dass einige meiner Romane in der Katastrophe enden. Doch wenn wir uns dessen rechtzeitig bewusst werden, haben wir die Mittel, die Klugheit und die Kraft, dem zuvorzukommen.

Primo Levi

Inhalt

Vorwort zur deutschen Ausgabe

In keinem Land begrüße ich die Übersetzung meines Buches mehr als in Deutschland.

Als sei es gestern gewesen, sehe ich die beiden Richter aus Augsburg vor mir. Die deutschen Kollegen waren gekommen, um sich über den Stand der Ermittlungen im Fall Leuna zu erkundigen. Hier waren Verdachtsmomente aufgekommen, die Schmiergeldzahlungen im Zusammenhang mit dem Verkauf der Raffinerie an Elf vermuten ließen. Der Chef des französischen Ölriesen, Loïk Le Floch-Prigent, rechtfertigte die wohl illegalen Zahlungen damit, dass man die deutschen Entscheidungsträger zu einer für den französischen Konzern positiven Beschlussfassung habe ermutigen müssen. Unsere Ermittlungen ergaben, dass Elf in dieser Sache mehr als hundertsechzig Millionen Franc an einen Mittelsmann gezahlt hatte, der Kontakte zum Bundesnachrichtendienst pflegte. Auch ein ehemaliger Staatssekretär im Verteidigungsministerium schien beteiligt zu sein.

Einen ganzen Tag lang erklärten wir den deutschen Kollegen die Einzelheiten des Falles. Nach uns tat die Staatsanwaltschaft in Genf genau dasselbe. Die deutsche Justiz hatte also alle Trümpfe in der Hand. Und was hat sie daraus gemacht? Die Ermittlungen in Deutschland kamen nie zu einem konkreten Ergebnis. Ich frage mich sogar, ob sie je wirklich in Gang gekommen sind.

Die Geschichte, die ich hier erzähle, muss vor diesem Hintergrund gelesen werden. Denn das, was wir ans Tageslicht brachten, hätte jenseits des Rheins zu ähnlichen Ermittlungen führen können, vielleicht sogar müssen. Jedes Detail, von dem ich hier berichte, hat einen unsichtbaren Doppelgänger in Frankfurt oder Berlin. Doch deren Geschichte wird wohl nie geschrieben werden.

Frankreich ist keineswegs vollkommen. Kritik an der Führungsschicht meiner Wahlheimat ist durchaus berechtigt. Doch soll hier nicht unerwähnt bleiben, dass die Behörden in Paris den Fall Elf bis an sein bitteres Ende verfolgten. Die Wahrheit macht Angst. Mitunter verletzt sie uns sogar. Doch für das Leben in der Demokratie ist sie eine unumgängliche Voraussetzung.

Dieses Buch hat sich zum Ziel gesetzt, durch seine Offenheit die Unberührbarkeit der Eliten zumindest anzukratzen. Während der Ermittlungen im Fall Elf gelang es Deutschland und Frankreich nicht, die Korruption mit vereinten Kräften zu bekämpfen. Mein Wunsch ist es, dass dies in Zukunft anders sein möge. In dem Sinne hoffe ich, dass diese Zeilen auf fruchtbaren Boden fallen mögen.

Eva Joly

Paris, 28. Juli 2003

Präludium

Ich schreibe dieses Buch in einer Blockhütte in den Bergen. Das Land rundherum hat einst meinen Vorfahren gehört, die Bauern waren. Es verbindet mich mit den Generationen vor mir, deren ganze Kraft sich in der Sicherung des Überlebens verzehrte. Der Überfluss, der uns umgibt, sollte uns nicht vergessen lassen, dass unsere Urgroßeltern in einer Welt lebten, die man wohl am treffendsten mit den Favelas in Mexiko oder den trockenen Hochebenen Südchinas vergleicht.

Seit ich wieder in Norwegen bin, überlässt meine Freundin mir häufig diese Hütte. Die Dicke der verwendeten Baumstämme gab die Maße des Raumes vor, in dem ich an diesem Buch arbeite. Nur wenige Almen durchbrechen mit ihren begrünten Dächern die Eintönigkeit des Hochmoors, das von »Sumpfgarn« bedeckt ist, wie die Norweger bildhaft die wilden Kräuter nennen, die sich unter dem Ansturm des Windes ducken. Hier lebe ich unter dem Eindruck, ans Ende der Welt geraten zu sein. Elche und Raubvögel haben sich diese verlassene Gegend voller Heidekraut, Wacholder und Preiselbeeren zum Domizil gewählt. Sie nehmen unsere Gegenwart gelassen hin.

In den sonnenlosen Wintern Skandinaviens genügen nur sechs Stunden in der Kälte, um einen Menschen zu töten. Wenn man in Norwegen ausdrücken will, dass jemand harte Zeiten hinter sich hat, sagt man: »Er hat die Winternacht draußen verbracht.«

Auf meine Weise habe auch ich eine Winternacht draußen zugebracht.

Ich erledigte meine Arbeit und erhielt deswegen Morddrohungen. Geheimdienste und private Sicherheitsleute überwachten jeden meiner Schritte. Ich war einem Druck ausgesetzt, den ich nie für möglich gehalten hätte. Ich wurde verleumdet und der übelsten Machenschaften bezichtigt. Als sei es die Justiz, die der Gesellschaft schadet. Hier nach Hintergründen und Motiven forschen zu wollen, würde letztlich nicht weit führen. Wenn ein Richter der Macht ins Gehege kommt – sei es nun im Licht der Öffentlichkeit oder im Verborgenen –, wird er zum Sandkorn in einem Räderwerk, das größer ist als er. Das ist nun einmal der Lauf der Welt.

Doch wenn der entfesselte Zyklon der Macht plötzlich über das eigene Leben fegt, wenn man selbst zum Opfer solcher Manipulationen und Einschüchterungsversuche wird, wenn man diese mächtige Front plötzlich gegen sich stehen sieht, wandelt sich das Bild. Denn mit einem Mal war ich selbst das Ziel all dieser Machenschaften.

Natürlich stand ich im Auge des Zyklons nicht allein. Wir waren eine Hand voll Richter, Polizisten und Rechtsvertreter, die gegen diese widrigen Winde ankämpften. Man möchte gern glauben, dass wir in unserer Arbeit von der jeweiligen Regierung unterstützt wurden. Tatsächlich aber wurden unsere Ermittlungen strengstens überwacht, mitunter sogar behindert. Der Staat hat uns vor dem Druck und den gewaltsamen Manipulationen, denen wir ausgesetzt waren, keineswegs so geschützt, wie dies seine Aufgabe gewesen wäre. Teilweise wurde staatlicherseits der Druck auf uns sogar noch erhöht, manchmal unsere Arbeit auch offen torpediert.

Wenn man, um seine Pflicht zu erfüllen, nur auf die eigene Stärke zählen kann, auf die eigene Ausdauer und Hartnäckigkeit, die letztlich nur aus der Unkenntnis der wahren Verhältnisse rühren, werden die Stricke angesichts der Spannung irgendwann einmal reißen.

In den letzten Monaten vor Abschluss der Ermittlungen zum Fall Elf hing meine Entschlossenheit an einem seidenen Faden. Dass ich standgehalten habe, dass ich diese äußerst brisante Ermittlung zu Ende führte und trotzdem heil davongekommen bin, heißt nicht, dass meine Aufgabe nun erledigt ist. Meine Erfahrungen und Erlebnisse aus dieser Zeit haben mich mit einem gesteigerten Gefühl der Verantwortung gegenüber meinen Mitmenschen zurückgelassen.

Vor der Kulisse dieser winzigen Kammer, wo schon ein paar Holzscheite, eine Kanne Tee und ein paar Kartoffeln genügen, um sich über den Tag zu bringen, erscheint der Kampf doch recht ungleich. Es kommt einem merkwürdig vor, in einer uralten Hütte einen Bericht über die Moral der Hochfinanz zu verfassen, über jene grauen Eminenzen, die sich nur mit Privatjets fortbewegen und in den Palästen Europas aus und ein gehen, für die eine Provision von einer Million Dollar nur Trinkgeld ist. Sie gedeihen im günstigen Klima der Steueroasen, werden an Offshore-Bankenplätzen groß, um sich am Ende in den gepolsterten Sesseln der Aufsichts- und Verwaltungsräte zur Ruhe zu setzen.

Ich hätte dort im Hochmoor bleiben können, mit den umliegenden Bergen verschmelzen. Es hätte den Lauf der Ereignisse nicht um ein Jota verändert. Doch in Norwegen gibt es eine Tradition, die seit Jahrhunderten gepflegt wird. Immer wenn ein Kind zur Welt kommt, geht der Vater in den Wald und wählt zwei- bis dreihundert Kiefern aus. Er beschneidet ihnen die Wipfel, damit die Stämme dicker werden und gerader wachsen. Diese Bäume sind für das Blockhaus des Neugeborenen bestimmt, das er in einigen Jahren bauen wird. So sorgen die Holzfäller für die Zukunft vor.

Die innere Haltung hinter diesem Brauch hat mich dieses Buch schreiben lassen.

Wir sind Zeitgenossen. Das bedeutet, dass wir denselben Weg gehen. Keiner kann heute beschaulich in seinem stillen Kämmerlein sitzen und nur den eigenen Interessen leben. Niemand kann den Blick auf den eigenen Tellerrand beschränken. Die anderen sind unser Leben. Das Übel, auf das ich bei dieser Untersuchung gestoßen bin, hat noch keinen Namen. Gewohnheitshalber bezeichnen wir es mit Begriffen wie »Korruption« oder »Wirtschaftskriminalität«. Ich würde viel eher vom »Reich der Straffreiheit« sprechen: Die Straftäter stehen außerhalb der Gesetze, weil sie mächtiger sind als das Gesetz.

Alle Werte stehen Kopf in diesem Reich.

Doch welche Volkswirtschaft kann lange Zeit ohne Vertrauen funktionieren? Welche Demokratie bleibt lebendig, wenn die Eliten sich de facto das Recht nehmen, das Gesetz zu brechen, und straflos davonkommen?

Bedauerlicherweise aber breiten Fatalismus und das Gefühl der Ohnmacht sich aus wie die schwarze Pest, die Jahr für Jahr über die europäische Atlantikküste hereinbricht, ohne dass irgendjemand die Verantwortlichen endlich zur Rechenschaft zöge, die sich hinter Hunderten von Scheinfirmen auf den Bahamas, in Zug oder Malta verbergen. Skandal folgt auf Skandal, doch außer salbungsvollen Reden geschieht nichts. Gesetzesverletzung reiht sich an Gesetzesverletzung – ohne Konsequenzen für die Täter. So stumpft jedes Unrechtsbewusstsein zusehends ab. »Hör auf mit Politik, es tut ja doch keiner was.« Was zunimmt, ist eine zynische Grundhaltung in allen ethischen Fragen.

Dem werde ich nicht tatenlos zusehen.

Noch können wir verhindern, dass unsere Kinder in einer Welt groß werden, die sich daran gewöhnt hat, dass Eliten straffrei ausgehen und Pflichten nur für den »einfachen« Bürger gelten. Unsere Kinder haben eine bessere Welt verdient. Wenn wir zulassen, dass die Ordnung unserer Welt sich auflöst, dann werden sie unter der Knute gesichtsloser Herrscher leben, die so ungerecht wie unsichtbar sind – ob in New York, Buenos Aires oder Kyoto, ob links oder rechts vom Rhein.

Diese Geschichte ist eine universelle Geschichte. Und doch ist sie auch die meine. Als ich Richterin geworden bin, habe ich geschworen, Recht zu sprechen im Namen des Volkes. Daher widme ich die chronologische Aufzeichnung der Ereignisse im Fall Elf Aquitaine dem Volk. Meine Geschichte gehört, so bescheiden sie auch sein mag, dem Volk. Sie ist im Grunde nicht meine. Denn was ich heute tue, wäre undenkbar, wenn ich nicht all diese Hindernisse hätte überwinden müssen.

Ein Problem

Das Schicksal lässt sich nicht aufhalten. Es klopft an unsere Tür, ohne uns vorher zu warnen. Ohne Ansehen der Person bricht es auch über einen Ermittlungsrichter herein, ein winziges, anonymes Rädchen in der uralten Maschinerie der Justiz.

Es ist ein Tag wie jeder andere.

Vielleicht ein wenig sonniger. Der Winter geht seinem Ende zu. Selten erschien mir der Justizpalast, dieses großartige Gebäude mit seinen schieferfarbenen Lichtspiegelungen, das sich mitten in Paris in die Schleife der Seine schmiegt, so schön. Hinter seiner hohen Fassade wimmelt es wie in einem Ameisenhaufen. Mein Büro: ein Wandschrank im hintersten Winkel eines Irrgartens. Acht Quadratmeter Nutz-, dreizehn Gesamtfläche. Unmengen von Akten. Eine uralte Farbband-Schreibmaschine. Graue Lampe, Sechzig-Watt-Birne. Der Schalter stellt mich jeden Tag vor neue Rätsel. Die Mauern des Justizpalasts haben schon viele Regime überdauert. Längst hat die Zeit seine labyrinthischen Gänge in Besitz genommen, seine gewaltigen Säle, reich verziert mit Schnitzwerk und Stuck, opulent geschmückt mit allegorischen Fresken. In den alten Demokratien nistet sich die Bürokratie mit ihren Metallschränken und den ewig staubigen Telefonen gern in monumentalen Gebäuden ein und beansprucht den vergangenen Glanz für sich.

Seitdem ich in die Finanzgerichtsbarkeit übergewechselt bin (zuvor hatte ich eine spannende Aufgabe im interessantesten Gebiet der französischen Verwaltung, der Abteilung »Staatshaushalt« im Finanzministerium[1]), kenne ich auch die dunklen Seiten des ganzen Systems. Eine Enttäuschung reiht sich an die andere. Die Justiz erfindet fast täglich neue absurde Vorschriften. Wie die Shadocks, die kleinen abstrakten Comicfiguren, die in Frankreich allgegenwärtig sind. Einer ihrer »Kampfrufe« lautet: »Warum einfach, wenn es auch kompliziert geht?«

Glücklicherweise erwarten mich an diesem Vormittag durchaus angenehme Aufgaben. Es ist eine Lagebesprechung angesetzt mit den Ermittlern der Brigade Financière, der Einsatzgruppe gegen Wirtschaftskriminalität. Ich liebe die Arbeit im Team, die die einsamen Stunden über den zahllosen Akten unterbricht. Seit ich Richterin geworden bin, verstehe ich mich sehr gut mit den ermittelnden Polizeibeamten. Uns verbindet eine gewisse Vorliebe fürs Praktische. Es macht uns Spaß, eine Heizungsrechnung bis in die letzte Einzelheit zu überprüfen oder einen Terminkalender so lange um- und umzudrehen, bis er seine Geheimnisse preisgibt. So gewinnt man weit mehr Aufschlüsse als durch simple intellektuelle Schlussfolgerungen.

Der Teufel steckt meist im Detail.

Heute gehen wir die offenen Verfahren der Reihe nach durch. Jeder Ermittlungsvorgang wird im Eilverfahren besprochen. Der Fall Bidermann liegt ganz oben auf dem Stapel. Die Nachforschungen der Beamten sind an einem toten Punkt angelangt. Das Ganze ist schlichte Routine.[2] Weder die Ermittler noch ich messen dem Vorgang große Bedeutung bei. Die verdächtigen finanziellen Zuwendungen eines Großkonzerns an eine Textilfirma machen uns nicht weiter stutzig, auch wenn es sich bei dem Konzern um Frankreichs größtes Unternehmen handelt.[3] In diesem Winter stehen weit wichtigere Ermittlungen auf dem Terminplan. Die Affäre um den Baumaterialgiganten Ciments Français, bei dem ein begründeter Verdacht auf Insiderhandel und Bilanzfälschung besteht, beansprucht momentan meine ganze Kraft. Doch während unserer Diskussion keimt ein erster Verdacht auf. Die Verschleierungsaktionen sind ziemlich raffiniert, da oder dort tauchen Gelder auf, deren Herkunft unklar ist… Die Erfahrung sagt uns, dass hier etwas nicht stimmt. Die Intuition ist wie ein Muskel, der mit jedem Mal besser trainiert wird. Eine Reihe von Details erweckt mein Misstrauen. Ich möchte diesbezüglich mehr Klarheit. Daher gebe ich Anweisung, die Untersuchungen zu intensivieren, nach neuen Indizien zu suchen. Und schon gehen wir zum nächsten Fall über.

Heute weiß ich, dass an diesem Tag irgendwo in Paris ein paar Leute Sorgenfalten bekommen haben, dass sich die von Überlastung gezeichnete Stirn einiger mächtiger Männer beunruhigt runzelte. Falten, wie ich sie so oft in meinem Büro gesehen habe, wenn ein Vorgeladener die Stunde der Wahrheit gekommen sah.

Für diese Herren bin ich plötzlich ein Problem.

Ich aber merke davon nichts. Von Anfang an gibt es da diese seltsame Asymmetrie zwischen dem Ausmaß der Unruhe, die ich auslöse, und der Bedeutung, die ich diesem Fall beimesse. Dieses ständige »Hinterherhinken«, bis ich den wahren Sinn hinter den vorliegenden Fakten entdecke, ist typisch für das ganze Ermittlungsverfahren. Ich werde diesen Vorsprung auch nie ganz aufholen. Natürlich könnte ich jetzt die ersten Indizien vor dem Hintergrund der späteren Ermittlungsergebnisse interpretieren. Aber das hieße, den Ereignissen nachträglich eine Bedeutung überzustülpen. Eine Verzerrung der Tatsachen also. Wie hätte ich zu diesem Zeitpunkt der Ermittlungen, als ich die üblichen Routinenachforschungen zu einem absolut banalen Fall anordnete, ahnen können, dass die Schmiergeldflüsse, auf die wir hier stoßen würden, sich letztlich auf mehrere Milliarden summierten? Wie hätte ich damals absehen sollen, dass im Laufe dieses Falles die Zahl derer, die vor den Schranken des Strafgerichtshofes landeten, auf siebenunddreißig anwachsen würde?

Wie hätte ich wissen können, dass sieben Jahre später diese dünne, gelbe Akte, die wir an jenem Wintertag anlegten, sich zu einem Mega-Konvolut mit mehr als hunderttausend Aktenzeichen, 850 amtlich versiegelten Containern mit Beweismaterial (was einem Raumvolumen zwischen acht und zehn Kubikmetern entspricht) und 256 Einzelakten auswachsen würde?[4]

Diese Geschichte soll hier erzählt werden. Bedeutsamer aber noch als die Fakten sind die Bedingungen, unter denen unsere Untersuchung stattfand. Hier wird ein Schattenreich enthüllt, das sich dem Zugriff der Justiz gewöhnlich entzieht. Für seine Bewohner ist das Recht etwas für Dummköpfe.

Wissen, was es kostet

Ermittlungsdetails öffentlich zu enthüllen, ist mit der Würde des Amtes, das man mir anvertraut hat, nicht vereinbar. In groben Umrissen wurden sie der Öffentlichkeit während der drei Monate, die der Elf-Prozess dauerte, jedoch ohnehin bekannt.

Aber in dem Augenblick, in dem ich diese Zeilen niederschreibe, ist in diesem Prozess noch kein Urteil gefällt. Über Sinn oder Unsinn der Tatsache, dass Ermittlungsergebnisse der Geheimhaltungspflicht unterliegen, kann man lang und breit diskutieren. Meine persönliche Erfahrung ist die, dass die Geheimhaltungspflicht sowieso nur noch auf dem Papier existiert. Nichtsdestotrotz ist sie im Strafgesetzbuch niedergelegt, und ich werde nicht im Alter von achtundfünfzig Jahren beginnen, ein Gesetz zu verletzen, das ich während meiner Zeit als Richterin zu schützen hatte.

Andererseits darf die Justiz, wenn sie diesen Raum der Abgeschiedenheit braucht, um wirksam ihren Auftrag erfüllen zu können, nicht zulassen, dass sie gesellschaftlich in eine Abseitsposition gedrängt wird. Die Drohungen und Einschüchterungsversuche, denen ich in den Jahren der Untersuchung ausgesetzt war, unterliegen nicht der Schweigepflicht. Nirgendwo in der Strafprozessordnung steht geschrieben, dass ein Richter von Berufs wegen dazu verpflichtet wäre, sich zur Zielscheibe von Gerüchten machen zu lassen, dass sein Telefon ohne Erlaubnis abgehört werden darf und er in aller Offenheit »Ratschläge« anhören muss, die sonst nur in Mafiakreisen zwischen Neapel und Palermo geäußert werden. Niemand befiehlt ihm beim Ablegen seines Amtseids, dass er jedes Mal, wenn er seine Haustür öffnet, Angst haben muss. Dass er sich gegen fortgesetzte Diffamierungen und Intrigen nicht zur Wehr setzen darf.

Es wäre eine verkehrte Welt, wenn die Repressionen, denen ich ausgesetzt war, sich unter dem Mäntelchen des Berufsgeheimnisses verbergen dürften. Bis zum Beweis des Gegenteils liegt der Sinn und Zweck dieser Vorschrift nämlich darin, einen unbeeinflussten Gang der Ermittlungen zu gewährleisten, und nicht darin, denen einen Vorteil zu verschaffen, gegen die ermittelt wird. Sollten diese glauben, ich würde ihre Machenschaften, ihre Provokationen und Einschüchterungsversuche nicht publik machen, weil man mich auf den Grundsatz der »geheimen Ermittlung« hinweist, dann haben sie sich getäuscht. Mein Recht auf freie Rede garantiert – wie das eines jeden Bürgers in Europa – die Verfassung.

Das Stillschweigen, das der Richter zu wahren hat, ist keine Vorschrift für Märtyrer, die ihn nackt den zahllosen Pfeilen aussetzt wie den heiligen Sebastian. Meine Ehre wurde öffentlich angegriffen. Man hat meine berufliche Integrität in Zweifel gezogen. Daher habe ich beschlossen, mein Recht auf freie Meinungsäußerung auszuüben, damit diese Geschichte mein aktuelles Engagement im Auftrag der norwegischen Regierung nicht beeinträchtigt. Was es heißt, die Grenzen der Straffreiheit für die Mächtigen zu verengen, habe ich am eigenen Leib erfahren: Jeder Mensch soll wissen, was dies kosten kann.

Trotzdem habe ich die Namen der meisten Gesprächspartner verschwiegen. Zum einen, um meine Schweigepflicht nicht zu verletzen, zum anderen, um diese Menschen nicht öffentlichen Angriffen auszusetzen. Ich werde die Geschichte dieser Ermittlungen in Ausschnitten erzählen. Jede dieser Stationen enthüllt einen besonders bedeutsamen Aspekt der Untersuchung. Mitunter aber war es unmöglich, die Ereignisse vollkommen aus ihrem Kontext zu lösen; denn was ich schreibe, muss ja nachprüfbar sein. Was man mir angedroht hat, welche Hindernisse man uns in den Weg gelegt hat, muss für jeden Bürger klar erkennbar sein, damit er sich seine eigene Meinung bilden kann.

Und noch etwas möchte ich hier im Vorfeld festhalten. Eine Ermittlung ist keine Geschichte mit geradlinigem Handlungsverlauf. Manchmal handelt es sich vielmehr um eine Folge einander widersprechender Erkenntnisse. Was an einem Tag gesichert scheint, wird ein Jahr später durch unbestreitbare Fakten widerlegt. Auskunftsersuchen bezüglich bestimmter Auslandskonten führen vielleicht erst zwei bis drei Jahren später zu brauchbaren Ergebnissen. Und werfen dann möglicherweise ein ganz neues Licht auf Aussagen aus früheren Verhören. Dieser »Schichtencharakter« jeder gerichtlichen Ermittlung wird noch komplexer, wenn es um Wirtschaftsdelikte geht. Dass die Verschleierung von Schwarzgeldzahlungen eine höchst komplizierte Angelegenheit ist, macht es nicht einfacher, diesen Bericht lesbar zu gestalten. Die Ereignisse in ihrer chronologischen Reihenfolge zu berichten, wirkt zwar meist wie guter Stil, aber letztendlich kommt der Chronologie längst nicht die Bedeutung zu, die wir ihr gern zuschreiben.

Ein schwelendes Feuer

Frühjahr 1995. Unsere Sitzung im Justizpalast vor einigen Wochen hat Ergebnisse gezeitigt. Wir gehen den ersten Hinweisen nach und stellen fest, dass die heimliche Finanzspritze für die Firma Bidermann ziemlich suspekt ist. Jeden Tag ziehen wir ein bisschen mehr an den Fäden, und schließlich schaffen wir es, das Knäuel als Ganzes aufzudröseln. Gelder vom Elf-Ableger in Gabun[5] wurden ohne feststellbare Gegenleistung auf das Konto der Textilfirma eingezahlt. Das bedeutet, dass sich hinter diesen Transfers ein geheimes Abkommen verbergen könnte. Ohne dass uns dies sofort bewusst gewesen wäre, haben uns die Unregelmäßigkeiten an der Oberfläche der Finanzbewegungen in ein Labyrinth von verschachtelten Gesellschaften, Geheimfonds, falschen Transaktionen und echtem Schwarzhandel geführt.[6]

Glücklicherweise ist die Geschichte den Zeitungen bisher nur ein paar Kurzmeldungen wert, die sich in der Flut der Nachrichten verlieren. Doch durch unsere Ermittlungen wird aus dem Funken allmählich ein Feuer, dessen Knistern in meinem Büro bereits deutlich zu vernehmen ist. Ich verhöre zahlreiche Zeugen, die – direkt oder indirekt – strittige Punkte bestätigen. Und mir fällt die gewaltige Schere auf, die sich auftut zwischen der relativen Belanglosigkeit der bislang sichtbaren Fakten und dem Klima der Anspannung, das im Dunstkreis dieses Falles spürbar wird.

Vor mir sitzen selbstsichere Männer, die sich in der Geschäftswelt durchgesetzt haben und nun von ihren Erinnerungen eingeholt werden. Überrascht sehe ich, wie sie bleich werden, stottern, schwitzen, kurzatmig werden. Ihr Blick weicht mir unvermittelt aus und fixiert die Akten hinter mir mit ihrer Aufschrift aus schwarzer Tinte und rotem Filzstift, als wollten sie sich ausruhen. Die Angst ist ein unkontrollierbares Gefühl, eine verräterische Spur, gegen die man zwar ankämpft, doch nur, um letztlich überwältigt zu werden. Keiner kann seine Angst verbergen, und ich spüre, dass sie mir keine Komödie vorspielen.

Die Aussagen häufen sich und werden immer erstaunlicher. Von unverhohlenen Todesdrohungen ist da die Rede, von anonymen, nächtlichen Anrufen, bei denen man am anderen Ende der Leitung jemanden atmen hört, von sabotierten Autos, von Einbrüchen, bei denen nichts verschwindet, aber die ganze Wohnung auf den Kopf gestellt wird, genüsslich vorgetragenen Erzählungen von Morden, die dem Betroffenen zur Warnung dienen sollen …

Natürlich weiß auch ich, dass bei den Geschäften eines riesigen Ölkonzerns nicht mit Barbiepuppen gespielt wird. Die meisten kommerziell ausgebeuteten Ölquellen der Welt liegen im Mittleren Osten, in Westafrika und Lateinamerika. Die größten Ölkonzerne aber sitzen durchweg in den Ländern der westlichen Welt. Das schwarze Gold heißt nicht von ungefähr so. Der Kampf ums Öl und seine Nutzung ist nichts als ein blutiges »Märchen, erzählt von einem Dummkopf, voller Klang und Wut«. Wenn Shakespeare noch lebte, hätte er darüber zweifellos eines seiner meisterhaften Dramen geschrieben: Kanonen und Staatsstreiche, geheime Geldschatullen und der Pakt mit dem Teufel.

Die Ölmänner leben in einer Welt, deren Gebräuche nicht die unseren sind. So erzählt mir der ältere Direktor einer Ölraffinerie, der für Elf lange Jahre in diesen unwirtlichen Gebieten gearbeitet hat, ein Typ wie ein Fels mit einem Charakter wie Stahl, dass er einige Monate vor Beginn der Untersuchung einen Brief bei seinem Anwalt hinterlegt hat. In diesem Brief steht, dass er, sollte er eines Tages bei einem Unfall sterben, mit Sicherheit ermordet worden sei. Der Brief, den ich gelesen habe, nennt auch die möglichen Auftraggeber: seine früheren Vorgesetzten.

So leben diese Menschen.

Der Fall, der mich immer stärker fasziniert, hat sich zur veritablen Finanzaffäre auf französischem Boden ausgewachsen. Seine Protagonisten haben in meinen Augen – zu jener Zeit jedenfalls – nichts mit den Geheimdiensten zu tun. Trotzdem sind die Methoden, die ich nach und nach aufdecke, für ein demokratisches Land unvorstellbar. In Friedenszeiten werden Männer und Frauen, die in den baumbeschatteten Alleen Pariser Nobelviertel leben, in Traumwohnungen, deren Fenster auf wunderschöne Straßenzüge blicken, genauso von Angst geplagt wie Flüchtlinge, die im Niemandsland von feindlichem Militär verfolgt werden ... Sie halten am Fuß der Treppe inne, weil sie meinen, einen Schatten gesehen zu haben. Sie steigen nie in ihr Auto, ohne es vorher überprüft zu haben. Ans Telefon gehen sie überhaupt nicht. Ihre Wohnungen werden durchsucht.

Von Verhör zu Verhör, von Bericht zu Bericht, über dem Studium von Verträgen und Kontoauszügen taste ich mich in diese Grauzone vor und habe mehr und mehr das Gefühl, in einen schlechten Kriminalroman geraten zu sein. Ein Unterschied allerdings ist augenfällig: Diese Männer und Frauen fürchten die Polizei, weil ihre Verfolger auch dort ihre Verbindungen haben. Und sie haben keinerlei Vertrauen in die Institutionen, weil ihre Jäger stärker sind als diese.

Ich lasse mich von ihrer Angst nicht anstecken. Ich konstatiere sie lediglich. Ein Richter ist wie ein Chirurg. Hat er erst einmal einige Operationen durchgeführt, fällt er beim Anblick von Blut nicht mehr in Ohnmacht. Das Phantom der Gewalt, das plötzlich seine Schatten in mein Büro wirft, klebt an den

Fakten und Zeugen. Mich persönlich betrifft das alles nicht – noch nicht.

Die ersten Monate der Untersuchung sind wie der Himmel über der Île-de-France, kurz bevor es zu regnen beginnt. Einige zarte Wolkenfäden am Himmel kündigen das langsame, unaufhaltsame Fallen des schwarzen Vorhangs an, das den Wetterumschwung besiegelt. Eines Abends, nachdem ich einen Ingenieur des Ölkonzerns verhört habe, spüre ich, dass sich die Wolken über meinem Kopf zusammengezogen haben. Dieser Mann hat sich im Laufe seiner beruflichen Karriere jedem Ansinnen seiner Vorgesetzten, das ihm ungesetzlich erschien, standhaft widersetzt. Was ihm dafür in seiner Welt an Konsequenzen drohte, nahm er hin: ständige anonyme Anrufe, Gerüchte über Revolten, direkte Todesdrohungen ...

Das Verhör ist beendet. Ich bleibe ein paar Minuten allein in meinem Büro. Während ich über das Gesagte nachdenke, sammle ich die über mein Büro verstreuten Papiere ein. Plötzlich klopft der Zeuge erneut an meine Tür. Erstaunt sehe ich ihn an. Er aber legt den Zeigefinger auf die Lippen und bedeutet mir, ich solle nichts sagen. Dann kritzelt er auf ein Blatt Papier: »Vorsicht! Ich habe Leute von Elf draußen gesehen.« Er blickt mir kurz in die Augen und verlässt den Raum.

Ich begreife augenblicklich, was vorgeht. Dieser Mann weiß, was gespielt wird. Er ist nicht zum leitenden Angestellten aufgestiegen, indem er jeden Morgen gemütlich den Pont de Neuilly überquert und sich zum riesigen Elf-Tower in La Défense, dem Pariser Geschäftsviertel, begeben hat. Er kennt sich aus und weiß, wovon er spricht. Mit dieser Geste wollte er mitteilen, dass mein Büro nicht sicher ist. Und dass ich überwacht werde.

Jeder kennt die unrühmliche Geschichte der Ölgiganten, wenn es um Informationsbeschaffung und geheime Operationen geht. Die »sieben Schwestern«, die großen Ölfirmen in Amerika und Großbritannien, machten den Anfang, doch ihre französischen Cousinen standen ihnen schon bald in nichts nach. Im Elf-Konzern ist diese anrüchige Vergangenheit Teil der Firmengeschichte geworden. Der Gründer des Konzerns, Pierre Guillaumat, war während des Zweiten Weltkriegs als französischer Geheimdienstmann in London tätig. Später wurde er Verteidigungsminister und war somit verantwortlich für das Atomprogramm. Wie jeder weiß, hat er von Anfang an auf allen Ebenen der Firma solche »Doppelagenten« eingestellt: Ölmänner und Spione zugleich. Lange Zeit verfügte Elf sogar über einen eigenen »Nachrichtendienst«, dessen Aufgabe es war, die Förderanlagen zu schützen.[7] Das Tätigkeitsfeld dieser Leute erfuhr in den achtziger Jahren eine unvorhergesehene Ausweitung, als es gängige Praxis wurde, erfolgreiche Geschäftsabschlüsse mit Provisionen zu honorieren. Diese Provisionen oder Kommissionen werden an so genannte »Vermittler« bezahlt, die einen Geschäftsabschluss in die Wege leiten. Dahinter verbirgt sich meist ein Arrangement mit einem Diplomaten des betroffenen Landes oder gar mit einem Politiker der Regierungspartei. In diesem zweifelhaften Umfeld tummeln sich einige äußerst zwielichtige Gestalten, sei es nun in Frankreich oder in Afrika.

Die Netzwerke, die sich in den folgenden Jahren herausbildeten, überlagerten die ursprüngliche Struktur also nur. Sie formten Schichten wie Sedimentgestein. Diesen Leuten in die

Schusslinie gekommen zu sein, ist keine erheiternde Perspektive.

Das bekritzelte Blatt Papier erregt in mir zum ersten Mal eine gewisse Besorgnis. Schon bei früheren Untersuchungen war ich bedroht worden, doch dieses Mal schlägt sich sozusagen die Spannung der Verhöre der letzten Wochen nieder. Mir fallen wieder die Drohungen ein, von denen mir die Zeugen berichtet haben: »Irgendwann hast du dann eine Kugel im Rücken.« – »Wenn du dich quer stellst, stößt dir ein Unglück zu.« – »Er hat mir gesagt, ich solle aufpassen, wenn ich über die Straße gehe …« Diese Aussagen bekommen plötzlich eine recht realistische Dimension.

Verglichen mit dem, was ich später erlebt habe, erscheint mir meine damalige Furcht jetzt unangemessen. Doch für Angst gibt es keine Richter-Skala. Man registriert sie, und das ist schon alles. Als ich abends mit dem Vorortzug nach Hause fahre, lehne ich meine heißen Wangen an die kühlen Fensterscheiben und spüre, wie sich in meinem Kopf die Gedanken überschlagen. Ich versuche sie zu ordnen, indem ich jedes Puzzleteil an seinen Platz schiebe. Und ich treffe eine Entscheidung. Ich werde mein gewohntes Leben weiterführen. Ich werde der Angst in meinem Leben keinen Platz einräumen.

Hätte ich der Furcht Macht über mich gegeben, hätte ich die Akte ohne großes Aufsehen schließen können. Es wäre keinem Menschen aufgefallen. Niemand würde etwas davon erfahren haben. Die Welt drehte sich einfach weiter, und ich hätte mich nach wie vor mit betrügerischen Konkursen und Steuerhinterziehungen beschäftigt, wäre hin und wieder einem Kreditkartenmissbrauch nachgegangen … Wenn ich an die Schmutzpropaganda denke, die später kübelweise auf mich herniedergegangen ist, oder daran, dass ich mein Leben riskiert habe, wenn ich daran denke, was diese Ermittlungen uns alle gekostet haben, frage ich mich tatsächlich, ob es das alles wirklich wert war.

Aber Sätze mit »Hätte ich ...« oder »Sollte ich ...« mag ich nun mal nicht besonders. Das Französische spielt gern mit den Feinheiten der Emotion. Es kultiviert den Gebrauch der Möglichkeitsform mehr als jede andere Sprache – eine nationale Subtilität. Ich selbst bin prosaischer, konkreter, letztlich einfach norwegischer. Ich lasse mich nicht einschüchtern.

Ein Problem bin ich also?

Nun, ich werde mich zur Gefahr entwickeln.

Drohungen

Seit Beginn der Ermittlungen in diesem Skandal ist noch kein Jahr vergangen, als mein erster Bote zu mir kommt. Im fein gewebten Gespinst von Politik, Geheimdiensten und verdeckten Polizeiaktionen spricht man eine indirekte, verschlüsselte Sprache. Ein Agent des französischen Nachrichtendienstes DST, der CIA oder des Mossad klopft nicht einfach eines Morgens an Ihre Tür, um Ihnen geradewegs in die Augen zu blicken und zu sagen, was er will oder was er von Ihren Aktivitäten denkt. Mittelsmänner bringen Ihnen seine sibyllinischen Botschaften, die keinen Zweifel offen lassen, obwohl sie nie direkt aussprechen, was gemeint ist.

Mein erster Bote heißt Franz – zumindest ist das der Name, den er mir nennt. Er wird mir von einem Freund vorgestellt. Seit einigen Monaten bin ich Zielscheibe von Bemühungen, mich sozial zu umgarnen. Jemand, den ich gerade erst kennen gelernt habe, lädt mich ein, ihn mit seinen Freunden zu einer Theateraufführung zu begleiten. Seine Offerten scheinen von Leichtherzigkeit inspiriert, vom Vergnügen am geselligen Beisammensein. Er erweckt den Eindruck, als mache es ihm einfach Spaß, interessante Ausstellungen zu besuchen, exquisiten Konzerten zu lauschen und – wie das in Paris so üblich ist – sich gegenseitig zum Diner zu laden.

Eines Abends lädt dieser Bekannte mich zu einem Fest bei sich zu Hause ein. Ich nehme ohne Zögern an. Da der Druck rund um die Ermittlungen wächst, ergreife ich jede Gelegenheit, aus dem Haus zu gehen, um mich ein wenig zu entspannen. Ich habe gerade erst den Mantel abgelegt, als ein Mann auf mich zukommt. Mein Bekannter stellt ihn mir als Franz vor. Der Unbekannte nimmt mich zur Seite. Mit dem sanften und zugleich festen Ton, der den Schattenmännern eigen ist, sagt er zu mir: »Madame, Sie sollten eines verstehen: Achtundneunzig Prozent aller Straftaten werden von der Justiz verfolgt. Aber es bleiben zwei Prozent übrig, um die sie sich nicht kümmern kann – die Staatsgeheimnisse. Ihr Tun berührt die Interessen mächtiger Kreise. Seien Sie vorsichtig. Der Staat hat Männer, die seine Geheimnisse schützen. Und diese Männer sind nicht gerade zimperlich. Seien Sie doch vernünftig ...«

In meinem Kopf schrillen sämtliche Alarmglocken. Ich verstehe, dass meine Bekanntschaft ausgenutzt wird. Ich sage nichts. Ich höre nur zu. Vom nächsten Tag an gehe ich diesen Leuten aus dem Weg. Einige Jahre später erfuhr ich, dass der gemeinsame Bekannte von damals, ohne sich etwas dabei zu denken, zum weiteren Umfeld einer jener Persönlichkeiten gehört, die später in den Fall Elf verwickelt werden sollten.

Dies machte ihn zum Wegbereiter für den Boten.

Zwischen dem Regen und der Traufe wählen

Die Maschinerie ist in Gang gesetzt. Der Druck wächst. Manchmal habe ich den Eindruck, richtiggehend das Klicken der Rädchen zu hören, wie sie ineinander greifen. Ich verstehe langsam, dass ich auch außerhalb des Justizpalastes wachsam sein muss, und dass dieser Fall durchaus Auswirkungen auf mein Privatleben haben wird. Ich bin jetzt auf der Hut.

Ich begreife die Botschaft, die man mir schickt: Da gibt es eine Absperrung, ein gelbes Band, das ich nicht überschreiten darf. Dieses Band ist da. Schließlich mache ich mir in dieser Hinsicht keine Illusionen. Mit dreieinhalb Beamten – zwei Inspektoren (davon einer nur in Teilzeit) und einem Protokollführer der Brigade Financière – werden wir keine Revolution zustande bringen. Wir werden dieses System, das offenkundig das Werk der Spitzen der französischen Gesellschaft ist, nicht aushebeln. So sieht die Grenze in meinen Augen aus.

Vermutlich ist das nicht die Botschaft, die mir die Schattenmänner vermitteln wollten.

Wenn meine Kollegen mir zur Vorsicht raten, antworte ich: »Schwäche hat noch nie einen Sieg erfochten.« Mein Instinkt treibt mich an. Ich habe eine Unmenge Indizien zusammengetragen, die dafür sprechen, dass hier veritable Straftaten verübt werden. In meiner Umgebung herrscht mittlerweile ein seltsames Klima. Ich für meinen Teil sehe keinen Grund, weshalb ich die Ermittlungen einstellen sollte. Ganz im Gegenteil: Die Hindernisse, die man mir in den Weg legt, stärken meine Entschlossenheit noch.

Trotzdem bin ich mir der Gefahren bewusst. Vor meinem inneren Auge blinkt ständig ein Warnlicht. Ich untersuche hier keinen gewöhnlichen Fall. Langsam entdecke ich, dass die Firma auf eine Art und Weise operiert, die gewährleistet, dass nur wenige Schlüsselpersonen die näheren Umstände der Ölkontrakte kennen. Ich kämpfe mich durch den Dschungel von Elf mit seinen zahllosen Verzweigungen, seiner offiziellen Hierarchie und den geheimen Machtstrukturen hinter den Kulissen und gewinne dabei immer mehr den Eindruck, auf völlig unbekanntes Gebiet mit ganz eigenen Gesetzen vorzudringen:

ein Korpus von inoffiziellen und unausgesprochenen Regelungen. Die Gründung von Elf geschah auf Betreiben von General de Gaulle. Der Konzern besitzt in der französischen Außenpolitik eine gewisse Hebelwirkung. Daher kann es mir durchaus passieren, dass ich im Laufe der Ermittlungen auf eine Mine trete bzw. auf eines jener Geheimnisse stoße, die nicht ins Ressort der Justiz fallen.

Regierungen werden von Menschen mit all ihren Schattenseiten geführt; und so gibt es Bereiche, in die nie der helle Strahl des demokratischen Lichts fällt: vertrauliche Verhandlungen, geheime Absprachen über die Lieferung von Waffen in »Problemländer« oder Vereinbarungen zwischen Staaten, die möglichst nicht publik werden sollen. Als Bürger mag man diese Dinge einfach nur bedauerlich finden. Als Richterin jedoch muss ich ihnen ins Auge sehen. Unser Land hat ein erhebliches Interesse an seinen früheren Kolonien bewahrt. Frankreich ist weltweit der drittgrößte Waffenexporteur, gehört zu den Großen im Nukleargeschäft, ist ständiges Mitglied des UN-Sicherheitsrates und somit verwickelt in all die verborgenen Aktionen, die dieser Status mit sich bringt.

Ich kann diesen verdeckten Teil des Eisbergs nicht aus meinen Nachforschungen ausklammern. Also bitte ich um Zulassung zu den Kursen des IHEDN[8]. Da ich in einem Bereich ermittle, in dem Staatsräson und Schwarzhandel aufeinander prallen, hat es durchaus Sinn, mir jenes Wissen über das Thema anzueignen, das sich weder im Strafgesetzbuch noch im Handelsrecht findet. Frankreich hat einige wunderbare Institutionen geschaffen. Das IHEDN gehört dazu. Während eines Jahres genieße ich das Privileg, inmitten eines erlesenen Publikums zu sitzen und ausgezeichnete Vorträge zu dieser Materie zu hören. Nebenbei bemerkt, scheint sich unter meinen »Studienkollegen« passenderweise auch gleich ein Überbringer entsprechender Botschaften zu finden, wenn ich meine Nase allzu tief in Dinge stecke, die einen Richter nichts angehen.

So genannte »heikle« Ermittlungen aber fordern eine politische, gemeinschaftliche Herangehensweise. Ich habe hier bewusst das Wort »politisch« gewählt, weil ich nichts vom »Einzelkämpfertum« halte. Der Mitarbeit und Unterstützung durch die Kollegen kommt eine immense Bedeutung zu. Ich erinnere mich noch gut an meine Arbeit im Finanzministerium. Unsere Kommission war damit beauftragt, zu untersuchen, wie einzelne Unternehmen, die in Konkurs gegangen waren, noch saniert werden konnten. In solchen Situationen Lösungen zu finden, bedeutete meist, aus vielen schlechten Möglichkeiten die beste zu wählen. Denn den Unternehmen sollte schließlich aus dem Konkursschock geholfen werden.

Diese Jahre haben mich geprägt. Wir müssen Urteile sprechen in Fällen, in denen uns die Lehrbücher im Stich lassen. Hier hilft nur praktische Erfahrung weiter. Also tausche ich meine Erkenntnisse ständig mit der Staatsanwaltschaft[9] aus, die sich solidarisch zeigt. Gemeinsam legen wir die Strategie für die kommenden Monate fest. Ich werde jedem noch so geringen Element nachforschen, hinter dem sich eine Straftat verbergen könnte. Und ich werde mich von den Gerüchten, die plötzlich in meiner Umgebung umlaufen, nicht beirren lassen. Wie die Muleta, das rote Tuch, das man dem Stier vor die Nase hält, sollen sie mich nur von meiner eigentlichen Aufgabe ablenken.

Die Kritiker des französischen Rechtssystems beschreiben den Ermittlungsrichter zu Unrecht als einsamen Savonarola, der im Elfenbeinturm seiner Ermittlungen einer reinigenden Mission nachgeht. Auch die häufig bemühte Witzfigur des »Kleingeistes«, der sich endlich an den Großen und Erfolgreichen dieser Welt rächen kann, ist ein dümmlicher Versuch, dieses Amt zu diskreditieren.

Ein Richter handelt nämlich niemals losgelöst von seinem Kontext.

Was Napoleon über die Institution des Ermittlungsrichters gesagt hat, dass er nämlich der mächtigste Mann Frankreichs sei, wird gern und unreflektiert zitiert. Natürlich steckt auch darin ein Körnchen Wahrheit. Auf dem Papier verfüge ich im Rahmen meiner Ermittlungstätigkeit[10] über erhebliche Freiheiten. Ich kann Durchsuchungen anordnen oder Menschen in Untersuchungshaft nehmen.[11] Doch die französische Justiz beruht auf einem komplexen System von Verflechtungen zwischen ihren Vertretern, was einer exzellenten Garantie gegen Willkürmaßnahmen eines Einzelnen gleichkommt.

Natürlich kann ein Ermittlungsrichter selbst in schwierigen Fällen verfahren, wie ihm beliebt – zumindest für einige Zeit. Doch letztlich ist dies eine Einbahnstraße. Wenn er bei seinen Ermittlungen Krieg gegen die Staatsanwaltschaft führt, wenn diese seiner Arbeit nicht einmal ansatzweise grünes Licht gibt, landen seine Erkenntnisse im Keller des Justizpalastes, wo man die Akten niedergeschlagener Untersuchungen aufbewahrt, die von der Staatsanwaltschaft eingestellt wurden.

Ich setze mir für meine Nachforschungen von Anfang an

Grenzen: Die Kollegen müssen hinter meinen Ermittlungen stehen und mich darin unterstützen, auch wenn die Institution, die ich vertrete, hin und wieder unter Beschuss gerät; denn ich stoße Türen auf, die normalerweise fest verschlossen gehalten werden. Diese Politik behalte ich während der ganzen Ermittlungen bei. Mein Ziel ist es, alles, was ein strafrechtlicher Tatbestand sein könnte, vor den Richter zu bringen, ohne irgendwelchen Phantomen nachzujagen. Das ist der Kurs, den ich fahren will.

Aus den vier Wänden meines Büros heraus führen Ermittlungen gegen den Staat zu keinem brauchbaren Ergebnis.

An dieser Einschätzung wird sich in den nächsten acht Jahren auch nichts ändern. Was sich ändert, sind die Umstände. Mit jeder Phase der Ermittlungen trug uns das Räderwerk dieser ungewöhnlichen Untersuchung weiter hinein in Bereiche, die sich gänzlich unserer Vorstellungskraft entzogen. Die Manager, die wir vernahmen, reagierten mit ungewöhnlicher Heftigkeit. In deren Universum, zu dem nur Politiker ersten Ranges und Vertreter der Hochfinanz Zugang hatten, Raubtiere der Spitzenklasse, existiert die Justiz einfach nur am Rande. Nach ihrem Verständnis hat das Gesetz sich ihrem Tun anzupassen und nicht umgekehrt. Sie leben in einer Welt, die keine Kontrollen kennt, in der nur die Blankovollmacht des Herrschers und das Gesetz des Gerissensten zählt – wo kein Kläger, da kein Richter.

Doch statt ihren Kopf zu gebrauchen und von unserer anfänglichen Unbedarftheit und der Schwerfälligkeit des Justizapparates zu profitieren, versuchen sie es mit Einschüchterung: Tatsachen werden verdreht, man droht mit Gewalt. Sie glauben, dass ich klein beigebe, dass ich kusche. Doch auch wenn ich manchmal nachgeben muss, wenn ich zögere, zaudere und an den falschen Ecken suche, aufgeben werde ich nicht. Manchmal treiben die Drohungen sogar meine Ermittlungen voran, was ganz sicher nicht beabsichtigt ist.

Eines Morgens, als ich zur Arbeit komme, fällt mein Blick auf ein Stück grünen Karton. Er steckt in der Plastikhülle an der Tür zu meinem Büro, das die Nummer 126 trägt. Normalerweise kommt dort das Schild »Bitte nicht stören« hinein, wenn man während einer Vernehmung unwillkommene Störungen vermeiden möchte.

Doch dieser Karton sieht anders aus. Ich lese eine Reihe mit Bleistift hingekritzelter Namen, von denen ich nur den ersten kenne: Richter Renaud.[12] Mein Name steht an zweiter Stelle. Später erfahre ich, dass die restlichen Namen alle Richtern gehören, die seit dem Zweiten Weltkrieg in Frankreich umgebracht wurden.

Bis auf meinen sind alle Namen durchgestrichen.

In den folgenden Stunden kann ich mich nur mit Mühe auf meine Akten konzentrieren. Meine Gedanken schweifen immer wieder ab, lassen die Wände hinter sich. Tausenderlei Dinge gehen mir durch den Kopf, während sich in meinem Herzen Abscheu und Wut Bahn brechen: Wenn »die« glauben, sie könnten mich mit dieser Art der Provokation mürbe machen, dann haben sie sich getäuscht.

Mai 1996. Nach achtzehn Monaten intensiver Ermittlungen tritt der Fall in die entscheidende Phase. Endlich kommen wir an den ehemaligen Konzernchef Loïk Le Floch-Prigent heran. Die Situation ist allerdings delikat, denn dieser ist erst sechs Monate zuvor an die Spitze des französischen Staatskonzerns der Eisenbahn SNCF gewechselt. Das Unternehmen Bahn ist von den gewaltigen Streiks im Dezember 1995 immer noch wie gelähmt. Juristisch gesehen, verleiht ihm diese Ernennung fast eine Art Immunität. Das macht alle Zwangsmaßnahmen gegen Le Floch-Prigent schwierig. Trotzdem kann ich nicht so tun, als existierten die mir vorliegenden Fakten nicht.

Die Akten werden immer dicker. Sie sind wie ein Symbol der ungeheuren Last, die auf meinen Schultern ruht. Ich gehe abends mit ihr schlafen und wache morgens mit ihr auf. Es ist eine schwierige Zeit. Der Druck steigt, bis er schließlich auch äußerlich sichtbar wird. Meine Kollegen bitten mich, auf mich aufzupassen. Zeugen raten mir unverhohlen zu äußerster Vorsicht. Nach einigen beunruhigenden Verhören greift die Besorgnis auch auf die Ermittler der Brigade Financière über.

Macht mich die heikle Materie nun auch noch dünnhäutig? Die Müdigkeit trägt sicher ihren Teil dazu bei. Ich fühle mich beobachtet, ausspioniert, manchmal sogar verfolgt. Langsam beginne ich, meine täglichen Pendelfahrten mit dem Vorortzug zu fürchten, vor allem nachts. Nicht selten fallen mir Fahrgäste auf, die so gar nicht nach Büroangestellten aussehen.

Eines Abends – es ist furchtbar heiß – folgt mir ein Mann vom Bahnhof bis in den Zug. Er hat breite Schultern und gehört sicher nicht zu den Rittern von der traurigen Gestalt, die sich in den Vorortzügen manchmal zu nah an einen drängen. Er sieht vielmehr aus wie ein gut trainierter Sportler. Außerdem fixiert er mich mit hartem Blick. Da empfinde ich zum ersten Mal richtig Angst. Ich steige aus, er auch. Ich gehe schneller. Er ebenfalls. Dann wird er plötzlich langsamer und lässt mich gehen.

In den folgenden Tagen erzählen uns die Leute im Dorf, dass um unser Haus ständig Autos kreisen. Das Telefon läutet, aber wenn man abhebt, wird am anderen Ende der Leitung schnell aufgelegt. Ich sage mir, dass das alles Zufall ist, doch meine Nervosität steigt und macht sich auch körperlich bemerkbar.

Ist der Verdacht erst einmal aufgekeimt, lässt er sich nicht so einfach wieder verscheuchen. Ich befürchte, dass jemand mein Auto sabotieren könnte. Daher bitte ich einen Cafébesitzer in der Nähe des Bahnhofs, ob ich den Wagen nicht in Sichtweite parken dürfe. Er verspricht mir, ein Auge darauf zu haben. Einige Tage später berichtet er mir, dass dauernd irgendwelche Leute um mein Auto schleichen. Unsicherheit macht sich breit.

Am 5. Juni alarmieren uns die Nachbarn (wir wohnen in einem Weiler mit einem Dutzend Häuser): Drei Autos haben abwechselnd unser Haus bewacht. Jedes blieb mehrere Stunden, als ob seine Insassen auf etwas warteten. Ich muss ihnen antworten, dass ich leider niemandem verbieten könne, sich dort draußen aufzuhalten, sie mögen sich doch nicht darum kümmern. Aus Sicherheitsgründen lasse ich jedoch die Nummer eines hellen Wagens überprüfen, die die Haushälterin notiert hat.

Am 11. Juni fährt ein anderer Wagen ständig vor unserem Haus auf und ab. Stundenlang rollt er langsam an uns vorbei – vor und zurück wie in einem seltsamen Tanz. Ein Freund der Familie schreibt seine Autonummer auf.[13] Ich gebe sie an die Polizei weiter, die mir mitteilt, dass die Nummern identisch sind: die vom 5. Juni und die vom 11. Zwei Autos von verschiedener Farbe sind mit derselben Nummer unterwegs, die offenkundig falsch ist.

Ein Beweis der Macht

Am selben Tag bittet mich einer der mit der Sache befassten Staatsanwälte in sein Büro. Auch wenn seine Haltung so elegant und untadelig ist wie immer, erkenne ich, dass seine dunklen Augen funkeln. Auch seine Stimme zittert ein wenig.

»Ein langjähriger Freund hat mich um ein Treffen gebeten. Ich hege vollstes Vertrauen zu diesem Mann. Und er hat mir gesagt, dass Sie in Gefahr sind. In großer Gefahr, und zwar jetzt, in diesem Augenblick.«

»Würden Sie mir mitteilen, um wen es sich dabei handelt?«

»Wenn Sie mir schwören, es niemandem zu sagen.«

»Ich schwöre.«

Als ich den Namen des Betreffenden höre, ist mir sofort klar, dass es ernst ist. Der Freund des Staatsanwalts gehört zu den Politikern, die zum Teil in der Öffentlichkeit stehen, obwohl der weitaus größte Teil ihrer Tätigkeit sich im Geheimen, in der Maschinerie der Macht abspielt. Ich glaube nicht, dass einer der Männer, die enge Verbindungen zum Geheimdienst haben, einfach nur Gerüchte in die Welt streut.

Der Staatsanwalt bittet mich, Personenschutz zu beantragen.[14] Ich zögere. Es wäre kindisch, die Alarmsignale zu missachten: Einschüchterung von Zeugen, Phantomautos vor meinem Haus, vertrauliche Warnungen.

Natürlich weiß auch ich, dass es nicht an Möglichkeiten mangelt, wenn eine geheime Macht mit internationalen Verbindungen beschlossen hat, mich auszuschalten. Den Beweis liefern die zahlreichen italienischen Richter, die in ihrem heldenhaften Kampf gegen die Mafia trotz Personenschutz getötet wurden. Aber die Polizeibeamten haben mir immer versichert, dass in Frankreich noch nie jemand umgekommen ist, der ihrem Schutz unterstand. Also entscheiden wir uns für den Personenschutz.

Ich schreibe den Antrag sofort im Anschluss. Das Gespräch mit meinem Kollegen lasse ich unerwähnt, weise aber auf die Autos mit falschen Kennzeichen hin, die vor meinem Haus zirkulieren. Ich beschließe den Brief mit folgendem Satz: »Da die zutage geförderten Fakten für ein angespanntes Klima gesorgt haben und ich mehrere wichtige Ermittlungen zu führen habe, halte ich es für angebracht, Sie um leichten Personenschutz für mehrere Wochen zu bitten.«[15]

Ich bin zum Spielball von Ereignissen geworden, die sich meiner Kontrolle entziehen. Die Geschichte kommt für mich völlig unerwartet. Ich stelle mir vor, dass dieser Zustand höchstens bis zum Sommer andauert. Vielleicht wird meine Entscheidung diejenigen, die meinen, mich von meinem Weg abbringen zu können, ja vom Gegenteil überzeugen ...

Sechs Jahre lang werde ich Personenschutz brauchen.

Von einem Tag auf den anderen habe ich kein Privatleben mehr. Ich kann nirgendwo hingehen, ohne mindestens zwei Leibwächter um mich zu haben, in kritischen Zeiten noch weit mehr. Innerhalb weniger Wochen verfügt die Polizei über einen kompletten Überblick über all meine Beziehungen zu anderen Menschen. Keine Treffen mehr in irgendwelchen Cafés. Schluss mit dem Schaufensterbummeln. Keine Geheimnisse mehr. Kein Freiraum. Ich lebe ständig unter dem wachsamen Blick anderer Menschen.

Anfangs werde ich hundertprozentig überwacht, rund um die Uhr. Die Polizisten legen ihre Waffen auf den Wohnzimmertisch. Sie überwachen mich vom Raum neben meinem Schlafzimmer aus. Sie holen die Post und nehmen jeden Brief, jedes Paket unter die Lupe, bevor ich sie öffnen kann. Sie schlagen mir vor, eine kugelsichere Weste zu tragen. Wenn sie an meiner Seite gehen, tragen sie ein Kissen aus Kevlar-Kunststoff in Form eines Aktenkoffers, der bei einer Schießerei als Schutzschild dient. Eine Demonstration der Macht, von der ich den zwiespältigen Eindruck habe, dass sie sich sowohl an jene richtet, die mir schaden wollen, als auch an mich selbst, damit ich begreife, wie gefährlich das alles ist.

Im Juni wird darüber hinaus noch ein Zeuge bedroht und braucht Polizeischutz. Woher kommen diese Drohungen? Ich werde es nie erfahren. Gleichzeitig steigt in mir das Gefühl auf, dass es viele Parteien gibt, die mir übel wollen, aus ähnlichen, letztlich aber doch unterschiedlichen Motiven. Natürlich denkt man zuerst an all jene, gegen die ermittelt wird. Unsere Ermittlungen stören sie in ihrer Ruhe, sie haben Angst vor Strafe. Allerdings gibt es da weit mehr Leute, die infrage kommen: Führungskräfte, fremde Länder, Konkurrenzunternehmen, Geheimdienste ...

Und dann werden noch gewisse Intrigen gesponnen, die mich wirtschaftlich treffen sollen. Die Jagd hat begonnen. Als ich Ermittlungsrichterin im Finanzministerium wurde, habe ich meinen Mann vorgewarnt. Bei uns müsse alles rechtens sein, von einer beinahe zwanghaften Ordnung. Keinesfalls dürfe in seiner Praxis eine Patientenrechnung nicht in der Steuererklärung auftauchen, nicht einmal, wenn es sich dabei um ein banales Versehen handle. Ich habe gut daran getan: Mein Leben wird durchleuchtet, Rechnung um Rechnung. Bekanntschaften aus weit zurückliegenden Jahren werden plötzlich hervorgeholt. Man verwendet einige Mühe darauf, über mich Dossiers zusammenzustellen, die jedoch wieder geschlossen werden, weil die Fakten einer Überprüfung nicht standhalten. Niemand kann mir etwas vorwerfen. Eigentlich könnte ich darauf ja stolz sein. In Wirklichkeit aber befällt mich Übelkeit angesichts dieser Methoden, welche den Richter Eric Halphen zu Fall gebracht haben. Antonio Di Pietro in Italien bezahlte für seine hartnäckigen Ermittlungen einen hohen Preis.[16]

Anfang Juli sind alle Ebenen des Justizapparates in Alarmbereitschaft. Das Datum, an dem Loïk Le Floch-Prigent, der ehemalige Präsident von Elf, von mir vernommen werden soll, nähert sich unaufhaltsam. Man munkelt, dass nun wohl die Politik eingreifen werde. Ob etwas daran ist, lässt sich nicht feststellen, aber das Hörensagen hält auch in mein Büro Einzug. Die unsinnigsten Gerüchte gehen um. Ein Freund erzählt mir, er habe bei einem Abendessen gehört, dass ein Journalist bereit sei zu bezeugen, dass man mir 300 000 Franc (45 735 Euro) in bar übergeben habe, um mich an weiteren Ermittlungen zu hindern! Dem Himmel sei Dank, belastet mich solcher Blödsinn erst gar nicht.[17]

Am 4. Juli 1996 wird nach dem Verhör des ehemaligen Elf-Bosses ein Verfahren eingeleitet. Seine Verhaftung erfolgt in einem Klima der Spannung, die in meinem Büro mit Händen greifbar scheint. Der erste Höhepunkt dieser Untersuchung, die noch einiges mehr zutage fördern wird, ist da.

Gefahrenzone

In diesem Sommer lerne ich, in zwei verschiedenen Welten zu leben. Da ist zum einen das Universum meiner Ermittlungen, das von Turbulenzen erschüttert wird, in dem Worte so häufig einen geheimen Hintersinn haben, in dem Privatinteressen unter dem Deckmäntelchen der Diplomatie daherkommen, in dem Geld mit Satellitengeschwindigkeit durch die Offshore-Standorte zirkuliert. Und dann gibt es da noch mein Privatleben, das sich auf einem anderen Planeten abzuspielen scheint, das Leben einer ganz normalen französischen Familie.

Ich tue alles, damit der Sturm, der mein Berufsleben durcheinander wirbelt, an unserem Gartentor Halt macht. Unglücklicherweise ist das Leben nicht immer so einfach. Da ich mich mit dem Problem aktiv befassen kann, verdränge ich es auch in gewisser Weise. Für meine Umgebung aber manifestiert sich die Gefahr deutlich in den Leibwächtern, die nie von meiner Seite weichen. Die Sicherheitsbeamten mit ihren Waffen sind die physische Konkretisierung des Damoklesschwerts, das ständig über meinem Haupt schwebt. Es ist, als hätte man eine tödliche Krankheit: Die Furcht vor der Ansteckung leert die Reihen rund um die eigene Person. Das ist wie Ultraschall – für das menschliche Ohr unhörbar, füllt er doch den ganzen Raum aus.

Es ist schwierig, so zu tun, als sei nichts. Beim kleinsten Zwischenfall greifen die Polizisten zur Waffe. Als ich an einem Samstag nach Hause komme, finde ich die Haustür halb offen. Meine beiden Begleiter ziehen sofort ihre Revolver. Im letzten Moment fällt mir ein, dass heute der Gärtner da ist, und ich kann ihren Eifer bremsen. Ihre Aufgabe ist es, ständig wachsam zu sein, und ihre Spannung überträgt sich teilweise auf mich. Wenn sie vom Auto aus ein Motorrad mit einem Beifahrer sehen, legen sie die Hand auf die Waffe. Der Zufall ist ihr größter Feind. Wenn sie eine Situation falsch interpretieren, kann das tragische Konsequenzen haben. Ich habe mir auch abgewöhnt, mich auf der Straße durch die Menge zu zwängen, denn ein simpler Rempler kann alles andere als harmlos sein. Ich schränke meinen Aktionsradius freiwillig ein.

Ich spiele das Spiel mit. Auf den Buchstaben genau befolge ich die Regeln, die mir die Sicherheitsleute auferlegt haben, vor allem die, die mit dem imaginären Dreieck zu tun haben, das mich immer von meinen Mitmenschen trennen soll, wenn ich mich irgendwo hinbegebe. Die Männer, die mich dabei begleiten, riskieren schließlich ebenso ihr Leben. Im Laufe der vielen Stunden, die wir gemeinsam im Auto oder Flugzeug verbringen, entsteht eine gewisse Beziehung. Man tauscht kleine Vertraulichkeiten aus, bringt Reiseandenken mit und zeigt sich gegenseitig die Fotos der Kinder. Jede Krise verstärkt unsere Solidarität. Einer von ihnen, ein wahrer Kleiderschrank von einem Mann mit Ansichten, die den meinen diametral entgegengesetzt waren, brachte mir zum Muttertag einmal einen Strauß Blumen mit und sagte: »Für Sie würde ich mich töten lassen, Madame.«

Ich war zutiefst gerührt, weil dieses Kompliment nun einmal Wort für Wort der Wahrheit entsprach.

Viele Einzelheiten aus diesen fieberheißen Tagen hatte ich vergessen, weil das Leben einfach Vorrang hatte. Als ich für dieses Buch meine persönlichen Papiere ordne, kommen ein paar »Souvenirs« zum Vorschein, an die ich längst nicht mehr gedacht habe. Dazu gehört zum Beispiel dieses Fax von einem Nachbarn. Es trägt das Datum des 15. September 1996, zwei Monate, nachdem Le Floch-Prigent festgenommen wurde, und beschreibt sehr plastisch die Atmosphäre, die mein Leben damals prägte:

> »Gestern Abend um 20.00 Uhr parkte ein auberginefarbener Renault R25 mit verdunkelten Scheiben etwa zehn Meter von Ihrer Tür entfernt. Die Insassen waren durch die Scheiben nicht zu erkennen. Als ich mit meinem Wagen an ihm vorbeifuhr, startete er unvermittelt und fuhr schnell davon. Erst da fiel mir auf, dass er kein Kennzeichen trug. Als ich mit dem Wagen weiter durchs Dorf fuhr, bemerkte ich in der Rue des Tilleuls einen anderen Renault von dunkler Farbe, der ebenfalls kein Kennzeichen hatte. Er stand mit eingeschalteten Scheinwerfern da und wartete. Die beiden Wagen fuhren zusammen weg. Ich wendete und folgte ihnen. Sie nahmen die Rue du Pas-Mauvais. Ich blendete voll auf und fuhr ihnen etwa 300 Meter nach, damit sie merkten, dass Ihr Grundstück auch von den Nachbarn bewacht wird. Dann rief ich Sie an, um Ihnen Bescheid zu sagen.«

Wie viele solcher Geschichten habe ich wohl erlebt? Zehn? Zwanzig? Am einen Tag waren es »Ratschläge guter Freunde«, am anderen ein kleiner Holzsarg, der mit der Post kam, oder der Bericht eines Zeugen, der mit dem Tod bedroht worden war. Und man erschauert gegen den eigenen Willen ...

Da die Bedrohung überall ist, ist sie gleichzeitig nirgends. Ich habe dazu zwei Hypothesen. Die erste ist vergleichsweise harmlos: Gerüchte führen ein Eigenleben. Sie wandern von Mund zu Mund, um am Ende zum Ausgangspunkt zurückzukommen. Genährt werden sie von der menschlichen Sensationsgier, denn das Bild einer bedrohten Frau versetzt immer noch einen ziemlich starken Kick. Dann wären alle »Boten« und alle Autos unbeabsichtigte Nebeneffekte des Orkans, der gerade durch mein Leben wütet.

Die zweite Hypothese ist beunruhigender. Die gut gemeinten Ratschläge, die Warnungen und Drohungen sind ein sprechender Beweis dafür, dass man nicht gegen die angeblich »höheren« Interessen seines Landes kämpfen darf. Dann wäre all das, was geschieht, keineswegs zufällig. Dann aber hinge dieser Fall nicht nur von meinen Leibwächtern, sondern auch von meiner Geschicklichkeit bei dieser Gratwanderung ab. Ein falscher Schritt, und ich stürze.

Wenn man heute die Zusammenfassung der Verhörprotokolle im Fall Elf liest, ist klar, weshalb ich in die Schusslinie geriet. Ich aber wusste im Sommer 1996 nicht, was meine Ermittlungen ergeben würden. In Paris oder Afrika hingegen wussten viele nur zu gut, wie weit der Einfluss dieser korrupten Kreise reichte, die mich zu ihrem Schutz attackierten.

Nach Abschluss der Untersuchung registrierte ich voller Erstaunen, dass es damals vielen Leuten weit klarer war als mir, welchen Staub ich mit meinen Nachforschungen aufwirbeln würde und in welcher Gefahr ich deshalb schwebte. In gewisser Weise war ich wie ein Reh, das nachts auf der Straße von einem Scheinwerfer geblendet wird. Es sieht nichts außer dem starken Licht, von dessen Strahl es hypnotisch gepackt und nicht mehr losgelassen wird.

»So greifbar wird die Bedrohung«

Logischerweise würde man annehmen, dass eine Institution, die einen ihrer Vertreter in der Erfüllung seiner Pflicht bedroht sieht, alles tut, um ihn zu schützen. Im Justizpalast aber rufen die außergewöhnlichen Umstände, unter denen sich meine Untersuchung abspielt, nur unfreundliche Kommentare hervor: »Die machen ein Tamtam um die Joly!« Niemand findet es der Mühe wert, meine Kollegen zu einer gemeinsamen Konferenz zu bitten und ihnen die Hintergründe jener Maßnahmen zu erklären, die für mich kein Privileg, sondern eine Einschränkung sind. Aber die Verwaltung ist eben träge, wenn es nicht gerade um ihre eigene Bequemlichkeit geht.

Missgunst siegt über besseres Wissen. Was? Eine einfache Richterin wird auf Kosten des Staates durch Paris chauffiert, begleitet von zwei Bodyguards, die vor ihr den Aufzug oder das Büro betreten?[18] Die Leibwächter versuchen, Menschenansammlungen im Flur zu vermeiden. Das gehört zu ihren Aufgaben. Doch die professionelle Anweisung, weiterzugehen, wird schnell als Arroganz meinerseits ausgelegt.

Paradoxerweise wird der so lästige Personenschutz in den Augen anderer Menschen zum Privileg! Ich erscheine wie eine Prinzessin mit zwei Dienern. Dabei würde ich dieses Dasein keinem Menschen wünschen. Denn der Alltag wird dabei zur Aufgabe, die bewältigt werden muss. Langeweile breitet sich aus, unvorhergesehene, spontane Aktionen sind nicht mehr möglich.

Die mächtigen Männer mit ihrem geregelten Leben, die jeden Tag um die gleiche Zeit ihr Büro betreten und es abends – perfekt gescheitelt – auf die Minute genau wieder verlassen, verschwenden an den Druck, der hinter solch einem Dasein steht, keinen Gedanken. Ich finde ihn niederschmetternd. Wie alle berufstätigen Frauen führe ich mehrere Leben nebeneinander. Ich jongliere mit den verschiedenen Dimensionen der Existenz und muss mich auch um prosaische Dinge kümmern. Aber mit zwei Leibwächtern ins nächste Kaufhaus zu gehen, um Weihnachtsgeschenke für die Kinder zu kaufen, ist eine für alle Beteiligten peinliche Übung, an deren Ende man sich sagt, dass man so etwas nie wieder tun wird. Und wenn man sonntags mit seinem Ehemann von einem besinnlichen Abendessen bei Freunden nach Hause fährt, Arm in Arm im sanften Licht der untergehenden Sonne plaudert und sich plötzlich auf den Wagenboden ducken muss, weil Alarm ausgelöst wurde, dann macht dies weit mehr kaputt als nur diesen Abend.

Nach einigen Monaten stelle ich Antrag auf Aufhebung des Personenschutzes. Der Antrag wird abgelehnt. Die Polizeidirektion hält es sogar für klüger, meine Überwachung zu intensivieren. Die Sicherheitskräfte werden verdoppelt (von zwei auf vier Beamte). Außerdem bekomme ich eine motorisierte

Eskorte. Später kehrt man zur ursprünglichen Überwachungsstufe zurück. Die Beamten der Eskorte lassen mich im Unklaren über den Grund ihres Hierseins. Sie sind überhaupt sehr schweigsam. Vor ein paar Monaten nun ließ mich ein Freund ein Interview lesen, das einer von ihnen einem angehenden Journalisten gegeben hatte. Erst da verstand ich, was in diesen Männern vorgehen musste:

> »Bestimmte Dinge muss man sehr ernst nehmen. Es geht dabei um mehr als bloße Einschüchterungsversuche. Wir erfuhren beispielsweise, dass auf den Kopf von Eva Joly eine Prämie ausgesetzt war, und zwar von Leuten, die sich durchaus einen Killer leisten konnten. Der Nachrichtendienst hat uns diese Information bestätigt. Manchmal hat man das Gefühl, in einem Spionagefilm mitzuspielen, so greifbar wird die Bedrohung ... Wenn es heißt, Eva Joly würde bald den Löffel abgeben, wenn sie nicht aufhöre, herumzustochern, dann beginnt man, sich Sorgen zu machen. Um sie gab es einiges an Aufregung. Und wenn man an einen bestimmten Punkt gelangt, dann wird die Sache gefährlich.«[19]

Ich setze mich den feindseligen Blicken meiner Kollegen aus, weil ich keine Wahl habe. Kein Wort der Unterstützung. Die Richter, mit denen ich seit Jahren zusammenarbeite, verziehen keine Miene, wenn sie mich sehen. Läuft mir auf dem Flur jemand über den Weg, begegnet man mir mit Herablassung und Gleichgültigkeit.

Innerlich verletzt mich das. Andererseits ist mir klar, dass diese Feindseligkeit sich eigentlich nicht gegen mich richtet: Man versucht nur, sich gegen die verstörenden Fakten des Falles Elf zu schützen.

Wenn die Justiz sich gegen die Macht wendet, gerät das innere Ordnungssystem ins Wanken. Man verwechselt leicht Ursache und Wirkung. Es ist schließlich viel einfacher, sich über eine ungerechtfertigte Sonderbehandlung aufzuregen – als würde der Staat mir, der Diva, auf Kosten des Steuerzahlers einen Wagen mit Chauffeur zur Verfügung stellen, um meine unsinnigen Neigungen zu befriedigen –, als sich zu fragen, welchen Wert eine Demokratie hat, in der Richter mit Leib und Leben in Gefahr schweben, wenn sie gegen die Organe der Macht ermitteln.

Manchmal tritt diese bedrohliche Realität auch in den Hintergrund. Hin und wieder vergesse ich sie einfach. Das böse Erwachen folgt dann meist auf dem Fuße und ist alles andere als sanft. Meine Begegnung mit dem hohen General zum Beispiel, dessen Epauletten mehr als einen Stern trugen. Ich lernte ihn zufällig bei einem Cocktail in der Botschaft kennen ... Einige Minuten lang pflegen wir die Kunst der Konversation. Dann durchbohren mich plötzlich seine stahlblauen Augen: »Ich kann mir vorstellen, dass das Ganze für Sie nicht leicht ist, Madame. Die ganze Aufregung, der Druck, die Drohungen ... Aber ich bin sicher, dass Sie es schaffen werden.«

Ich antworte nicht. Er hält einige Sekunden lang inne, ich deute ein dankbares Lächeln an. Dann fährt er kalt fort: »Wenn Sie sich natürlich mit Waffenhandel beschäftigten, wäre das etwas ganz anderes. Bei uns wird man nicht erst gewarnt. Würden Sie hier Nachforschungen anstellen, gäbe ich Ihnen höchstens achtundvierzig Stunden ...«

Sein Blick ist so kühl wie seine Worte. Er spricht weiter, als wolle er seine Stimme tief in meinem Kopf verankern. Ich habe ein Gefühl, als bekäme ich einen harten Schlag in den Magen, und gebe mir Mühe, nicht zu schwanken. Dann wendet das Gespräch sich wieder neutralen Themen zu.

Von diesem Moment an werde ich bis zum Ende der Ermittlungen jedes Mal, wenn ich eine schwierige Entscheidung treffe, diese Stimme in meinem Kopf hören – wie eine lästige Fliege, die man verscheucht, die aber trotzdem immer wiederkehrt: »... höchstens achtundvierzig Stunden ...«

Glücklicherweise schaffe ich es, nicht dauernd an diese Drohungen zu denken. Man gewöhnt sich an alles, und schließlich nimmt man die Einzelheiten gar nicht mehr wahr. Eine Freundin erzählte mir einmal, wie das Leben in Beirut während des Libanonkriegs war. Der Schrecken war so alltäglich geworden, dass sie eines Tages das Radio einschaltete, weil sie wissen wollte, wie sie auf dem Weg vom Strand nach Hause dem Feuer der Granatwerfer ausweichen konnte ... In gewissem Sinne (wenn auch in anderem Ausmaß) habe ich mir eine ähnliche Haltung angewöhnt. Jede neue Bedrohung lässt die Angst wieder aufleben, aber an den restlichen sechs Tagen der Woche weigere ich mich, daran zu denken.

Mein Ariadnefaden

Unser Alltag ist ein dauerhafter Kampf gegen die Mühlen der Bürokratie bei Polizei und Justiz. Die Unzulänglichkeit unserer Ausrüstung straft unsere Anstrengungen Lügen. Ein multinationaler Konzern wie Elf sichert sich Hightech-Dienstleistungen von mehrfach ausgezeichneten Ingenieuren. Er wird von auf Wirtschaftsrecht spezialisierten Anwälten unterstützt, die in jahrelanger Feinarbeit ein Imperium aus Scheinfirmen aufbauen, das sich über mehrere Kontinente erstreckt.[20] Wir aber müssen auf einer Liste von Transaktionen, die mitunter mehrere Meter lang ist, per Hand eine einzelne Zahlung suchen, die sich zu allem Überfluss von den anderen kein bisschen zu unterscheiden scheint! Die Tage, an denen wir mehr als zwölf Stunden arbeiten, nehmen kein Ende mehr. Wir führen unausgesetzt neue Vernehmungen und Verhöre durch.

Das ungläubige Erstaunen unserer Zeugen, die zum ersten Mal in meinem Büro stehen, das einem Dienstmädchenzimmer ähnelt – nachdem sie durch die hohen Hallen und weiten Gänge des Justizpalastes geirrt sind –, wird für uns zur dauernden Quelle des Amüsements.

Die Männer, die hier erscheinen, haben seit Jahren keine Amtsstube mehr von innen gesehen – die Arbeitszimmer von Ministern einmal ausgenommen. Am Revers tragen sie häufig das Abzeichen der Ehrenlegion. Ihre Manschettenknöpfe kommen von den Luxusjuwelieren an der Place Vendôme. Im *Who's who* stehen lange Artikel über sie. Und sie zögern nicht, uns spüren zu lassen, dass es unter ihrer Würde ist, auf dem alten Stuhl vor unseren Schreibtischen zu sitzen.

Einige sehen sich in nonchalanter Verwirrung um, den meisten aber gelingt es nicht, ihren Dünkel zu verbergen. Es sind Kaltblüter von erheblichem Scharfsinn, die ich da vor mir habe. Menschen, die nahtlos von freundlicher, zuckersüßer Höflichkeit zu schneidend kaltem Hass übergehen. Sie sind einfach nicht mehr daran gewöhnt, Widerspruch zu hören. Wohl fühlen sie sich nur, wenn sie den Sachverhalt in großen Zügen darstellen können. Bei den Details aber, die gewöhnlich sehr verräterisch sind, geraten sie ins Schwitzen. Dann versuchen sie, zu verhandeln, obwohl wir uns auf dem ureigensten Terrain des Gesetzes bewegen, das nicht schachert. Manchmal aber verlieren sie vollkommen die Selbstkontrolle und verwechseln den Ermittlungsrichter mit dem Strafgesetzbuch, das die Grundlage seines Handelns darstellt.

Irgendwie scheinen sie den Sinn für die Tatsachen verloren zu haben, obwohl diese manchmal ganz simpel sind – eine unklare Überweisung auf ihr persönliches Bankkonto zum Beispiel. Dann tun sie so, als wäre das Geld ohne ihr Wissen dorthin gelangt, als hätten sie es ausgegeben, ohne dass ihr Gehirn registriert hat, dass es je in ihrem Besitz war. Allmählich verstehe ich, dass sie die Verbrechen, die sie begehen, nicht als solche wahrnehmen. Sie leben in einer anderen Welt, sowohl körperlich als auch geistig.

Trotzdem schreiten die Ermittlungen 1996 mit Riesenschritten fort. Wir konzentrieren uns auf konkrete Fakten, ohne uns um das Gesamtbild zu kümmern, auch wenn wir dadurch Gefahr laufen, uns zu verzetteln. Unsere früheren Fragen werden eine nach der anderen beantwortet. Wenn ich einen Zweifel hege, schwirrt er mir im Kopf herum wie eine Fliege, die immer wieder gegen die Scheibe stößt. Ich muss mich dieser Hypothek entledigen, muss wissen, was dahintersteckt. Wenn sich dann endlich die Antwort abzeichnet, empfinde ich eine unglaubliche intellektuelle Befriedigung.

Mittlerweile sind die Beziehungen, die Allianzen, die Problembereiche klar. Die Struktur der ganzen Affäre wird immer deutlicher. Das Gesamtbild der geopolitischen Zusammenhänge, die Aussagen über die Geschäftspraktiken der »sieben Schwestern«, der großen Ölfirmen in Amerika und Großbritannien, bringen mich nicht mehr so aus dem Konzept. Die Schmiergeldzahlungen in dieser Affäre lassen bislang ungekannte Ausmaße ahnen.

Ich halte meinen Ariadnefaden in der Hand und lasse ihn nicht mehr los.

Unter Druck

Anfang 1997 weitet die Affäre Elf sich aus. Dabei habe ich schon jetzt das Gefühl, seit Jahren mit ihr befasst zu sein. Der Druck auf die Ermittler nimmt zu. Natürlich wünschen einige Leute, wir würden aufhören. Viele Zeugen verlieren bei der Vernehmung die Beherrschung. Als ehemalige Ermittlungsrichterin darf ich ihre Namen nicht nennen, solange das Verfahren nicht abgeschlossen ist. Ich weiß jedoch, dass sie Zugang zu Informationen haben, die uns nicht zur Verfügung stehen. Eine Angestellte des Konzerns in strategisch wichtiger Position erklärt mir, sie sei im Besitz so schwer wiegender Enthüllungen, dass sie diese niemals offen legen könne. Sie habe viel zu viel Angst vor den Folgen – sowohl für sich selbst als auch für mich.

Ein Kleinkrimineller, der durch Zufall in den Besitz kompromittierender Dokumente kam und versuchte, einen der unter Verdacht Stehenden zu erpressen, berichtet, er sei entführt, bedroht und verprügelt worden. Er beschreibt das Büro seines Gesprächspartners bis ins kleinste Detail, obwohl er auf anderem Wege nie dorthin gelangt sein kann. Er erinnert sich auch genau an Datum und Uhrzeit eines Drohanrufs. Wir überprüfen seine Angaben und finden sie bestätigt. Die Sache wird nicht weiterverfolgt, illustriert aber sehr schön die Anspannung dieser Wochen, die uns immer stärker unter die Haut geht.

Ein anderer Zeuge hat sichtlich Angst. Er erklärt mir, dass

ein nichtfranzösischer Geheimdienst bei der Arbeit an einem anderen Fall zufällig auf Abhörprotokolle gestoßen sei, die ihn betreffen. Die Schattenmänner hätten ihn sofort kontaktiert und ihm ernsthaft mit dem Tod gedroht. Daraufhin habe er Frankreich verlassen und sei erst nach einigen Monaten zurückgekehrt.

Er ist überzeugt, dass er sterben wird und mir dasselbe Schicksal blüht.

Die Hexenjagd

Am 4. April 1997 taucht während der Nachforschungen der Name André Tarallo auf. Er ist Präsident von Elf-Gabon, dem gabunischen Ableger des Elf-Konzerns.[21] Sobald ich Kenntnis von dieser Tatsache erlange, lasse ich ihn zum Verhör laden. Angesichts der Höhe der Summe, um die es hier geht, stellt sich die Frage, ob man ihn nicht besser vorläufig in Haft nimmt.[22] Die Staatsanwaltschaft lässt mir freie Hand. Seine Anwälte führen an, er müsse seine Aktivitäten weiterführen können, da er eine Schlüsselstellung zwischen Politik und Geschäftsleben einnehme. Und sein Terminkalender weist ein wichtiges Gespräch auf: André Tarallo fliegt mit Philippe Jaffré, dem neuen Elf-Präsidenten, nach Gabun, um dort den Staatspräsidenten Omar Bongo zu treffen.

Ich persönlich neige zur Unnachgiebigkeit, doch ich höre mir wie immer die Argumente beider Seiten an. Dann ziehe ich mich zurück, um nachzudenken. Ich kann einen Haftbefehl ausstellen und den Präsidenten von Elf-Gabon vorläufig in Haft nehmen. Tue ich das nicht, verlässt er ungehindert mein Büro. Es ist längst nach Mitternacht. Ich wäge die Tatsachen gründlich ab. André Tarallo ist nicht mehr der Jüngste. Tatsächlich soll er an diesem Tag seinen siebzigsten Geburtstag feiern. Ein Telefonat mit dem Anwalt von Elf bestätigt mir, dass die Reise wirklich für den nächsten Tag geplant ist. Es handelt sich also nicht um eine schnell erfundene Ausrede. Ich nehme zur Kenntnis, dass Tarallo sich ein Herz gefasst hat: Zum ersten Mal hat ein hoher Funktionär des Konzerns zugegeben, ein privates Sonderkonto im Ausland zu haben. Durch das Geständnis verringert sich das Risiko, dass Fakten verschwinden oder Zeugen unter Druck gesetzt werden, ganz erheblich.

Also beschließe ich, André Tarallo auf freiem Fuß zu lassen, sichere meine Entscheidung allerdings noch durch eine Rekordkaution von einigen Millionen Franc ab, was mir angesichts der durch die Untersuchung zutage geförderten enormen Geheimfonds nur gerechtfertigt erscheint. In den frühen Morgenstunden des Sonnabends kehre ich zufrieden nach Hause zurück, weil die Nachforschungen nun endlich vom Fleck zu kommen scheinen. Die Bresche in der feindseligen Mauer des Schweigens, der Drohungen und Psychospiele wird mir, so hoffe ich, schließlich ermöglichen, die Ermittlungen unter normalen Umständen fortzuführen.

Doch ich habe mich gründlich getäuscht.

Von Montag an nehmen die Spannungen rund um den Fall Elf enorm zu. Am frühen Nachmittag entdecke ich einige Passagen von Aussagen, die verschiedene Zeugen erst am Freitag gemacht haben, Wort für Wort in der Tageszeitung *Le Monde* wieder. Diese gezielten Indiskretionen dienen dazu, die Hexenjagd weiter anzufachen. Und was noch schlimmer ist: Meine Entscheidung, André Tarallo nicht in Haft zu nehmen, erregt quasi sofort Verdacht. Das Gerücht, ich sei den Einflüsterungen der politischen Macht erlegen, breitet sich aus und wird ständig von neuen Details angeheizt. Angeblich habe ich mehrere mysteriöse Telefongespräche geführt, die meine Entscheidung sichtbar beeinflusst hätten. Die Geschichte wird natürlich umso plausibler, als ich ja tatsächlich meine Haltung im Laufe des Abends geändert habe. Meine Art, Untersuchungen zu führen, die immer auch die Argumente der Gegenseite berücksichtigt, fällt nun auf mich zurück, weil sie Platz lässt für die Vermutung heimlicher Absprachen.

Einer meiner Kollegen, ein Mensch, mit dem ich sehr eng zusammenarbeite, der mich seit langem kennt und mit dem ich häufig zusammen bin, kommt in mein Büro und fragt mich tatsächlich: »Ist es wahr, dass Alexandre Benmakhlouf Sie angerufen und gebeten hat, André Tarallo nicht in Haft zu nehmen?«[23] Ich protestiere gegen diese Unterstellung. Ich erkläre ihm, wie meine Entscheidung zustande gekommen ist. Nach außen hin akzeptiert er die Erklärung, doch in seinen Augen sehe ich, dass sein Zweifel bestehen bleibt.

Ich erfahre hinterher, dass »gut informierte«, aber natürlich anonyme Quellen enthüllt haben, mein heimlicher Gesprächspartner sei Jacques Chirac selbst gewesen. Innerhalb von drei Tagen wird das Gerücht quasi zur Gewissheit. Ich aber gebe hier noch einmal laut und deutlich zu Protokoll: In den letzten sieben Jahren wurde von verschiedenen Seiten Druck auf mich ausgeübt. Ich erhielt merkwürdige Botschaften, Drohungen, anonyme Briefe und erfuhr von meinen Vorgesetzten nicht immer die Unterstützung, die ich mir gewünscht hätte. Mitunter zeigten diese sich gar äußerst feindselig mir gegenüber. Doch kein einziges Mal haben politische Kräfte versucht, direkt in meine Untersuchung einzugreifen. Dazu ist die Macht, die sie ausüben, viel zu subtil.

Die Politik hat ganz andere Mittel zur Verfügung.

Wie dem auch sei, da ich dem Gerücht nur meine persönliche Wahrheit entgegenhalten kann, neigt sich die Waagschale der öffentlichen Meinung ganz entschieden zur Gegenseite. Dabei muss man bedenken, dass der Fall Elf der erste ist, bei dem die Schattenseiten der französischen Republik ungeschminkt zutage treten.[24] Außerdem erreichen die Schmiergelder, um die es in diesem Verfahren geht, bislang ungeahnte Ausmaße. Und immer wenn die alte Ordnung nicht mehr funktioniert, wiegen Emotionen offenkundig schwerer als Fakten.

Gabuns Staatspräsident Omar Bongo trägt das Seine dazu bei, das Klima zu verschlechtern. Unter einem Pseudonym, das er des Öfteren zu gebrauchen pflegt, erscheint ein Artikel in der *Union*, der wichtigsten Tageszeitung seines Landes, in dem ich öffentlich beschimpft und an den Pranger gestellt werde: »... diese ganzen Geschichten um Elf, Loïk-Le Plouc, Tarallo, Jaffré und um ihr norwegisches Luder Eva Joly, die nach Fisch stinkt ... Frankreich wird unter dieser neuen Krise im Verhältnis unserer beiden Länder zu leiden haben.«[25] Gleichzeitig weist die Presse darauf hin, dass Omar Bongo Jacques Chirac persönlich angerufen habe, um sich über den Fall zu erkundigen.

Auf der Richter-Skala der internationalen Beziehungen nähern sich die Ermittlungen im Fall Elf langsam dem roten Bereich. Denn Gabun ist Frankreichs ureigenstes Jagdrevier. Mehr als vierzig Jahre engster Zusammenarbeit auf dem Gebiet der Polizeikräfte und der Verteidigung, jahrzehntelang gültige Verträge, die ständig erneuert werden. Frankreich fördert über den Elf-Konzern von Offshore-Plattformen aus das Öl des afrikanischen Staates und hat sich außerdem ein exklusives Abbaurecht für die Uranvorkommen in Gabun gesichert. So kann die Grande Nation ihr ziviles und militärisches Nuklearprogramm weiterverfolgen, das Frankreich zur drittgrößten Atommacht der Erde macht.[26] Ganz »Françafrique«[27] grummelt. Und ich hatte geglaubt, nun würde alles normalere Züge annehmen.

Zwei Wochen später. Es ist Montag. Am frühen Nachmittag versucht der junge Kommissar, der innerhalb der Brigade Financière die Nachforschungen im Fall Elf leitet, mich zu erreichen. Serge Rongère, der Protokollführer unserer Abteilung, runzelt die Stirn. Das verheißt nichts Gutes. Ich gehe in sein Büro hinüber. Serge reicht mir kommentarlos den Hörer.

»Madame Joly, die versiegelten Behälter mit den Dokumenten, die wir in der Wohnung von Tarallos Innenarchitekten beschlagnahmt haben, sind verschwunden.«[28]

Die Stimme des Kommissars klingt extrem angespannt. Mir fällt schwer, zu glauben, was ich eben gehört habe. Das muss ein Missverständnis sein.

»Bestimmt hat man sie anderswo untergebracht. Vielleicht hat man sie in ein Regal gestellt.«

»Nein. Wir haben alles abgesucht. Die Behälter sind nicht mehr da.«

Ich sehe rot. Und bekomme einen Wutanfall, der sich gewaschen hat.

»Das ist unmöglich. Durchsuchen Sie alles. Leeren Sie die Mülleimer, sehen Sie in den Schreibtischen nach, durchstöbern Sie den Speicher, wenn es sein muss! Sie müssen die Unterlagen einfach finden!«

Solch ein Diebstahl von Beweismaterial aus den Räumen der Polizei ist bisher noch nie vorgekommen. Das Polizeigebäude in der Rue des Rentiers ist in heller Aufregung. Jedermann dort weiß, wie gravierend dieser Zwischenfall ist. Glücklicherweise schadet der Vorfall den Ermittlungen nicht. Das Glück ist uns hold. Die Beamten waren am Freitagabend von der Durchsuchung in Saint-Tropez zurückgekommen und hatten die beschlagnahmten Dokumente mitgebracht. Da der Kommissar am Samstag Dienst hatte, sah er alle Rechnungen durch und machte eine genaue Aufstellung, die er mir jetzt sofort durchfaxt. Nur deshalb hat der Einbruch keine unmittelbaren Auswirkungen auf den Fall.

Doch der Sinn dieses spektakulären Ereignisses liegt ja ohnehin woanders. Wenn es sich nicht um eine absolute Panikreaktion handelt, dann ist dies ein weiterer Einschüchterungsversuch, der uns sagen soll, dass keine Institution wirklich sicher ist. Unsere Gegner bewegen sich im Polizeigebäude, als seien sie dort zu Hause. Natürlich wird sofort eine Untersuchung eingeleitet, die einem Kollegen übertragen wird.

In der folgenden Woche reisen wir wegen verschiedener Hausdurchsuchungen in Fällen, die mein Büro behandelt, in die Normandie, dann nach Korsika. Eine morgendliche Operation folgt der anderen. Eine solche Durchsuchung ist ein Marathon, der am frühen Morgen beginnt und meist weit nach der Abenddämmerung endet. Dabei müssen die Vorschriften bis ins Kleinste beachtet werden, weil schon ein winziges Detail in diesem komplexen Prozess (so zum Beispiel, wenn man vergisst, konfisziertes Material mit einem Aktenzeichen zu versehen) dazu führen kann, dass der ganze Vorgang seine Beweiskraft verliert. Doch unsere Truppe ist darin so versiert, dass in den sieben Jahren, welche die Ermittlungen zum Fall Elf dauern, nicht eine Hausdurchsuchung nicht anerkannt wird.[29]

Als wir zum Heimflug gerüstet im Flugzeug sitzen und die Sicherheitsgurte festschnallen, schüttet unser Kommissar mir sein Herz aus. Er fühlt sich überwacht und verfolgt. Dabei zögert er, seine Eindrücke in Worte zu fassen. Er räuspert sich oft, spricht mit leiser Stimme. Er, seine junge Frau und ihr Baby leben in Angst. Er versucht, seine Familie zu schützen. Und ich begreife, dass ich keineswegs die Einzige bin, die diesem gewaltigen Druck ausgesetzt ist. Alle leben wir in derselben Gefahrenzone – Richter wie Ermittlungsbeamte.

Schon der nächste Tag bringt uns eine echte Galavorstellung. Am Nachmittag klingelt mein Handy. Als ich rangehe, teilt man mir lakonisch mit, dass der Kommissar, mit dem ich mich am Vortag unterhalten habe, und seine Leute des Diebstahls der versiegelten Plomben verdächtigt werden. Man hat die Abteilung »Innere Ermittlungen« der Polizei alarmiert.

Sobald ich Bescheid weiß, drängt es mich zu einer Aussage. Ich bin überzeugt, dass der junge Mann vollkommen unschuldig ist. Doch der Hauptkommissar der Brigade Financière überzeugt mich, dass es besser ist, den Mund zu halten. Für die Medien wäre meine Aussage ein gefundenes Fressen. Und für den Beamten würde die Situation dadurch nur noch komplizierter. Trotzdem telefoniere ich sofort mit dem Polizeichef, dem Chef der Abteilung »Innere Ermittlungen«, dem Generalstaatsanwalt… Ich erläutere die Situation. Der Kommissar hatte die Aufstellung der Beweismittel ja bereits gemacht, bevor die Behälter gestohlen wurden. Was also hätte es für einen Sinn haben sollen, die Rechnungen hinterher noch verschwinden zu lassen? Ich hege keinen Zweifel: Hier geht es nur darum, einen Ermittler unschädlich zu machen. Dies teile ich auch meinen Gesprächspartnern mit: Nicht einmal, wenn bei einer Hausdurchsuchung wunderbarerweise sämtliche versiegelten Behälter in seiner Garage auftauchten, würde ich an seine Schuld glauben. Und ich würde keinen Moment zögern, dies auch öffentlich bekannt zu geben.

Einige Stunden später wird er ohne Anklage auf freien Fuß gesetzt.

Am Montagmorgen begebe ich mich in eigener Sache in die Räume der Brigade Financière. Die Spannung lässt sich beinahe mit Händen greifen. Die Beamten blicken nicht von ihrem Schreibtisch auf. Keiner sieht mir ins Gesicht. Ich spüre Unverständnis, ja Zorn über den verhängten Polizeigewahrsam gegen den Kollegen. Eine Dreiviertelstunde lang rede ich mit den Ermittlern. Ich verteidige den Richter, der mit den Nachforschungen in diesem Diebstahlsfall betraut war und der sicher nur »das Maulwurfsloch schließen« wollte. Gleichzeitig aber spreche ich allen ermittelnden Beamten mein vollstes Vertrauen aus. Dieser Streich zeigt uns nur, dass die Kräfte, die gegen uns arbeiten, mächtig sind.

Allmählich klärt sich die Atmosphäre. Die Köpfe heben sich, wir gehen zusammen Pizza essen. Langsam beruhigen sich alle. Am Ende erhebt sich einer der Beamten feierlich und sagt: »Sie werden wir von nun an alle unterstützen.«

Die Schlacht ist gewonnen.

Zurück in meinem Büro, erfahre ich, dass der Gerichtspräsident mich sprechen will. In meiner üblichen Naivität denke ich, er will mir gratulieren, weil ich den guten Kontakt zu den ermittelnden Beamten wieder hergestellt habe. Der Präsident begrüßt mich in vertraulichem Ton, nimmt mich gleichsam an der Hand. Dann allerdings legt er mir auf sehr diplomatische Weise dar, was er mir wirklich sagen will.

»Wenn Sie erlauben, Madame, so möchte ich Ihnen sagen, dass es nicht gerade ein Geniestreich war, heute mit den Leuten der Brigade Financière zu sprechen.«

Die ewige Sorge um die Konvention, die den führenden Köpfen der Justiz immer und überall so sehr am Herzen liegt, dass sie sich bedenkenlos lächerlich machen, schockiert mich. Aber ich bin ja nicht auf den Mund gefallen. Der Spruch stammt aus einer Wikingersage. Stolz auf die Diplomatie meiner Vorfahren, wende ich ihn augenblicklich an. Ich nehme seinen freundlichen Ton auf und antworte: »Wenn einer von uns beiden Unrecht hat, Monsieur, dann ist es nicht gesagt, dass ich das bin.«

Dann verlasse ich sein Büro mit einem Lächeln auf den Lippen.

In den folgenden Tagen, also zwei Jahre nach Beginn der Ermittlungen, erhalte ich mehrere direkte Morddrohungen. Bislang stand ich allein in der Schusslinie. Ich war der Blitzableiter, über dessen Haupt sich das ganze Unwetter entlud. Nun rüttelt der Sturm an den Grundfesten der Justiz und versucht, unsere Gruppe zu entzweien bzw. Misstrauen zwischen den Richtern und den ermittelnden Polizeibeamten zu säen.

Am 30. April beantrage ich Hilfe bei den Nachforschungen.

Am 6. Mai 1997 stellt mir der Gerichtspräsident Laurence Vichnievsky zur Seite, eine Richterin, die zehn Jahre jünger ist als ich und die ich nur vom Sehen kenne – schlank, elegant, mit einer enormen persönlichen Ausstrahlung und lachenden Augen. Sie sprüht nur so vor Energie und Selbstsicherheit. Laurence strahlt die Ruhe derer aus, die – wie Céline schreibt – »auf der Sonnenseite des Lebens zur Welt gekommen sind«.

Wir verstehen uns auf Anhieb. In unserem Team ist sie immer der Kontrapunkt, mein Gegengewicht. Ich lerne ihre Kenntnisse des feinen Räderwerks der politischen Beziehungen im Justizpalast kennen, die uns oft bei den Ermittlungen helfen. Und ich bin froh, in den schwierigen Zeiten, die sich bereits abzuzeichnen beginnen, eine Partnerin an meiner Seite zu haben.

Dieses Gefühl erweist sich als berechtigt, als wir, kurz nachdem Laurence zu uns gestoßen ist, die große Hausdurchsuchung im Elf-Tower vornehmen. Diese Operation markiert einen Wendepunkt in unseren Ermittlungen. Für meine Kollegin stellt sie so etwas wie einen brutalen Initiationsritus dar. Die Untersuchung selbst erfährt dadurch eine entscheidende Wendung. Bislang war der Elf-Konzern als Geschädigter nur Nebenkläger in der Sache Bidermann. Nun aber haben wir die Gelder auf den schwarzen Konten bis zu ihrem Ursprung, dem Konzern, verfolgt, und die Verantwortlichen werden uns Rede und Antwort stehen müssen.

Der Elf-Tower liegt im Pariser Geschäftsviertel La Défense, wo Wolkenkratzer aus den siebziger und achtziger Jahren das Bild beherrschen. Er ist ganz aus Glas und hat den Grundriss eines Kristalls. Fünfzig Stockwerke und Hunderte von Büros, eine ganze Reihe von Aufzügen und unzählige Hightech-Säle ...

Allein hätte ich bei der Durchsuchung ganz sicher Schwierigkeiten bekommen. Solch eine Operation ist riskant, vor allem in diesem Milieu von hochrangigen, millionenschweren Managern. Die Führungsriege eines multinationalen Konzerns ist es nun einmal gewöhnt, dass alles und jedes sich ihrem Willen beugt. Dass wir hier zu zweit antreten konnten, war in diesem Klima ein unschätzbarer Vorteil.

Wir hatten unsere Aktion minutiös vorbereitet, uns sogar die Pläne des Elf-Towers besorgt. Wir durften keinesfalls versagen. Während der Durchsuchung sollten die Büros der Direktion und die des Sicherheitsdienstes streng isoliert werden, damit Menschen bzw. Informationen nicht etwa plötzlich verschwanden oder »gelöscht« wurden. Um neun Uhr stehen wir am Empfang. Ein paar Minuten später ist unser Team bereits an der Arbeit.

Bis um drei Uhr morgens, also mehr als zwanzig Stunden am Stück, sind wir damit beschäftigt – in dieser Atmosphäre, die so geladen ist, dass man es knistern hören konnte –, mehr als vierzig versiegelbare Behälter mit Dokumenten zu füllen. Im Büro der Sicherheitskräfte finden wir Hinweise auf gesetzeswidrige Tätigkeiten, die allerdings nicht unseren Fall betreffen: Protokolle illegaler Abhöraktionen, Geheimdienstberichte ohne Quellenangaben, ungesetzliche Kopien aus Akten laufender Ermittlungen, Berichte über mysteriöse Mordfälle in Afrika, Spuren illegaler Parteienfinanzierung und anderes mehr. Wir übergeben diese Materialien dem Staatsanwalt von Nanterre, der zu uns in den Elf-Tower kommt. Da all das in seinem Zuständigkeitsbereich gefunden wird, hängt es von ihm ab, ob er Ermittlungen aufnimmt. Hinterher erfahre ich, dass er kein Verfahren eröffnet hat.

Am Abend dieses Marathons, der im Laufe unserer Untersuchung nicht der einzige bleiben wird, kehren wir im Wagen in den Justizpalast zurück. Wir sind schweigsam. Die Spannung lässt nach, nun, wo wir das »Feindesland« hinter uns gelassen haben. Da höre ich Serge, meinen untadeligen Protokollführer, dessen äußere Eleganz mir als Symbol für eine gewisse Kultur des Herzens gilt, verträumt sagen: »Sehen Sie nur, Madame, wie schön die Barockfassaden sind!«

Mit dieser Bemerkung versucht er, in der Wirklichkeit wieder Fuß zu fassen. Es ist spätnachts. Schlafen werden wir trotzdem nicht können. Laurence und ich beschließen, den Abend in einem Café am Boulevard Saint-Germain zu beschließen. Zu diesem besonderen Anlass trinken wir gemeinsam ein Glas Rum, mit dem wir unseren Pakt besiegeln.

Wie in jeder menschlichen Beziehung wird es auch zwischen uns gute und schlechte Tage geben. Wir werden hin und wieder unterschiedlicher Meinung sein, aber auch unsere gemeinsam errungenen Siege teilen. Doch die tiefe Solidarität, die sich nur durch die geheimnisvolle Alchimie der menschlichen Charaktere erklären lässt, wird niemals aufhören. Auf den folgenden Seiten spreche ich immer wieder nur von mir. Das liegt daran, dass ich mich nicht berufen fühle, für Laurence zu sprechen. Sie kann das sehr gut selbst. Trotzdem möchte ich meine Leser wissen lassen, dass von dem Tag an, an dem Laurence dem Elf-Fall zugeteilt wurde, bis zu dem Tag, an dem sie die Ermittlungen aufgab, jede professionelle Entscheidung von uns beiden getroffen wurde.

Im Auge des Zyklons

Im Herbst 1997 konzentriert sich die Untersuchung immer stärker auf Roland Dumas und Christine Deviers-Joncour, den ehemaligen Außenminister Frankreichs und seine Geliebte.

Meine persönliche Situation verändert sich. Einige Wochen lang wohne ich bei meinem Sohn. Dann ziehe ich in eine Zweizimmerwohnung in Paris. Nachdem ich die Wohnung meines Sohnes verlassen habe, wird diese sofort auf den Kopf gestellt. Die Einbrecher müssen Akrobaten gewesen sein. Sie waren durch ein winziges Fenster gekommen, das senkrecht hoch über einem Hof liegt. Sie wühlten alles durch, nahmen jedoch nichts mit. Arbeit von Profis. Mehr denn je fühle ich mich überwacht.

Zwei Wochen später erhält auch Serge Rongère, der in Urlaub ist, ungebetenen Besuch in seiner Wohnung. Die Einbrecher kommen nachts übers Dach. Sie müssen sich dabei zwanzig Meter über dem Boden an einer Dachrinne entlanghangeln. Solch eine Kletterpartie ist riskant. Es steht also zu vermuten, dass sie angeseilt waren. Dies aber ist ein klarer Hinweis darauf, dass es sich bei den Einbrechern um trainierte Kletterer handelt. Seltsam, wenn man bedenkt, wie wenig in einem Apartment wie dem von Serge zu holen ist! Offenkundig waren sie auch ganz schön frech. Ein Nachbar bemerkte, dass das Licht fast die ganze Nacht brannte. Scheinbar suchen unsere Gegner etwas. Material, mit dem sie uns erpressen können? Versteckte Dokumente? Doch wie in der Poe-Geschichte vom gestohlenen Brief gibt es nichts zu finden. Unsere Motive sind ebenso sauber wie unsere Methoden.

Als wir am 9. Januar 1997 aus den Weihnachtsferien kommen, können wir unser Büro nicht benutzen. Das Schloss wurde aufgebrochen. Zum dritten Mal in sechs Wochen. Es handelt sich also keineswegs um Verfolgungswahn, wenn ich den Eindruck habe, ins Auge des Zyklons eingedrungen zu sein. Angenehm ist das Gefühl jedenfalls nicht. Ich schreibe einen ausführlichen Bericht über alle Vorfälle. Und ich treffe Vorsichtsmaßnahmen. Von diesem Brief wird es keine Kopie geben. Ich bitte den höchsten Richter Frankreichs, den Präsidenten des Kassationsgerichtes, um ein Gespräch. Dabei überreiche ich ihm das Schreiben höchstpersönlich. Ich möchte einfach, dass er Bescheid weiß.

Nur für den Fall.[30]

Das unmögliche Geheimnis

Wir leben wie von einem Magnetfeld umgeben. Ich fühle mich, als stünde ich Polarlichterscheinungen gegenüber – trügerische Farben und Blitze, die ohne erkennbaren Grund über den Himmel zucken. Die Ereignisse überschlagen sich. Am Montag, dem 26. Januar 1998, finden Laurence und ich Beweise dafür, dass es hohe Bareinzahlungen auf das Konto von Roland Dumas gab. Im Laufe jeder Untersuchung gibt es Augenblicke, in denen man lange überlegt, bevor man eine Entscheidung trifft. Und andere, in denen klar auf der Hand liegt, was zu tun ist. In diesem Fall zögern wir keine Sekunde. Wir müssen eine Durchsuchung in Heim und Büro des früheren

Außenministers anordnen, um den Ursprung der Zahlungen feststellen zu können. Die enormen Summen wurden damals sogar von der Kommission zur Verhinderung von Geldwäsche registriert, zu einer Untersuchung kam es aber nicht.[31]

Hausdurchsuchungen sind für einen Richter reine Routinesache, auch wenn sie auf dem Feld der Wirtschaftskriminalität nicht so häufig sind. Meiner Erfahrung nach kommt es selten vor, dass solch eine Durchsuchung kein Ergebnis bringt. Wenn Sie mit einem Ermittlungsvorgang vollkommen vertraut sind, kann die kleinste Kleinigkeit für Sie eine immense Bedeutung erlangen. Ein vergessenes Post-it zum Beispiel, das für den, der sich nicht die Mühe gemacht hat, es wegzuwerfen, nicht mehr wichtig schien. Kontoauszüge, private Datenbanken, Notizen ... Alles gewinnt eine bestimmte Bedeutung, wenn man versucht, die dunklen Kanäle von Wirtschaftsdelikten zu rekonstruieren, die schwierig aufzudecken sind, weil die Absprachen naturgemäß geheim sind und das Verbergen der Geldströme dabei ja die eigentliche Kunst ist.

Uns allen ist klar, dass diese Entscheidung eine enorme Tragweite besitzt. Roland Dumas ist Präsident des Verfassungsrates, der angesehensten Institution der Republik. Das heißt nicht, dass er außerhalb des Gesetzes stünde. Würden bei einem weniger bekannten Bürger die gleichen Fakten festgestellt, zöge dies genau die gleichen Untersuchungen nach sich. Doch die Rolle, die Dumas im Leben Frankreichs spielt, zwingt uns eine gewisse Diskretion auf. Der Ruf der Verfassungshüter darf nicht angekratzt werden. Wie üblich sichern wir uns durch Gespräche mit den Ermittlungsbeamten und der Staatsanwaltschaft ab, welche die Durchsuchung ebenfalls für nötig halten. Dann legen wir unser Vorgehen fest.

Am frühen Nachmittag versetzt uns ein denkwürdiger Vorfall in Alarmbereitschaft.

Serge Rongère, der Protokollführer meiner Abteilung, hat seine Ausbildung beim Militär erhalten und tat bis vor wenigen Jahren im Élyséepalast Dienst, dem Sitz des französischen Präsidenten. Daher ist er unser Spezialist für Sicherheitsfragen, Abhörtechniken et cetera. Sechs Monate zuvor, im April 1997, bat er eine vertrauenswürdige Freundin, einen Mobilfunkvertrag abzuschließen. Die Nummer des neuen Handys und der Name der Frau, die uns als Deckung diente, war niemandem bekannt. Serge leiht mir sein »sicheres« Handy des Öfteren, damit ich vertrauliche Gespräche führen kann. Serges Bekannte hat einen ausgesprochen ungewöhnlichen Taufnamen, der jedoch nicht ihr Rufname ist. Sie heißt Josiane, doch weder ihre Familie noch ihre Freunde und Kollegen nennen sie so, weil sie die amerikanische Kurzform Josy vorzieht.

Nun läutet plötzlich gleich nach dem Mittagessen Serges Mobiltelefon. Am anderen Ende der Leitung lässt sich eine Männerstimme vernehmen: »Guten Tag, könnte ich vielleicht mit Josiane sprechen?«

Serge reagiert überrascht, worauf sein Gesprächspartner grob wird und ihm rät, er solle vorsichtig sein. Gerade jetzt, wo wir sozusagen auf der Lauer liegen, stehen wir alle unter Spannung. Es ist wichtig, dass von der geplanten Operation nichts nach außen dringt. Diese neuerliche Provokation erschüttert uns alle zutiefst. Einem Außenstehenden ist die Bedeutung dieses Schachspiels mit geheimnisvollen Zeichen und Figuren vielleicht gar nicht klar. Der Anruf soll uns zeigen, dass fremde Augen und Ohren in unseren geschützten Raum eingedrungen sind. Jemand hat die volle Kontrolle über unsere Kommunikation und legt Wert darauf, dass wir dies wissen.

Am Nachmittag ist für die Hausdurchsuchung bei Dumas alles vorbereitet. Kurz vor achtzehn Uhr lassen wir dem Büro des Präsidenten der Pariser Anwaltskammer[32] per Fax die Anordnung zukommen und bitten wie üblich um die Anwesenheit von anderen Vertretern der Anwaltskammer. Zur Sicherheit legen wir den Durchsuchungsbeschluss in den Safe.

Wir haben das Gefühl, über heiße Kohlen zu laufen. Der Fall Elf führt uns direkt ins Zentrum der Macht. Ein altes Sprichwort aus Polizeikreisen fällt mir ein: Ein Geheimnis, von dem jemand weiß, ist kein Geheimnis mehr. In diesem Fall haben wir unser Möglichstes getan, damit die Nachricht sich nicht verbreitet. Bescheid wissen nur zwei Polizisten (und ihre Vorgesetzten), zwei Staatsanwälte (und ihre Vorgesetzten) sowie der Präsident der Anwaltskammer von Paris.

Am nächsten Tag stehen wir im Morgengrauen vor dem Haus von Roland Dumas. Die Straße ist wie leer gefegt. Einen Augenblick lang hoffe ich, dass dieses Mal jeder seinen Mund gehalten hat, wie es seiner Funktion zukommt. Doch als der Präsident des Verfassungsrates uns mit einem ironischen Lächeln und einem vorwurfsvollen Runzeln der Augenbrauen empfängt, erzählt er uns ..., dass man ihm schon gestern Abend kurz vor zwanzig Uhr Bescheid gesagt habe. Ein Journalist, den er uns nennt, hätte ihm die Information gegeben.[33]

In meinem Kopf überschlagen sich die Gedanken. Das Gesetz gegen die Verletzung des Ermittlungsgeheimnisses ist streng. Bei richterlichen Untersuchungen sind alle Beteiligten zu absolutem Stillschweigen verpflichtet. Es gehört zu den wichtigsten Pflichten jedes öffentlichen Amtsträgers, die Vorgänge rund um die Nachforschungen geheim zu halten, auch wenn der Betroffene Hüter der Verfassung ist. Ich wage mir gar nicht vorzustellen, wer dieses Gesetz übertreten hat: die Polizeidienststelle, die Staatsanwaltschaft oder die Anwaltskammer. Und mir wird klar, dass Telefongespräche innerhalb des Justizpalastes auch nicht abhörsicher sind.

Da wir nun schon da sind, können wir wenigstens anfangen zu suchen. Die Beamten erledigen ihre Arbeit höflich und bestimmt. Die Situation kompliziert sich, als wir zur zweiten Etappe der Durchsuchung kommen. Roland Dumas' Büro liegt in einem anderen Viertel. Da unser Geheimnis schon längst keines mehr ist, hat die Information sich offenkundig in Windeseile verbreitet. Alle Eingänge zu dem Gebäude sind von den in Massen herbeigeeilten Reportern und Fotografen blockiert. Natürlich kann so eine Indiskretion auch einmal durch enge Beziehungen zwischen Polizeipräfektur und Journalisten zustande kommen. Jedenfalls wird die Nachricht seit neun Uhr morgens über die Presseagentur AFP weitergegeben. Vielleicht haben aber auch einige Akteure der geheimen Zirkel der Macht die »Meute« benutzt, um Roland Dumas in der Öffentlichkeit zu diskreditieren.

Das Übel ist jedenfalls geschehen. Wir aber müssen trotzdem unsere Pflicht erfüllen. Also nehmen wir einen Wagen, der uns zum Büro des Exministers bringt. Außer dem Haupteingang ist kein Zugang zum Haus mehr frei. Da ich nicht über polizeiliche Gewalt verfüge, kann ich das Haus nicht räumen lassen. Wir halten kurz Kriegsrat und kommen überein, uns der Meute zu stellen.

Roland Dumas geht voran. Offenkundig zieht er unseren

Wagen vor, da dieser von unseren Leibwächtern gefahren wird. Er nimmt auf der Mitte der Rückbank Platz. Laurence Vichnievsky und ich setzen uns neben ihn. Alle versuchen, das Beste aus der Situation zu machen. Für Roland Dumas muss die Situation etwas Kafkaeskes haben. Uns selbst ist die Kontrolle entglitten. Ein Blitzlichtgewitter nimmt uns in Empfang und blendet uns alle. Dieses Foto wird um die Welt gehen. Es landet fast überall auf den Titelseiten und wird zum Beleg für den Vorwurf, den man uns von nun an macht: dass wir die Aufmerksamkeit der Medien bewusst auf diesen Fall gelenkt hätten.[34]

Ich konnte mir dieses Bild lange nicht verzeihen. Damals war mir noch nicht klar, welchen Symbolwert solche Fotos erlangen können. Jetzt schnappte die Falle über unseren Köpfen zu. Von nun an tat der Präsident des Verfassungsrates alles, um uns in Misskredit zu bringen. Seine Freunde erfanden Geschichten mit eindeutig sexistischem Beigeschmack, die mich in Verruf bringen sollten. Angeblich sei ich vor dem Termin zum Friseur gegangen bzw. hätte mir ein neues Kostüm gekauft – extra für diesen Anlass.[35] Am selben Abend bedauerte die Justizministerin Elisabeth Guigou im Fernsehen, dass mit unserem Vorgehen das Gebot der Unschuldsvermutung gegenüber dem Verdächtigen verletzt worden sei. Und mit einem Mal lag auf unseren Motiven ein Schatten. Der Verdacht wechselte gleichsam das Lager. Die Polemik, die sich daran entzündete, ließ die handfesten Gründe, die wir für die Hausdurchsuchung bei Roland Dumas hatten, gänzlich in Vergessenheit geraten. Als wir Dumas' Büro verlassen, vermeiden wir den Fehler von vorhin. Wir überprüfen die Örtlichkeit und stellen fest, dass wir mit einem Trick unbemerkt entkommen können. Wir klettern über eine Mauer, was uns zu einem anderen Ausgang in der Parallelstraße bringt. Vor den Fotografen in Sicherheit, besteigen wir zu dritt unseren Wagen.

Das heftige Medieninteresse an dem Fall macht uns verwundbar. Bis zu diesem Zeitpunkt haben die Medien – trotz gelegentlicher Ungenauigkeiten oder Übertreibungen und trotz der vom *Nouvel Observateur* inszenierten Menschenjagd[36] – über den Fall Elf einigermaßen seriös berichtet. Es gab damals mehrere »Affären«. Unsere Untersuchung schien Teil des langen und schmerzhaften Weges zu sein, den die Gesellschaft Frankreichs zu gehen hatte, ein Weg, der dieses Land am Ende zu der Erkenntnis führte, dass die Eliten des Landes das Gesetz nicht achteten. Erstaunen erregten bis dato eigentlich nur die unglaublichen Summen, die illegal den Besitzer wechselten und für die die Franzosen sich an Unmengen von Ziffern vor dem Komma gewöhnen mussten.

Mit dem Januar 1998 aber veränderte sich alles. Wir spürten regelrecht, wie der Wind drehte. Als wir uns einem Politiker ersten Ranges näherten, einer der moralischen Autoritäten der Republik, erfuhr die ganze Sache eine entscheidende Wendung. Von diesem Moment an entwickelte die Darstellung des Falles in der Öffentlichkeit ein Eigenleben. Wenn eine Untersuchung einmal das Interesse der Medien weckt, unterliegt sie dem »Fluch des öffentlichen Drucks«. Zeitungsartikel erscheinen, in denen sich Wahr und Falsch mischen. Der Fall wird zur »Story«, zu einem Geflecht aus Halbwahrheiten. Die Wahrheit der Medien genügt sich selbst. Die Gefahr, dass sie die Wahrheit der Tatsachen und Ereignisse überlagert, ist groß.

Der Zyklon kommt auch nach der Hausdurchsuchung bei Roland Dumas nicht zur Ruhe. Am nächsten Tag finden sich im Computer des Chefermittlers im Elf-Fall eindeutige Hinweise darauf, dass jemand ihm einen Besuch abgestattet hatte. Irgendjemand hat die Festplatte durchwühlt. Der Hauptkommissar der Brigade Financière informiert mich, nachdem er einen Anruf von einem Journalisten der Zeitschrift *Le Monde* erhalten hat, der über den Vorfall Bescheid wusste. Die Presse erfährt quasi in Echtzeit, dass in den Computern der Brigade Financière eingebrochen wurde. Auf jeden Fall wissen die Journalisten vor mir Bescheid.

Man schickt uns also immer noch Botschaften, die wir entschlüsseln sollen. Jede unserer Handlungen und Gesten wird beobachtet, manchmal sogar vorweggenommen. Jede winzige Information landet bei der Presse, die ob dieser unerwarteten Knüller natürlich begeistert ist. Doch das wahre Ziel ihrer »gut informierten Quellen« ist nicht, die Öffentlichkeit auf dem Laufenden zu halten. Die Dunkelmänner und Informanten wollen uns nur zu verstehen geben, dass nichts, was wir tun, sie wirklich überraschen kann. Dass sie es sind, die alle Trümpfe in der Hand haben – wie beim Poker. Als ich an diesem Abend nach Hause komme, geht mir ein Gedanke nicht mehr aus dem Kopf: Diese Untersuchung ähnelt einem Katz-und-Maus-Spiel, leider mit vertauschten Rollen.

Mittlerweile ist unsere Untersuchung eine hochsensible Angelegenheit geworden. Jede Initiative, die wir ergreifen, zieht eine endlose Informationsschwemme in den Medien nach sich, die uns mit sich zu reißen scheint. Wie oft habe ich im Laufe der Ermittlungen diesen Satz gehört: »Sie haben die Büchse der Pandora geöffnet!« Es ist, als müsste man auf dem Weg zur Wahrheit Wegzoll bezahlen, eine Art Maut, die jedes Mal fällig wird, wenn man einen Schritt weiterkommt.

Da die Gefahr hinter jeder Ecke lauert, werden wir misstrauisch gegen jeden Eingriff von außen. Ich beginne sogar, eine Art »Logbuch« der Ermittlungen zu führen, um die Aufeinanderfolge der Ereignisse jederzeit rekonstruieren zu können. Am Telefon sprechen wir nur noch in Metaphern und Rätseln, die erst einmal entschlüsselt werden müssen. Die Stunden vor und nach einem wichtigen Verhör verbringen wir voller Anspannung, weil wir ständig neue »undichte Stellen« oder andere Manipulationen erwarten.

Dabei reißen die Einschüchterungsversuche nicht ab. Am Tag nach der Hausdurchsuchung im Büro eines bekannten Anwalts findet der Protokollführer die Lampe in meinem Büro umgeworfen. Die Birne wurde herausgeschraubt und das Kabel aufgeschlitzt. Wie beim Diebstahl der versiegelten Behälter in den Büros der Brigade Financière geht es unseren Gegnern nur darum, uns zu zeigen, dass ihnen nichts heilig ist. Sogar mein Büro steht jedem beliebigen Dieb offen.[37] Ein andermal dreht der Schlüssel in meiner Wohnungstür plötzlich leer. Wieder einmal wurde das Schloss aufgebrochen. Und ich habe erneut den Eindruck, hilflose Beute eines unsichtbaren Raubvogels zu sein.

Verhaltensforscher haben festgestellt, dass das Nervensystem von Schimpansen sich an starke Stromschläge gewöhnt, wenn man die Dosis ganz langsam erhöht. Steigt sie Tag für Tag an, reagiert das Tier erst viel später. Nach einigen Wochen hält ein solchermaßen abgehärtetes Tier Stromschläge aus, die es am ersten Tag noch betäubt hätten. Wenn uns das Leben so in die vorderste Front schiebt, macht jeder Adrenalinstoß uns stärker.

Die einzigen Gegenmittel, die ich kenne, sind Stolz und die Tatsache, dass ich in meinem Tun nicht nachlasse. Ich habe mich an die Angst gewöhnt. Ich lebe mit ihr wie mit einer beschämenden Krankheit. Sie ist kein hehres Gefühl. Nein, sie macht einen vielmehr traurig und müde. Manchmal, wenn ich die Spannung nicht mehr aushalte, stehe ich mitten in der Nacht auf. Ich habe Albträume. In meinen Träumen werde ich verfolgt: Ich flüchte mich in einen Hauseingang, laufe die Treppen hinauf, klopfe an jede Tür. Aber die Türen schließen sich wieder oder öffnen sich erst gar nicht. Dahinter höre ich angstvolles Atmen. Ein Traum kehrt ständig wieder: Ich sehe einen der Leibwächter, wie er seine Waffe gegen mich richtet und mich ins Visier nimmt. Mit einem Ruck erwache ich. Ich verlasse mein Schlafzimmer und lege mich ins Wohnzimmer auf ein Sofa – auf der anderen Seite des Paravents schlafen die Polizisten.

Ich lerne, mit diesen Ängsten zu leben. Ich weiß, dass ich durchhalten muss, dass ich mich vom Druck nicht beeinflussen lassen darf. Er könnte mein Urteilsvermögen trüben. Ich darf mich nicht von meiner Pflicht abbringen lassen. »Ich tue meine Arbeit, einfach nur meine Arbeit«, schwirrt es mir durch den Kopf wie eine verirrte Biene.

Über diese Momente der Angst und Verzweiflung sprechen wir nie. Die Scham hält uns zurück. Andererseits bin ich mir sicher, dass sie es sind, die unsere Gruppe im Innersten zusammenschweißen. Die Freundschaft zwischen mir und Laurence Vichnievsky, die freundliche Unterstützung vonseiten der Justizbeamten, die Woche um Woche ihre Überstunden machen, ohne dafür bezahlt zu werden, das gute Verhältnis zu den Beamten der Brigade Financière oder zu den Kollegen von der Staatsanwaltschaft, mit einem Wort, alles, was die menschliche Seite dieser Untersuchung ausmacht, dringt zu unseren Vorgesetzten leider nicht durch. Der Elan der ersten Tage, als wir noch gemeinsam an vorderster Front eine äußerst heikle Untersuchung zu verantworten hatten, ist längst vergessen. Die Hindernisse, mit denen wir konfrontiert sind, werden nun uns, den Ermittelnden, zur Last gelegt.

Dass jetzt auch Roland Dumas betroffen ist, hat eine Schockwelle ausgelöst, deren Ausläufer sich mit der Zeit noch verstärken. Seine Freunde aus allen Gesellschaftsschichten, die ihm mehr oder weniger verpflichtet sind, seine noch aus den fünfziger Jahren stammende Vertrautheit mit den großen Herren im Justizpalast, seine Gefährten im Ministerrat, allen voran die damalige Justizministerin Elisabeth Guigou, seine guten Beziehungen zu vielen Ministern der Regierung Jospin, seine Freundschaft zum Präsidenten Jacques Chirac, seine angesehene Stellung als Hüter der Verfassung ... all das steht gegen uns. Eine uralte Regel besagt: Die Solidarität einer Institution hört dort auf, wo ihre Ruhe gestört wird. Wir sind das berühmte Steinchen im Schuh. In wessen Schuh? In dem des Gerichtspräsidenten und des Generalstaatsanwalts von Paris. Unsere Untersuchung bringt sie in eine naturgemäß schwierige Lage. Sie müssen eine Ermittlung gegen jene Autoritäten leiten, von denen sie abhängig sind. So ist der Riss unvermeidlich. Unsere Gruppe zieht sich zusammen und spaltet sich vom Block der französischen Justiz ab wie ein Eisberg von der Polkappe.

Unsere unmittelbare Umgebung verhält sich in Zeiten großen Drucks im Allgemeinen freundlich mit manchmal erstaunlichen Reaktionen. Sie schwanken zwischen zwei Extremen: Furcht (die auf Distanz hält) und Bedenkenlosigkeit (die manchen zur Ungeschicklichkeit verführt). So jedenfalls geht es mir mit einer Kollegin, die mir im Laufe der Zeit zur Freundin geworden ist. Ihr Mann und sie laden mich regelmäßig zu sich ein. Sie schenken mir einfach ihre Freundschaft, ohne groß darüber nachzudenken. Eines Abends nimmt das Gesicht des Mannes einen spitzbübischen und geheimnisvollen Ausdruck an. Ich weiß, dass seine Passion die Schriftstellerei ist. Hin und wieder arbeitet er für Verlagshäuser. Er sagt, er wolle mir sein neuestes Projekt vorstellen, einen Enthüllungs-Thriller. Den Titel habe er schon gefunden: *Wer tötete Eva Joly?* Offenkundig merkt er nicht, wie dieser Satz auf mich wirkt. Das Entsetzen hat mich verstummen lassen.

»Das wird bestimmt lustig«, versichert er mir.

Vielleicht habe ich ja meinen Sinn für Humor mittlerweile verloren.

Interferenzen

Im Frühjahr 1998 beweist ein weiterer Vorfall ein für alle Mal, dass unsere Telefonleitungen angezapft sind. Eines Morgens ruft uns der Kommissar der Brigade Financière an. Er versucht seit mehreren Stunden vergeblich, uns unter der üblichen Nummer ein Fax zu schicken. Die Sendung geht auf dem Weg irgendwie verloren, was er merkwürdig findet. Zwei Büros weiter geht das Fax anstandslos durch.

Von diesem Moment an achten wir auf unser Faxgerät, das manchmal mehr als eine Viertelstunde braucht, um eine versandte Seite wieder auszuspucken. Wenn wir unseren Apparat an eine andere Leitung hängen, funktioniert er problemlos. Diese geheimnisvollen Macken zeigt die Maschine offenkundig nur in unserem Büro. Also holen wir einen Techniker. Er überprüft den Apparat, nur um uns am Ende zu versichern, dass er vollkommen in Ordnung sei. Wenn die Faxe also nicht so ankommen, wie sie sollten, dann liege das sicher an »Interferenzen« in der Leitung. In seinem Arbeitsbericht schreibt er: »Abhörsensibler Ort. Bitte Leitung überprüfen.«

Unser Bericht an den Gerichtspräsidenten ruft dasselbe ausdrucksstarke Schweigen hervor wie alle anderen davor. Wieder ein Blatt Papier mehr, mit dem man den Reißwolf füttern muss ... Niemand will sich die Finger verbrennen und nachprüfen, was mit unseren Leitungen wirklich los ist. Man fragt sich unwillkürlich, wer unter den vielen Betroffenen im Falle Elf Interesse daran hat, in unseren Telefonleitungen

»Interferenzen« zu verursachen – und wer die Mittel. Leben wir denn nicht seit Beginn dieser Untersuchung in der besten aller Welten und sind von Verdächtigen umgeben, welche die Gesetze fraglos respektieren? Werden die Ermittlungen etwa nicht in aller Ruhe durchgeführt?

So verliert das Telefon als Kommunikationsmittel für uns sehr schnell an Bedeutung. Über den Draht tauschen wir nur noch Belanglosigkeiten aus. Der Apparat wird vom Verbündeten zum Feind. Die Abhörmethoden sind heute so perfekt, dass die Tricks aus den James-Bond-Filmen lächerlich und veraltet wirken. Laurence und ich begreifen schnell, dass einige gut postierte Männer unserer Arbeit im Notfall von irgendwo da draußen folgen können.

Den Beweis dafür erhalten wir im März 1998 bei einem Verhör von André Tarallo. Plötzlich kommt Laurence in mein Büro und zieht mich nach draußen, was bei so wichtigen Vorgängen sonst nie passiert. Sie führt mich in ihr Büro und drückt mir den Telefonhörer in die Hand. Am anderen Ende ist die Präsidentin der Ermittlungskammer für Appellationssachen. Vor einer Viertelstunde habe sie versucht, mich telefonisch zu erreichen. Stattdessen habe sie voller Überraschung ... die Vernehmung des Chefs von Elf-Gabon mitgehört.

Mein Telefon ist also ein geheimes Mikrofon geworden, das sich in Gang setzt, wenn man meine Nummer wählt. Über diesen Vorfall verfasse ich einen amtlichen Bericht und lasse ihn meinen Vorgesetzten zukommen. Schon geht in den Fluren des Justizpalasts das Gerücht, ich sei verrückt geworden und leide unter Verfolgungswahn. »Das ist doch nur ihr Größenwahn.« So manches wissende Lächeln wird vor meinen Augen ausgetauscht. Köpfe drehen sich zur Seite, wenn ich komme. Die Gerüchteküche brodelt. Den ganzen nächsten Tag über schlägt mir stündlich ein neuer Schwall ihrer Miasmen entgegen. Die Präsidentin der Kammer muss sich höchstpersönlich zum Präsidenten des Appellationsgerichts begeben, um die Wahrheit meiner Aussage zu bestätigen.

Auf diese Weise verbringen wir mitunter unsere Tage: Wir versuchen zu beweisen, dass wir nicht verrückt sind, während schwer wiegende Gesetzesübertretungen – denn das Abhören eines Richters bzw. die Aufzeichnung eines Verhörs sind Straftaten – nur uns selbst empören, unsere Vorgesetzten aber nicht zum Handeln veranlassen.

Wir leben in einem seltsamen Land, in dem der Diebstahl von Beweismitteln, illegale Abhöraktionen, Einbrüche und Beschattungen für uns zum Alltag geworden sind. Wer regt sich in Frankreich heute noch darüber auf? Während der letzten zehn Jahre, in denen ich an den verschiedensten Ermittlungen – teils auch nur kurzfristig – mitgearbeitet habe, gewann ich den Eindruck, dass das Verschwindenlassen von Aktenmaterial zum Volkssport geworden ist. Da waren nacheinander: die Brandstiftung im Zollspeicher von Le Havre, wobei die alten Akten der Bank Crédit Lyonnais zerstört wurden; der ungeklärte Brand, der den Stammsitz derselben Bank vernichtete; die ebenso geheimnisvolle Zerstörung des gesamten Aktenmaterials in einer Filiale dieser Bank am Abend vor meinem Besuch; der provokative Diebstahl der versiegelten Behälter mit Beweismaterial in den Räumen der Brigade Financière; der Einbruch in den Hauptsitz der FIBA, der französisch-gabunesischen Bank, am Tag nach einer Hausdurchsuchung. Ich hätte ja zurückkommen können! Von den zahlreichen Aktionen, bei denen vor unserem Eintreffen die Reißwölfe heiß liefen, gar nicht zu sprechen.

Ich lasse die beschämende Auflistung dieser Delikte, welche die Republik Frankreich als traurige Fassade einer gesunden Demokratie erscheinen lassen, in der Kriminelle sich arrogant absoluter Straffreiheit erfreuen können, hier enden. Gut organisierte Netzwerke, die sich methodisch auf dem neuesten Stand der Technik befinden, erlauben sich alles: Sie bedrohen Richter, stehlen amtliche Dokumente, brechen ein, wo immer es ihnen vonnöten scheint, und zerstören verräterische Beweismittel. Aber die Welt steht ja mittlerweile ohnehin Kopf. Die Verdächtigen werden geschützt, die Richter hingegen erregen Misstrauen.

Das Gesicht nicht verlieren

Von innen betrachtet, ist die Apathie der Justiz im Fall Elf beeindruckend. Der Begriff »Sicherheit« ist hier offenkundig ein Fremdwort. Unsere Telefonleitungen werden nicht kontrolliert. Die Computer sind nicht sicher, die Büros nicht geschützt. Unsere Vorgesetzten bewegen sich in einer völlig irrealen Welt. In ihrem Leben wurde keine vom Präsidenten selbst gegründete geheime Gruppe bei illegalen Abhöraktionen ertappt.[38] Waffen- und Ölfirmen haben keinen eigenen Geheimdienst, der mitunter auch zu gewaltsamen Methoden greift. Und verborgene Einflüsse in den verschiedenen Sphären der Macht gibt es schon gar nicht.

Wenn sie nicht gerade zur Anti-Terror-Einheit gehören, müssen die Richter sich allein mit den Einschüchterungsversuchen herumschlagen, denen sie ausgesetzt sind, ob sie nun in einem Juwelendiebstahl ermitteln oder in einem Korruptionsfall, in dem es um mehrere Milliarden Franc geht. Man lässt sie allein, auch wenn von den höchsten Mandatsträgern in Frankreich oder im Ausland auf sie Druck ausgeübt wird.

Alles, was das Justizministerium mir zugesteht, ist ein zusätzlicher Riegel für mein Büro. Das ist, als wolle man bei Hochwasser die steigende Flut mit einer Sandburg aufhalten. Wir – der Protokollführer, meine Assistentin und ich – beschließen, abwechselnd selbst sauber zu machen. Ich kaufe einen Staubsauger, und abends verwandeln wir uns in Putzleute. Auf diese Weise vermeiden wir, dass irgendjemand als Reinigungspersonal verkleidet in unser Büro eindringt. Bis ich eines Tages entdecke, dass ein Schlüssel zu dem zweiten Riegel meines Büros fein säuberlich beschriftet an der Wand eines Sekretariats hängt, das nun wirklich jedem offen steht.

Meine Berichte über die verschiedenen Vorfälle landen aus mir unerklärlichen Gründen im Reißwolf. Ich habe manchmal den Eindruck, als sei ich versehentlich in den Film »Brazil« eingetaucht. Dort schreibt ein kleiner Angestellter in einem totalitären Staat seinen Vorgesetzten jeden Tag Berichte voller dunkler Andeutungen, die jedoch beim kleinsten Windstoß aus dem Fenster geweht werden. Der Teil der französischen Justiz, der in den oberen Etagen sitzt, hat den Kontakt zur Wirklichkeit offenkundig verloren und ist nur noch damit beschäftigt, das Gesicht zu wahren. Meine Vorgesetzten leiden am Tschernobyl-Syndrom. Es zählt nicht, ob und wie man auf die Ereignisse reagiert, sondern dass man es schafft, das Ansehen der Institution zu wahren.[39] Der Schein muss gewahrt bleiben. Im Justizpalast weht kein rauer Wind. Die Sessel sind bequem und die Gerichtsdiener gehorsam wie immer. Einzugestehen, dass dieser Hort des Rechts angreifbar ist und angegriffen wurde, gilt hingegen als unverzeihliches Verbrechen.

Ein Haftbefehl bleibt liegen

Die Ergebnisse unserer Ermittlungen werden von den politischen Kräften als Auswüchse wahrgenommen, die sie nichts angehen. Wenn ich hinreichende Beweise für Steuerhinterziehung finde, bin ich dazu verpflichtet, meine Erkenntnisse an die zuständigen Behörden weiterzuleiten. Im Elf-Fall geht es dabei um beträchtliche Summen: mehrere Millionen Franc in bar, die in keiner Steuererklärung auftauchen, schwarze Konten in der Schweiz et cetera. Erst später erfahre ich, dass bestimmte »Kontrollmitteilungen«, wie dies im Fachjargon heißt, und zwar ebenjene, die auf besonders skandalöse Veruntreuungen hinweisen, wegen »Unerheblichkeit« nicht weiterverfolgt wurden. Diese Art der Steuervergünstigung ist für mich ein klares Signal: Die Macht schützt ihre Träger.

Auch ein anderer Skandal wirft gewisse Schatten auf die Justiz. Am 5. Januar 1999 steht in *Le Monde* zu lesen, dass der internationale Haftbefehl gegen Alfred Sirven Europa nie verlassen hat.[40] Zwei Jahre lang war der Haftbefehl gegen ihn auf die Staaten des Schengener Abkommens (also Deutschland, Frankreich, Belgien, die Niederlande, Luxemburg, Spanien, Portugal) und die Schweiz beschränkt, was absolut nicht normal ist. Nur dank einer Reihe von Zufällen kam diese Tatsache einem hartnäckigen Journalisten zu Ohren.

Wir setzen Himmel und Erde in Bewegung, um herauszufinden, was geschehen ist. Ich nämlich hatte sehr wohl einen internationalen Haftbefehl ausgestellt und diesen an die Staatsanwaltschaft übermittelt. Deren Aufgabe ist es, ihn zu verbreiten, um für seine Durchführung zu sorgen. Offenkundig trat der Fehler im nächsten Glied der Kette auf. Den Polizeikräften, die ihn in alle Welt weiterleiten sollten, mangelte es offensichtlich an Eifer. Wenn man weiß, welche Verbindungen Tarallo zu den Geheimdiensten hat, fällt es schwer, darin keine beabsichtigte Behinderung der Justiz zu sehen.

Vor der Öffentlichkeit allerdings tragen wir die Verantwortung. Das Paris der Gerüchte und Legenden, der Leute, die über alles Bescheid wissen, mit den Mächtigen dinieren und selbst nie zum Vorschein kommen, zerbricht sich über uns ohnehin schon den Kopf. Dieser Angriff wird nicht ohne Folgen bleiben. Ein Teil der öffentlichen Meinung ist von nun an der festen Ansicht, dass wir uns nie bemüht haben, unseren Hauptzeugen zu finden.

Der Revolver

Frühjahr 1999. Sechs Uhr morgens. Draußen fällt der typische Pariser Nieselregen, grau und alles durchdringend. Meinen Leibwachen habe ich bereits am Vorabend gesagt, dass wir frühmorgens aufbrechen würden. Mehr nicht. Wenn man im Polizeimilieu eine Hausdurchsuchung vorhat, ist es besser, das meiste für sich zu behalten. Laurence, Serge und ich haben uns auf dem Stadtplan angesehen, wo es hingehen soll. Die Vororte von Paris ähneln mitunter einem düsteren Labyrinth: die breiten Streifen der Autostraßen, die dunklen Betonriegel und dazwischen alles Mögliche – Lagerhallen, Gartenhäuser, Brachland und enorme Wandflächen.

Würden wir uns zum geheimen Hauptquartier international gesuchter Terroristen aufmachen, könnten wir nicht behutsamer agieren. Von außen gesehen, wirken die zahllosen Vorsichtsmaßnahmen, die wir seit einigen Tagen treffen, unsere Unruhe und das lastende Schweigen im Auto vielleicht etwas übertrieben. Denn der Dienstgrad des Mannes, zu dem wir uns begeben, ist eher bescheiden. Es geht um einen einfachen Polizeibeamten in Pension.

Aber sein Name ist mindestens so legendär wie seine Verschwiegenheit. Schon unsere Zielangabe auf dem offiziellen Formular (»Haus von Daniel Léandri und alle anderen Orte, die während der Durchsuchung als bedeutsam erscheinen mögen«) genügte, um bei den uns begleitenden Polizisten ein gewisses Unbehagen hervorzurufen.[41]

Die französische Polizei ist ein ganz besonderer Verein. Seit der Revolution von 1789 gab es in Frankreich mehrere Bürgerkriege. Und die Polizei befand sich immer im Zentrum der politischen Beben. Bei jeder innerfranzösischen Auseinandersetzung, ob es sich nun um die Zeit der Besatzung oder um den Algerienkrieg handelte, bildeten sich in ihr Zellen, die die einzelnen Parteien unterstützten. Es entwickelten sich geheime Netzwerke, die sich heute noch überlagern, ohne sich je aufzuheben.

Die einzelnen Regierungen unternehmen schon gewohnheitsmäßig nichts dagegen. So gibt es gewisse Kontakte, die halten, auch wenn die Betreffenden die Polizei längst verlassen haben. Ihre Ausläufer reichen bis nach Korsika, in den Mittleren Osten, nach Afrika und in die großen staatlichen Unternehmen. Diese »Männerbünde«, in denen die gegenseitigen Verpflichtungen wie subtile Dominosteine gehandhabt werden und deren Aktivitäten eines sowjetischen Geheimdienstes würdig gewesen wären, durchziehen die Verwaltung wie ein Spinnennetz. Häufig wird dort Korsisch gesprochen, wenn man unter sich ist. Im Bewusstsein einiger Polizisten sind diese Geister ständig präsent und schaffen ein merkwürdiges Klima.

Jeder in der großen Familie der Polizei fühlt sich vom anderen überwacht und bewegt sich daher nur langsam vorwärts. Wie die Norweger, die auf den Inseln wohnen. Bei Tauwetter gehen sie auf dem Eis ganz vorsichtig, in der Hoffnung, der Boden unter ihren Füßen möge nicht wegbrechen.

Wir kommen am offiziellen Wohnsitz von Daniel Léandri an, einem bescheidenen Vororthäuschen. Seine Frau öffnet uns.

Unser Mann ist nicht da. Ganz offenkundig ist das Haus erst seit einer oder zwei Stunden bewohnt. Es ist sehr kalt. Die Koffer stehen noch ungeöffnet im Flur. Der Kühlschrank ist leer, um die Lampen Spinnweben. Einmal mehr sind uns die Spione zuvorgekommen. Unser Besuch wurde offenbar angekündigt. Und schnell wird das bescheidene Austragshäuschen des einfachen Polizeibeamten wiederbelebt.

Der Besitzer ist nicht da. Aber er hat etwas für uns hinterlassen. Eine ganz persönliche Botschaft. Auf dem Wohnzimmertisch hat er ganz offen einen Revolver der Marke Smith & Wesson zurückgelassen. Der Lauf zeigt auf den Eingang. Instinktiv zucke ich zurück, als ich ihn sehe. Die Provokation richtet sich ganz offenkundig auch gegen die Beamten der Brigade Financière, die es wagen, auf dem verbotenen Terrain der französischen Polizei Ermittlungen anzustellen: im Zentrum der Netzwerke.

Der Revolver ist geladen.

Unter dieser Adresse nicht bekannt

Unsere kleine Gruppe macht sich an die Arbeit, ohne sich beirren zu lassen. Ich sehe mir die Visitenkarten und die Kontoauszüge an. Dann überprüfe ich das Telefon. Nicht umsonst nehme ich zu jeder Hausdurchsuchung einen Koffer mit einem tragbaren Fax mit. So kann ich ohne Zeitverzögerung der örtlichen Gendarmerie einen Ermittlungsauftrag erteilen, wenn wir im Laufe einer Untersuchung auf einen neuen Ort stoßen, der für die Untersuchung wichtig sein könnte (was hier der Fall ist).

Drei Stunden später suchen wir das Büro von Daniel Léandri auf, der immer noch eine Art »Stützpunkt« in einer der Polizeidienststellen hat.[42] Wir verlangen, mit seiner Sekretärin zu sprechen. Sie staunt selbst darüber, dass er heute nicht anwesend ist. Gestern Abend habe er ihr noch wie stets »Bis morgen!« zugerufen. Und jetzt ist er immer noch nicht da, obwohl er doch zwei Termine hat!

Das Telefon läutet. Wie es die Regel ist, nimmt Laurence das Gespräch anstelle der Sekretärin an. Und wer ist am anderen Ende der Leitung? Einer der Journalisten, die am Elf-Fall arbeiten. Da er glaubt, er habe Léandri am Apparat, kommt er sofort auf die jüngsten Ereignisse zu sprechen. Laurence erwischt ihn kalt.

Währenddessen blättere ich den Terminkalender durch. Dabei entdecke ich einen Namen, den ich kenne: Der Mann ist bei der Polizei für den Personenschutz verantwortlich, unter anderem für meinen. Ich kann nicht sagen, dass ich das beruhigend finde. Dann gehe ich noch die Liste der eingegangenen Telefonate durch. Auch hier eine Besorgnis erregende Entdeckung: Mehrere ehemalige Kollegen von Léandri, die mittlerweile an höherer Stelle stehen, haben gestern Abend versucht, ihn zu erreichen.

Trotz der Drohung mit dem Revolver lassen wir nicht locker. Man hat uns ein Zeichen gegeben. In der Sprache der Macht heißt dies, dass wir aufpassen sollen. Daher reagieren wir ebenfalls auf der symbolischen Ebene, um unsere Entschlossenheit unter Beweis zu stellen und weiterer Eskalation vorzubeugen. Das Ganze ist ein Dialog auf Distanz.

Wir begeben uns also zum Sitz des Departementsrates des Bezirks Hauts-de-Seine, wo Léandri ebenfalls tätig ist, was wir einer der Visitenkarten entnehmen, die wir in seinem »Wohnsitz« gefunden haben. Das Gebäude ist fast leer, beinahe geisterhaft. Auf uns macht es den Eindruck, als habe man es fluchtartig verlassen. Vielleicht ist das aber auch nur ein weiterer Trick. Vom Wachmann bis zur Empfangsdame treffen wir hier auf eine Mauer des Schweigens und der Gleichgültigkeit. Der Mann unterhalte hier kein Büro, heißt es.

Unter der angegebenen Adresse nicht bekannt.

Ich bestehe darauf, dass dies so sein müsse. Wir zeigen die Visitenkarte, auf der eine Telefonnummer aufgedruckt ist. Was für ein Zufall: Die Nummer stimmt mit der des Privatsekretariats des Präsidenten des Departementsrates überein – Charles Pasqua. Wir suchen das Sekretariat auf. Auf der Liste der entgegengenommenen Anrufe dort finden sich wieder zahllose Telefonate für Daniel Léandri. Aber keine Spur von ihm selbst.

Dieser Mann ist ein Schatten.

Dasselbe gilt für unsere Untersuchung: Wir bewegen uns in einer Welt, in der die Wirklichkeit der Macht nicht in den Büros oder den offiziellen Stellen sitzt. Eine Welt, in der Titel nichts über die wirkliche Position eines Menschen aussagen. Diese Macht hat ihre eigene Geographie, ihre Codes, ihre Netzwerke, ihre Methoden. Und ganz offensichtlich ist sie nicht gewillt, der Justiz darüber Rechenschaft abzulegen.

Was diesen friedlichen Pensionär betrifft, wird es keine Untersuchung geben. Er wird nicht einmal befragt, weshalb er nach seinem Rückzug vom aktiven Polizeidienst noch einen Revolver trägt. Der Schutz, den Daniel Léandri genießt, bewahrt ihn vor Strafe, auch wenn sein offizielles Büro ganz diskret von der

Bildfläche verschwindet. Er selbst wird erklären, er habe seine Waffe einfach auf dem Tisch »vergessen«.

Stattdessen hat der ermittelnde Beamte von der Brigade Financière mit Schwierigkeiten zu kämpfen. Er, der unser Team begleitet, wird einige Monate später von einem Wachmann mit korsischem Akzent angesprochen und direkt bedroht, weil er Verrat an den inneren Strukturen der Polizei begangen habe. Doch auch dieser Mann ist nicht mehr als ein Bote.

Selbst wenn die Worte, die er überbringt, alles andere als leicht zu nehmen sind.

Manipulationen

Zu Anfang des Jahres 1999 ist die Untersuchung abgeschlossen. Die Grundzüge des Falls stehen fest. Wir haben an der Galaxie des Elf-Konzerns Maß genommen und mehrere Milliarden Franc Unterschlagungen entdeckt sowie die geheimen Kanäle, in denen dieses Geld floss. In Genf trägt unser Kollege Paul Perraudin Stück für Stück den ungeheuren Berg an Rechnungen ab, den wir ihm zur Überprüfung übersandt haben. Nun müssen wir nur noch darauf warten, dass er diesen Berg Fleißarbeit bewältigt. Außerdem haben wir in vierzehn Monaten ausreichend Beweismittel für eine Anklage gegen Roland Dumas und seine Geliebte Christine Deviers-Joncour gesammelt. Sie werden wegen Veruntreuung von Firmenvermögen vor Gericht stehen. Die Maschinerie läuft, und nichts scheint sie mehr aufhalten zu können.

Wenn man von einem Stimmungsumschwung in der Öffentlichkeit einmal absieht.

Nach drei Jahren direkter Einschüchterungsversuche, von denen der »vergessene« Revolver auf dem Tisch nur die Spitze des Eisbergs war, wechseln diejenigen, die nicht wünschen, dass unsere Untersuchung zu einem Ergebnis kommt, urplötzlich die Strategie. Zweifellos haben sie eingesehen, dass die persönlichen Drohungen, denen wir ausgesetzt waren, nicht fruchten würden. Trotz ihrer Machenschaften haben wir in unserer Entschlossenheit kein Gran nachgelassen. Aber da gibt es ja noch andere Möglichkeiten, auf die wir nicht den geringsten Einfluss haben: die öffentliche Meinung und die geheimen Seilschaften in den Schaltzentralen der Macht. Ebendiese werden nun gegen uns in Gang gesetzt.

Innerhalb weniger Tage verändert sich der Druck, der auf uns ausgeübt wird.

Es beginnt mit einer vergleichsweise harmlosen Hausdurchsuchung, die wir am 26. Januar 1999 im Büro des Anwalts Eric Turcon vornehmen. Dieser war früher Beamter der Finanzverwaltung und ist nun Anlageberater. Alfred Sirven, die rechte Hand von Loïk Le Floch-Prigent, gehörte zu seinen Kunden. Der Jurist protestiert energisch gegen unser Eindringen. In den folgenden Stunden erfindet er immer neue Beschuldigungen: Ich hätte die Handtasche der Sekretärin durchsucht bzw. seinen Computer mitgenommen – was alles nicht stimmt. Doch diese Art von Mätzchen kümmert mich nicht weiter. So etwas prallt mittlerweile einfach an mir ab. Zwei Tage voller Hetzartikel in der Presse folgen, dann kehrt Ruhe ein.

Am 17. März müssen wir die Akte Dumas wieder öffnen, die wir im Dezember 1998 bereits geschlossen hatten, weil neue Beweismittel gegen Roland Dumas aufgetaucht sind.[43] Die Enthüllungen von Christine Deviers-Joncour provozieren einen gewaltigen Medienrummel. Roland Dumas schien seine Geliebte mit dem Geld des Elf-Konzerns und damit der Allgemeinheit unterhalten zu haben. Außerdem erwarb der Konzern bei einer Versteigerung offenkundig einige teure antike Figuren für den ehemaligen Außenminister. Also beschließt Roland Dumas, sich aus dem Verfassungsrat zurückzuziehen und in den Ruhestand zu gehen.

Sofort werden hinter den Kulissen die Strippenzieher tätig.

Unter der scheinbar noch ruhigen Oberfläche formieren sich die Allianzen. Und wie durch ein Wunder gibt es zwei Wochen später plötzlich eine »Affäre Turcon«. Die Pariser Anwaltskammer tut am 1. April 1999 in einer Erklärung an die Presse kund, dass man gegen Laurence Vichnievsky und mich eine Klage wegen Verletzung des Berufsgeheimnisses und der Rechte der Verteidigung eingereicht hat.

Für uns ist das ein unerwarteter Schlag.

Für einen Richter gibt es keine schlimmere Beschuldigung als die, parteilich zu sein und die Rechte der Verteidigung verletzt zu haben. Dass diese auch noch von der Anwaltskammer erhoben wird, kommt außerordentlich selten vor. In diesem Fall wäre es möglich, dass der Gerichtspräsident den Ermittlungsrichter von der Untersuchung abzieht, um »den Gang der Justiz nicht zu behindern«, sogar wenn der fragliche Richter keinen einzigen Fehler begangen hat.

Die Anklage ist absolut nicht gerechtfertigt, aber der Schlag wurde sehr präzise vorbereitet. Tatsächlich verwischt die Anwaltskammer in ihrer Darstellung der Fakten systematisch den Unterschied zwischen einem simplen Finanzberater (ein Status, der dem Betreffenden keinerlei Immunität einträgt) und dem Anwalt der Verteidigung (den das Gesetz vor gerichtlichen Nachforschungen schützt, die mit seinem Klienten zu tun haben). Der Ton der Anklageschrift ist so feierlich, als hätte ich ein Kapitalverbrechen begangen.

Nun fühle ich mich wirklich ungerecht behandelt. Bis zur Untersuchung im Elf-Fall pflegte ich immer ganz ausgezeichnete Beziehungen zur Anwaltschaft, was im Justizpalast ja auch Tradition ist. Der ungehinderte Fortgang der Ermittlungen verlangt ein gewisses gegenseitiges Verständnis. Jeder spielt seine Rolle, auch wenn die Regeln für alle gleichermaßen gelten. Ich habe der Anwaltschaft gegenüber immer Wort gehalten. Vor jeder Entscheidung lege ich die Akten zur Seite, um mir die Meinung beider Parteien noch einmal anzuhören. Diese pragmatische Haltung eröffnet den Realisten unter ihnen neue Möglichkeiten. Sie wissen, dass ich keine Prinzipienreiterin bin und den Vorschlägen der Verteidigung offen gegenüberstehe.

Doch der Fall Elf mit seinen unendlichen Verzweigungen hat mehr als achtzig Anwälte auf den Plan gerufen, die ungekrönten Könige des Wirtschaftsstrafrechts. Und diese vielfältigen Beziehungen sind schwierig zu handhaben. Die Untersuchung wird mittlerweile vollkommen von den Medien beherrscht. Dadurch kommt die menschliche Seite des Falles leider zu kurz, was dazu führt, dass immer wieder die Leidenschaften hochkochen.

Kommt das Pochen aufs Berufsethos vonseiten der Anwaltskammer nicht just in dem Moment, in dem es den Interessen von Roland Dumas am meisten dient? Sein Anwalt, früherer Präsident der Anwaltskammer und immer noch praktizierendes Mitglied, hat nämlich ebenfalls beantragt, dass wir vom Elf-Fall abgezogen werden – wegen Parteilichkeit.

Doch ich verliere mich in Vermutungen. Im Grunde bin ich

meiner Stellung sicher. Die Rechtsprechung des Kassationsgerichts ist in dieser Hinsicht eindeutig: Die Durchsuchung war legal. Zwei Repräsentanten der Anwaltskammer waren zugegen und haben nichts Ungewöhnliches moniert.[44] Ebendiese Sicherheit macht mich blind. Sodass ich bereitwillig in die für mich aufgestellte Falle tappe.

Am nächsten Tag bin ich zu Gast bei einigen Journalisten der Auslandspresse, wo ich mich ausführlich über das Thema »Korruption und Geldwäsche« auslasse. Bislang hatten sich meine öffentlichen Äußerungen auf zwei oder drei Interviews beschränkt. Darin war es in erster Linie um die Mittel gegangen, die der Justiz zur Verfügung stehen. Gleichzeitig habe ich jedoch als Vertreterin meines Berufsstandes immer wieder Einladungen akzeptiert, weil ich glaube, dass es wichtig ist, sich mit dem Rest der Gesellschaft auszutauschen und sich nicht auf seinen Elfenbeinturm zu kaprizieren.

An jenem Morgen wollte ich meinen Zuhörern klar machen, dass Wirtschaftskriminalität nicht nur unter Mafiosi, im Spielkasino oder im Nachtklub vorkommt. Ganz im Gegenteil. Von diesen Finanzdelikten nährt sich ein ganzer Wirtschaftszweig, dessen Repräsentanten eine durchaus honorige Fassade darbieten, während sie gleichzeitig die Grauzonen des Rechts ausloten. Ich stütze mich bei meinen Ausführungen auf die Untersuchungen ausgewiesener Experten, die sich vor allem mit dem Waschen von Drogengeldern beschäftigt haben.[45] Diese Studien beweisen, dass ein erheblicher Teil der Gewinne aus dem Drogengeschäft bei gut betuchten Anwälten hängen bleibt, welche für ihre Auftraggeber Scheinfirmen gründen, diese steuerlich optimieren und ihr juristisches Wissen der Geldwäsche zur Verfügung stellen.

Und dann benutze ich eine etwas unglückliche Wendung: »Geldwäsche wäre ohne Anwälte überhaupt nicht möglich. Fünfzehn Prozent der Gelder aus kriminellen Geschäften gehen an Rechtsanwälte.«

Natürlich ist die Verallgemeinerung »Anwälte« eine Dummheit. Wenn mich die Klage der Anwaltskammer nicht so sehr beschäftigt hätte, wäre ich sicher nicht gerade auf das Beispiel mit den Anwälten verfallen. Ich hätte genauso gut »Bankfachleute« sagen können. Sachlich liefe es auf dasselbe hinaus. Doch in diesem Fall hat mir wohl mein Unterbewusstsein einen Streich gespielt. Ich habe den Satz während eines Gesprächs geäußert, das fast zwei Stunden dauerte. Dann kehrte ich in mein Büro zurück, ohne auch nur im Geringsten Böses zu ahnen.

Im Herbst, kurz bevor das Wachstum zum Erliegen kommt, gibt die Erde noch einmal alles, was sie hat. Dann wachsen Pilze mitunter innerhalb weniger Stunden. An diesem Tag läuft noch vor dem Mittagessen eine Nachricht der Presseagentur AFP über die Ticker, in der meine Äußerung von jeglichem Kontext befreit zitiert wird, was einen wahren Sturm der Entrüstung auslöst. Innerhalb weniger Minuten bricht Serge Rongère unter dem Ansturm der Faxe und Interviewanfragen zusammen, während bei der Presseagentur nahezu im Minutentakt indignierte Erklärungen eingehen.

Ein paar verwirrte Kollegen strecken den Kopf zur Tür herein. In solchen Fällen entfaltet die Medienmaschinerie ihre ganze infernalische Macht. Der Fall Elf ist ja mittlerweile zum Feuilleton geworden. Wenn nichts passiert, lässt die Aufmerksamkeit der Leser nach. Also erfinden die Medien neue, Aufsehen erregende Wendungen, getreu dem Prinzip des Elle-Gründers Pierre Lazareff: »Eine Nachricht und ein Dementi geben schon zwei Nachrichten.«

Löste sich die Lawine wirklich ganz von selbst? Oder gab es Leute, die sich über meinen kapitalen Bock freuten und ihn hinter den Kulissen zu nutzen wussten? Und plötzlich werden Widerstand, Ehre, Grundsätze, ja überhaupt alle Prinzipien, die das französische Recht ganz groß schreibt, gegen mich ins Feld geführt.[46] Mir war nicht klar, zu welch gewaltigem Schandfleck ich mich im Zweifelsfall entwickeln kann. Die Justizministerin spricht von »beleidigenden und bedauerlichen Bemerkungen«. Der Anwalt von Roland Dumas spricht vom »Niveau einer Bananenrepublik«, während man in der Anwaltskammer die Gefahr heraufziehen sieht, »unbemerkt in die Machenschaften totalitärer Staaten abzugleiten«. Offenkundig entkam dem Sprecher bei dieser Äußerung nicht einmal ein Lächeln.

Die unglaublichsten Allianzen schließen sich zusammen und nehmen den Kampf gegen uns auf. Am 6. April lassen uns die Anwälte von Eric Turcon eine Vorladung zukommen. Wir sollen wegen »Hausfriedensbruch«, »Verletzung des Briefgeheimnisses« und »Behinderung der Justiz« vernommen werden. Am 7. April fordert die Anwaltskammer die Justizministerin auf, mich vor den Conseil supérieure de la magistrature zu zitieren, dessen Aufgabe es ist, Beschwerden gegen Richter zu untersuchen. Begründung: Mein Verhalten zeige »einen Mangel an Unparteilichkeit, der mit der Ausübung des Richterberufs unvereinbar« sei. Kaum verhüllt verlangt man meinen Rücktritt. Die Anwaltskammer ernennt Henri Leclerc, den ehemaligen Präsidenten der Liga für Menschenrechte, in der Sache Turcon zu ihrem Vertreter.[47]

Auch Laurence Vichnievsky wird wider Willen in den Sturm mit hineingezogen.

»Eva, du musst ein Dementi abgeben.«

»Das ist das Einzige, was ich jetzt nicht mehr kann. Ich habe diesen Satz ja gesagt. Er ist zwar aus dem Zusammenhang gerissen, aber ausgesprochen wurde er – und zwar vor dreißig Zeugen. Ich will nicht lügen. Und ich will auch nicht damit daherkommen, dass man mir das Wort verdreht hat. Ich muss da jetzt einfach durch.«

So danke ich meiner Kollegin ihre Solidarität. Mein Temperament geht einmal mehr mit mir durch. Laurence könnte sich ja auch von mir abwenden. Sie könnte unter dem Beifall des Justizpalastes behaupten, hier ginge es ums Prinzip, und versuchen, die Ermittlungen an sich zu reißen. Mit einer guten Portion Berechnung und einer Prise Zynismus wäre das ohne weiteres möglich. Unsere Vorgesetzten wären sicher entzückt, wenn sie die Wand unserer gemeinsamen Solidarität endlich aufbrechen sähen und mich unter die Kontrolle einer willfährigen Laurence stellen könnten. Aber Laurence steht auf meiner Seite, und wir wehren uns. Obwohl ihr das sicher nicht leicht fällt, hilft sie mir, einen diplomatisch formulierten Entschuldigungsbrief an die Anwaltskammer zu verfassen. Da einige hohe Richter sich ebenfalls um die Beilegung des Streits bemühen, lässt die Spannung spürbar nach.[48]

Wir hatten seit langem beschlossen, uns am folgenden Wochenende drei Tage Urlaub in einer Berghütte zu gönnen, die uns eine Freundin zur Verfügung stellte. Laurence hat eine schwere Bronchitis und neununddreißig Grad Fieber. Außerdem ist ihr Mann in Paris unabkömmlich. Trotzdem weigert sie sich, das Ganze abzusagen. Also legen wir die neunhundert Kilometer zusammen im Auto zurück. Sie möchte nicht, dass sich im Justizpalast das Gerücht verbreitet, wir verstünden uns nicht mehr.

Trotz meines Fehlers bilden wir immer noch eine geschlossene Front.

»Bleiben Sie vom Fenster weg!«

Die geballte Ladung verbaler Gewalt, die bei diesem Anlass auf mich niederprasselte, zeigt, dass der Fall Elf, zumindest in den Medien, einen Punkt erreicht hat, an dem eine Umkehr nicht mehr möglich ist. Die völlig unsinnige Mediengier, welche die Untersuchung begleitet, macht aus der einfachsten Erklärung einen Sprengsatz. Die mediale Wirkung unseres Handelns entgleitet unserer Kontrolle. Das wurde vor allem von jenen ausgelöst, die vor jeder Durchsuchung die Medien informierten und im strategisch richtigen Moment Vernehmungsprotokolle öffentlich machten. Sie waren es, die diese Untersuchung in eine schwindelnde Spirale der Medienpräsenz getrieben haben. All unsere Vorkehrungen, um das »Ermittlungsgeheimnis« zu wahren, konnten diesen Trubel nicht verhindern. Unsere richterliche Untersuchung wurde so zu einem Spektakel, einem jener Fälle, die man der Justiz so häufig ankreidet, die jedoch gar keine Möglichkeit hat, sie effektiv zu verhindern.

Mir ist klar, dass die Gewalt nun vonseiten der Medien ausgeht. Auf dem Gebiet kann ich mich nicht wehren oder zum Gegenangriff übergehen, da ich ja zum Schweigen verpflichtet bin. Diese Ohnmacht zehrt an mir.

Bei einer so heiklen Untersuchung ist das Gefühl, die Dinge

im Griff zu haben, ein unschätzbarer Vorteil. Die Gefahr verleiht jenen, die sie auf sich nehmen, einen siebten Sinn. Jeder, der sich schon einmal in einer Extremsituation befunden hat, wird mir zustimmen, obwohl das Faktum selbst unerklärlich ist. Unzählige Male habe ich, nachdem eine Situation sich wieder entspannt hatte, festgestellt, dass ich genau das getan hatte, was getan werden musste, dass ich genau die richtigen Worte gewählt hatte. Geleitet von Intuition oder einem plötzlichen Einfall. Als würde die Situation für mich denken.

In diesem Fall gilt genau das Gegenteil.

Die Medienattacken treffen mich. Sie verletzen mich mehr als alle Todesdrohungen zusammen, weil ich nicht dagegen ankämpfen kann. Ich bin gezwungen, stumm und bewegungsunfähig meiner öffentlichen Hinrichtung beizuwohnen. Dasselbe geschah mit den italienischen Richtern, die die Aktion »Mani Pulite« ins Leben gerufen hatten. Der Richter muss zusehen, wie sein Ansehen in der Öffentlichkeit von unhaltbaren Anschuldigungen unterminiert wird, die ganz offensichtlich an den Haaren herbeigezogen sind. Aber er kann sich nicht wehren, weil er ja nicht irgendeiner Straftat angeklagt wird. Nach dieser tröpfchenweisen Folter bleibt dann gar nichts anderes übrig, als ihn vom Verfahren abzuziehen, auch wenn seine angebliche Parteilichkeit nichts als Humbug ist.[49]

Im Schoß der Institution selbst erreichen die psychologischen Manipulationsversuche mittlerweile neue Höhepunkte. Eines Morgens lässt mich der Präsident des Appellationsgerichts, einer der wichtigsten Justizbeamten Frankreichs, rufen, was bei einem einfachen Richter eher selten vorkommt. Wir sitzen in seinem weitläufigen Büro, einem der prächtigsten in Paris. Die

Luft ist wie aus Watte, jeder Laut gedämpft durch die Folianten in den Bücherregalen und die Gobelins an den Wänden. Ich setze mich in einen der weichen Sessel, die Staatseigentum sind.

Und bekomme den »Rat eines Freundes« zu hören: »Madame, ich habe aus zuverlässiger Quelle gehört, dass Sie sich in extremer Gefahr befinden. Bitte bleiben Sie künftig vom Fenster weg.«

Verblüfft zucke ich zusammen.

»Und seien Sie auf der Hut, immer und überall. Das ist eine sehr ernste Angelegenheit.«

Mehr bekomme ich nicht zu hören. Er versichert mich noch seiner vollen Unterstützung. Dann danke ich ihm und begebe mich wieder in mein Büro. Ich bin total durcheinander.[50] Diesen Ratschlag von einem Mann zu hören, der bislang besonders verwundbare und ungerechtfertigt attackierte Richter immer verteidigt hatte, verwirrt mich zutiefst.

Ich kann mich nicht recht zwischen Furcht und Unglauben entscheiden. Dieses Gespräch hinterlässt bei mir einen eigenartigen Nachgeschmack. Einesteils steht außer Frage, dass mein Gesprächspartner mir wohlgesinnt ist. Er hätte mir ja von alledem nichts mitteilen müssen. Dies ist sicherlich ein Vertrauensbeweis. Vielleicht geht er dadurch ja sogar ein Risiko ein.

Aber unwillkürlich kommt mir der Gedanke, wie seltsam dieses Land doch ist. Einer der höchsten Richter Frankreichs erfährt, dass ein anderer Richter »in extremer Gefahr« ist. Wann? Von wem? Und wie? Teilt er seine Besorgnis der Justizministerin oder dem Minister des Inneren mit? Wir werden es nie erfahren. Stattdessen ruft er das potenzielle Opfer zu sich und wiederholt einen »Ratschlag«, der zwischen Palermo und Bogotá, im Schatten der Mafia, sicher schon öfter gefallen ist: »Bleiben Sie vom Fenster weg!« Die geheimen Mächte dieser Republik haben offenkundig ganz schön an Terrain gewonnen, wenn die höchste Autorität des französischen Rechtssystems ihrer Besorgnis nur dadurch Ausdruck verleihen kann, dass sie den bedrohten Richter in vertraulichem Ton über die Gefahr informiert, in der er sich befindet.

Zwei Wochen später, als die Medien Wind von der Affäre Turcon bekommen und sie entsprechend hochspielen, als der Anwalt von Roland Dumas meint, meine Methoden seien einer »Bananenrepublik« würdig, macht niemand – auch nicht vertraulich – sich die Mühe, darauf hinzuweisen, dass es wohl eher einer »Bananenrepublik« entspricht, wenn ein ermittelnder Richter »vom Fenster wegbleiben« soll, damit er nicht getötet wird.

Dieses Gespräch illustriert sehr schön die beiden Dimensionen, zwischen denen wir uns bewegen. Von außen betrachtet, sind die Institutionen Frankreichs fest verankert und gelten im Ausland als beispielhaft. *Gleichzeitig* aber muss ich meiner Arbeit als Richterin in einem Klima der Angst nachgehen und kann mich nur unter dem Schutz von zwei Leibwachen fortbewegen.

Diese Ambivalenz zeigt sich auch am Elf-Konzern, der sich über die Jahre hinweg zum wichtigsten Staatsbetrieb Frankreichs entwickelt hat. An der Oberfläche wirkt der Konzern leistungsfähig und sauber. *Gleichzeitig* aber entdecken wir ein geheimes Universum von Schwarz- und Schmiergeldern, die manchmal mehrere hundert Millionen Franc betragen, mehr als die Hälfte des ausgewiesenen Jahresgewinns. Ob wohl alle

Affären großer Industriekonzerne im Niemandsland der Globalisierung der Kapitalmärkte enden? Diese Frage lässt mich nicht mehr los, auch wenn ich bis heute noch keine Antwort darauf gefunden habe.

Angesichts des Imperiums der Straffreiheit, das die Korruption sich geschaffen hat, angesichts der zunehmend verschwimmenden Grenzen zwischen illegaler Finanzierung und Gesetzestreue müssen wir unsere Weltsicht immer wieder überdenken. Eine fortdauernde Revolution ist hier im Gange. Die Wahrheit von gestern passt nicht mehr in das Bild, das wir heute aufdecken. Und was wir morgen herausfinden, würden wir heute vermutlich noch gar nicht verstehen. Bei den Ermittlungen, die wir hier führen, entdecken wir in erster Linie uns selbst: Wir erforschen die andere Ordnung der Dinge, die Kehrseite der Medaille.

»Aus dem Munde des Ministers«

Außerhalb des Justizpalasts verliert der Fall in den Medien langsam jede Bodenhaftung. Er driftet ins Märchenhafte ab. Nach einem Jahr der »Affäre Dumas«, in der es in der Presse hauptsächlich um die »Liebesgaben« des ehemaligen Ministers an Christine Deviers-Joncour, die angebliche »Hure der Republik«, ging, ist der Elf-Fall für die Öffentlichkeit zu einer Art Spektakel ohne tiefere Bedeutung geworden. Die Kluft zwischen der Wirklichkeit der Ermittlungen und der medialen Repräsentation ihrer Protagonisten wird immer größer.

Die Konsequenzen dieser völligen Verdrehung der Tatsachen werden bald spürbar. Das hartnäckigste – und ungerechteste – Gerücht besagt, dass wir, die Richter, für die Verletzungen des Ermittlungsgeheimnisses verantwortlich seien, die uns doch selbst mehr schaden als nutzen. Anfangs zucke ich nur mit den Schultern, wenn wieder einer dieser Anwürfe bis zu mir vordringt. Doch es entmutigt mich zutiefst, wenn ich feststelle, dass solche Anklagen von den höchsten moralischen und politischen Autoritäten des Landes ausgehen.

Eines Tages gewährt uns Pierre Truche, ein renommierter Justizbeamter, Stellvertreter des Generalstaatsanwalts im Prozess gegen den Nazi-Verbrecher Klaus Barbie, eine Audienz. Während des Gesprächs bemerke ich, dass er mir ständig den Rücken zukehrt und sich nur mit Laurence unterhält.

Als ich ihn darauf anspreche, antwortet mir dieser große Mann eiskalt und ohne den geringsten Versuch, höflich zu sein: »Aus dem Mund des Ministers habe ich gehört, dass Sie die Quelle all der Informationen sind, welche die Presse über Ihren Fall besitzt.«

Der Schlag sitzt. In mir zieht sich alles zusammen. Trotzdem gebe ich im selben Ton wie er zurück: »Nun, da bin ich Ihnen gegenüber im Vorteil, denn ich weiß, dass das nicht wahr ist. Es tut mir sehr Leid, dass der Minister auf diese Art und Weise manipuliert wird.«

Dieses kleine Gefecht macht deutlich, wie sehr mein Bild in den französischen Medien dämonisiert wurde. Einer meiner Freunde im Richteramt erzählte mir einmal voller Unwillen, er habe den Staatsanwalt eines Gerichts im Großraum Paris tatsächlich vor Zeugen erzählen hören, ich hätte die Gewohnheit, nach jeder Vernehmung ein Protokoll an *Le Monde* zu faxen. Dabei würde schon simples Nachdenken genügen, um die Unwahrheit dieser Behauptung festzustellen. Ich würde mich ganz leicht erpressbar machen, wenn auf nur einem einzigen amtlichen Dokument in Händen der Presse der Aufdruck meines Bürofaxes erschiene ... Außerdem werden unsere Telefonleitungen noch immer überwacht. Zwei Polizeibeamte begleiten mich auf Schritt und Tritt und schreiben abends einen genauen Bericht an ihre Vorgesetzten. Da die Polizei nun einmal ist, wie sie ist, denke ich, dass mein Tagesablauf abends ins Innenministerium wandert. Kann man denn auch nur eine Sekunde lang glauben, ich hätte sechs Jahre lang ungestraft unter den Augen der französischen Behörden meine berufliche Geheimhaltungspflicht verletzen können? Sechs Jahre, in denen jeder meiner Fehltritte genauestens protokolliert wurde und ich voll im Blick- (und Hör-)feld aller Gruppierungen stand, die sich auf mich eingeschossen hatten?

Aber picken Sie sich in Frankreich einfach mal zehn Leute auf der Straße heraus und fragen Sie sie, wer ihrer Ansicht nach dafür verantwortlich ist, dass bestimmte Fälle so ins Rampenlicht geraten. Ich schwöre Ihnen, sie werden als Erstes die Richter nennen, ausgerechnet sie, die stumm sind wie die Eunuchen im Harem. Ebendiese Art von Fabel wird im Moment ohne jede Überprüfung immer weiter kolportiert. »62 400 Wiederholungen geben eine Wahrheit«, schreibt Aldous Huxley in *Schöne Neue Welt*. Ich mache mir da keine Illusionen. Man schöpft das Meer nicht mit den Händen leer. Trotzdem werde ich in diesem Buch die ganze Wahrheit kundtun, auch wenn sie hinterher sofort wieder der Vergessenheit anheim fallen sollte.

Jedermann weiß es, nur wenige reden darüber. Noch weniger wagen es, darüber zu schreiben, vor allem unter den Richtern. Dabei sind sich alle einig, zumindest hinter vorgehaltener Hand: Die Verletzung der Geheimhaltungspflicht erfolgt meist durch Vertreter von Polizei und Politik. Das kann recht nützlich sein, vor allem, wenn der beteiligte Beamte sich eines höheren Ranges erfreut. Häufig entsteht sie, weil irgendein Anwalt, der dem Fall nahe steht, irgendeinen Journalisten »gut kennt«. Während ich diese Zeilen schreibe, muss ich versuchen, mir selbst die Daumen zu halten. Ich sehe es schon auf mich zukommen, dass mich die Anwaltskammer wegen Beleidigung und Verletzung der unveräußerlichen Rechte der Verteidigung mit Ächtung straft. Vielleicht wird ja auch die Liga für Menschenrechte eine Klage vor dem Europäischen Gerichtshof einreichen, weil ich die Rückkehr in die schlimme Zeit der Barbarei und des Totalitarismus aktiv gefördert habe. Doch letztlich treffe ich hier einfach nur eine Feststellung, die kein Nachrichtenmann bestreiten wird, der sich dem so genannten »investigativen« Journalismus widmet.

Bei jeder heiklen Ermittlung gibt es irgendwann ähnliche Interessen bei verschiedenen Personengruppen: Im Austausch für bestimmte Informationen lassen Rundfunk- und Fernsehjournalisten im richtigen Moment den Anwalt des Beschuldigten zu Wort kommen, der dann tunlichst nur jene Argumente vorbringt, die seinem Klienten nützen. Die Einbeziehung der Medien ist für den Anwalt von Nutzen: Sie unterstützt seine Strategie, hebt seinen Bekanntheitsgrad und damit auch die Anzahl der Fälle, die man ihm überträgt. Die Presse ihrerseits erhält Informationen aus erster Hand, auf deren Authentizität sie sich verlassen kann, weil sie ja das Ergebnis offizieller Ermittlungen sind. Diese Praxis ist so verbreitet, dass daraus von Fall zu Fall richtige Freundschaften zwischen Journalisten und Anwälten entstehen. Sie wird zur Gewohnheit und läuft beinahe automatisch ab.

Dieses an sich schon gesetzeswidrige Einverständnis verstärkt sich in bestimmten Fällen noch durch gezielte »Informationsabflüsse« bzw. einen offenen Austausch. Nachdem meine Ermittlungen im Fall Elf längst abgeschlossen waren, lernte ich einen französischen Intellektuellen kennen, einen renommierten Essayisten, der mir erzählte, man habe ihm vor einigen Jahren das Angebot gemacht, sich »positiv über Elf zu äußern« – und zwar gegen Bezahlung. Ein unabhängiger Geist, der abgelehnt hat. Doch wie viele nehmen solch ein Angebot an? In dieser Affäre ging es um Hunderte Millionen von Franc, die in Koffern aus der Schweiz von extra bestellten Schleusern eingeschmuggelt wurden. Warum sollte ausgerechnet die Presse immun gegen Korruption sein, auch wenn dieses Thema immer noch tabu ist?[51]

Natürlich stellt jede der beschuldigten Parteien nur die Fakten dar, die für die Verteidigung von Vorteil sind. Andere Informationen bewahrt man sorgfältig vor dem Bekanntwerden. Auf geradezu paradoxe Weise trägt daher das Ermittlungsgeheimnis dazu bei, zahlreiche Elemente des Falls, die für die Öffentlichkeit wirklich von Bedeutung wären, von ihr fern zu halten. Da mir ja das Gesamtbild bekannt ist, das sich aus den Tatsachen ergibt, habe ich mich zum Spaß einmal der Mühe unterzogen, eine Aufstellung zu machen. Mehr als zwei Drittel der Beweislage im Fall Elf blieben den Medien verborgen, weil diese sich nur auf die leicht vermittelbaren und vor allem anrüchigen Fakten konzentrierten.

Aber die Öffentlichkeit verzeiht alles, wenn man geschickt auf der Klaviatur der Emotionen spielt. Die wichtigsten Verdächtigen im Elf-Fall wussten dies sehr wohl. Wenn jemand vorläufig in Haft genommen oder Gegenstand einer richterlichen Untersuchung wird, ist dies ein dunkler Fleck auf der weißen Weste des sozialen Lebens. Diesen Makel versucht man auszulöschen, indem man den Beschuldigten als Opfer dunkler Machenschaften darstellt. Je höher sein Ansehen in der Öffentlichkeit, umso mehr Aufsehen ist nötig. Jede Woche gibt es neue »schockierende Enthüllungen«, natürlich exklusiv und garniert mit kaum lesbaren Faxen oder Post-it-Zettelchen, die allerdings die dünne Beweislage der Verteidigung nicht wirklich verbessern. Auch wenn ich hier Gefahr laufe, die Pariser Anwaltskammer noch mehr gegen mich aufzubringen, wage ich zu behaupten, dass die eloquentesten Anwälte immer auch die waren, welche sich besonders intensiv um die »Betreuung« der Journalisten kümmerten.

Bei diesen weinerlichen Zeugnissen in den Medien wird normalerweise alles in einen Topf geworfen: das Leben als Häftling, das natürlich nicht leicht ist; der gnadenlose Absturz eines Menschen, der nie ohne Schmerzen abgeht; und die Ermittlungen, die trotz alledem vonnöten sind. Hier zeigt sich eine Umkehr der Werte, die erschreckend ist, weil niemand sie tragisch zu nehmen scheint. Aber wenn man sich auf die Leiden eines Mannes konzentriert, der all seine Ämter verloren hat, wie dies bei Roland Dumas der Fall war, geht man den tatsächlich wichtigen Fragen aus dem Weg.

Die Schuld dafür liegt nicht allein bei der Presse. Das wäre viel zu einfach. Schließlich sind die Interessen der Medien legitim. Das Ermittlungsgeheimnis wurde eingeführt, um die Untersuchung zu schützen, nicht die Beschuldigten. Es gibt Länder, in denen das gesamte Belastungsmaterial, das die Ermittler gegen den Beschuldigten zusammengetragen haben, offen gelegt wird. Die dortigen Bestimmungen zur Strafprozessordnung erlauben dies, ohne dass man darin einen Angriff auf die Menschenrechte erblicken würde. Bei Verfahren von allgemeinem Interesse – und das Abzweigen von mehreren Milliarden Franc bei einem Staatsunternehmen gehört mit Sicherheit dazu – können Informationsfreiheit und demokratische Prinzipien mehr Transparenz in den Ermittlungen erfordern. Während also Politiker und Intellektuelle zur Treibjagd auf die Richter bliesen, gab es ebenso mutige Journalisten, die sich dafür einsetzten, dass auch die Mächtigen dem Gesetz unterworfen sind und ihm gehorchen. Sie standen dabei ziemlich allein.

Da es keine klaren Regeln gibt, mischen sich Licht und Schatten: Unsere Untersuchung wird begleitet von ungerechtfertigten Anklagen, Fehlinformationen, angeblichen Skandalen und Reportagen in den größten Boulevardblättern. Seit dem Fall Elf habe ich mir abgewöhnt, die Logik der Presse verstehen zu wollen. Beispielsweise fanden wir bei einer Hausdurchsuchung Belege, dass dubiose Firmen hohe Summen auf die Konten bekannter Journalisten, im vorliegenden Fall an einen Chefredakteur und einen angeblichen Terrorismusexperten, eingezahlt haben ... Wir nehmen die Beweise zu den Akten. Ich stelle mir vor, wie die französische Satirezeitschrift *Le Canard enchaîné* sich auf die übliche bissige Weise der Korruption in den eigenen Reihen annimmt. Aber davon dringt nichts nach außen durch. Und dieser Mantel des Schweigens ist bis heute absolut wasserdicht.

Eine andere, weit weniger stichhaltige Information hingegen landet sofort in den Schlagzeilen. Eines Tages vernehme ich einen leitenden Angestellten aus einer der zahlreichen Auslandsfilialen von Elf. Im Verlauf des Gesprächs lässt dieser so ganz nebenbei anklagende Worte gegen ein Unternehmen fallen, das der ehemaligen Premierministerin Edith Cresson gehört. Das Verhör ist erst spät am Abend beendet, daher machen wir vom Vernehmungsprotokoll keine Kopie mehr. Serge Rongère legt das Original in den Safe, dessen Kombination nur er kennt.

Am nächsten Tag veröffentlicht *Le Monde* in der Nachmittagsausgabe auf der Titelseite und einer vollen Innenseite Auszüge aus ebendiesem Vernehmungsprotokoll. Ich dachte, dieses Dokument liege gesichert hinter einer dicken Stahltür. Stattdessen finde ich hier die wesentlichen Teile in der Zeitung wieder! Vielleicht waren Mikros in meinem Büro versteckt, sodass die Ohren Unbefugter die Vernehmung mithören konnten. Oder das Computernetz des Justizpalastes ist irgendwie durchlässig, und jemand hat der Festplatte meines Protokollführers einen Besuch abgestattet. Vielleicht hat auch einer der Anwesenden eine stehende Verbindung über sein Handy hergestellt und/oder das Verhör aufgezeichnet. Auf jeden Fall ist der Schaden nun schon angerichtet. Redaktionsschluss ist bei der Tageszeitung um elf Uhr vormittags. Zu dem Zeitpunkt wussten die Journalisten bereits Dinge, die mir selbst noch unbekannt waren.

In diesem Fall soll ich also manipuliert werden. Die angeblich spontane Aussage, die der Vernommene am Vortag in meinem Büro machte, wurde mit Bedacht vorgebracht. Man spannt die Presse ein. Ein Journalist, der offenkundig nicht lange fragt, erhält entsprechende Informationen, und schon läuft der Versuch, die Ermittlungen in eine skandalträchtigere Richtung zu leiten – ganz offenkundig zum Zweck der Ablenkung.

Bei einer dermaßen komplexen Untersuchung wie dieser, bei der so viel auf dem Spiel steht, ist das Ermittlungsgeheimnis nutzlos. Die Justiz ist den Medien gegenüber machtlos. Sie hält sich an einen Glaubenssatz, den außer den Richtern niemand mehr akzeptiert. Und trotzdem werden diese in der Debatte um die Justiz, die zum Spektakel wird, zu Sündenböcken abgestempelt. Das ist eine schreiende Ungerechtigkeit. Denn egal, welche Veröffentlichung man zu diesem Thema auch aufschlägt, man stößt immer wieder auf Floskeln wie die folgenden, die gebetsmühlenartig wiederholt werden: »Einige Richter – an das Blitzlichtgewitter der Medien nicht gewöhnt – können der Versuchung des Rampenlichts einfach nicht widerstehen«, wodurch es zu »folgenschweren, ja skandalösen Enthüllungen« kommt.[52]

Dies ist der eigentliche Skandal. Aber offenkundig ist dagegen kein Kraut gewachsen.

Eine unhaltbare Position

Im Sommer 1999 trete ich meine Ferien an in einem Zustand absoluter Erschöpfung, der mir bislang unbekannt war. Der momentane Medienzirkus belastet unsere ohnehin recht anstrengende Arbeit noch zusätzlich. Normalerweise diskutieren wir nicht stundenlang über das, was irgendjemand irgendwo von sich gegeben hat. Das bringt nur weiteren Stress während der Kaffeepause. Als ich meine Verteidigung gegen die Anklage von Monsieur Turcon vorbereite, muss ich mich am Wochenende nachts hinsetzen, um auf die achtundzwanzig Anklagepunkte einzugehen, weil ich es zeitlich sonst nicht mehr schaffe. Angesichts der zunehmenden Attacken von allen Seiten müssen wir unsere Arbeit so schnell wie möglich erledigen. Dies ist unsere einzige Chance, die erforderlichen Ermittlungen abzuschließen.

Die Dimension, die der Fall mittlerweile angenommen hat, macht uns das Leben nicht leichter. Jede Aussage muss Dutzende Male überprüft werden. Berge von Rechnungen aus Vaduz und Genf, Offshore-Gesellschaften, Überweisungen nach London – jeder Einzelheit müssen wir nachgehen. Vor acht Uhr abends geht grundsätzlich keiner nach Hause. Die Vernehmungen ziehen sich manchmal hin bis um Mitternacht. Die Abende verbringe ich allein zu Hause, gehe meine Aufzeichnungen durch, überprüfe alles, arbeite die Widersprüche heraus. Meine schlaflosen Nächte verbringe ich mit den Verhörprotokollen auf der Bettdecke. Manchmal stelle ich den Wecker auf vier Uhr morgens, weil ich erst da Zeit finde, ein Verhör vorzubereiten. So nehme ich in wenigen Monaten fünf Kilo zu. Irgendwie muss ich die Spannung ja kompensieren.

Meist findet sich das fehlende Puzzlestück im Ausland. Ungeduldig warten wir auf die Ergebnisse ähnlicher Untersuchungen aus Liechtenstein und der Schweiz. Doch die Justiz der Bankparadiese räumt den Betroffenen stets die Möglichkeit ein, Einspruch gegen das Auskunftsersuchen einzulegen, und selbst gegen die Einspruchsentscheidung gibt es noch Rechtsmittel. All das dient nur einem Zweck: Die Auslieferung des Beweismaterials soll verzögert werden. Wir wissen schon im Voraus, dass die Dokumente aus dem Ausland uns wohl nicht vor Winter 2001 zur Verfügung stehen werden – im besten Fall. Die Genfer Behörden räumen jenen, die den Fortgang der Ermittlungen möglichst effektiv behindern wollen, eine Frist von achtzehn Monaten ein, um ihren Einspruch geltend zu machen. Die Inhaber der fraglichen Konten kennen diese Bestimmungen ebenso gut wie wir.

Die Monate des Wartens erscheinen uns endlos.

Der Fall hat sich zu einem Kraken ausgewachsen, der seine Tentakel in alle Bereiche der juristischen Arbeit ausstreckt. Wir müssen stets mit versteckten Fußangeln rechnen, die uns ins Straucheln bringen können. In einer Untersuchung wie im Fall Elf werden ganze Kanzleien mobilisiert, die jede einzelne richterliche Entscheidung auf die Goldwaage legen. Sie werden dafür bezahlt, jede noch so winzige Ungenauigkeit im Verfahrensablauf zu entdecken und dagegen alle sich bietenden Rechtsmittel auszuschöpfen. So läuft dieses Spiel nun mal. Die Rechtmäßigkeit ganzer Verfahrensabschnitte der Untersuchung wird infrage gestellt, mitunter sogar mehrfach. Man zieht vor die Anklagekammer oder das Kassationsgericht, in Frankreich die höchste Instanz für Verfahrensfragen. Unsere Ermittlungen wurden insgesamt mehr als zehnmal geprüft und für gut befunden. Das ist sicher ein neuer Rekord.

Der Herbst 1999 ist eine schwierige Zeit. An eine Atempause ist nicht zu denken. Die Blicke, die man uns im Justizpalast zuwirft, werden immer feindseliger. Die verschiedenen Pressekampagnen hinterlassen ihre Spuren. Laurence gesteht mir mehr als einmal, dass sie am liebsten aus dem Fall aussteigen würde. Zwei Jahre macht sie nun all das mit: anonyme Anrufe, Drohungen, Leibwachen und so viel Arbeit, dass man wochenlang nicht dazu kommt, den Kopf vor die Tür zu stecken. Wir zahlen einen hohen Preis. Laurence schreibt in ihrem Buch: »Die Kraft lässt mich einfach im Stich. Dabei kommt auf uns eine Zeit höchster körperlicher und seelischer Belastungen zu. Aber die Erschöpfung steckt mir bereits in den Gliedern.«[53]

Ich persönlich habe das Gefühl, zweigeteilt zu sein. Diese viereinhalb Jahre unter Hochspannung haben eine Doppelgängerin von mir hervorgebracht, über die ich keine Kontrolle mehr habe. Jeder Mensch reagiert anders auf das Risiko, sein Leben bedroht zu sehen. Das hängt ganz davon ab, welches Verhältnis der Einzelne zur Gefahr hat. Tief in unserem Unterbewusstsein verborgen tritt plötzlich diese magische Anziehung auf den Plan. Man kann die Gefahr ablehnen oder sich nach ihr sehnen, sie bewundern oder verachten. Mit dem Verstand ist diesen Reaktionen nicht beizukommen.

Ich aber wurde völlig gegen meinen Willen zur Projektionsfigur.

Für die höheren Kreise bin ich zum Blitzableiter ihrer Ängste geworden. Sie würden vor den Abgründen der Geschäftswelt, den hässlichen Zügen der Macht, die sich im Fall Elf widerspiegeln, wohl lieber die Augen verschließen. Freunde berichten mir immer wieder die unglaublichsten Geschichten. Vernunftbegabte Männer und Frauen, deren IQ weit über dem Durchschnitt liegen sollte, benehmen sich plötzlich wie Jahrmarktschreier. Sie zeichnen das Porträt einer alten Trotzkistin, die mit allen paktiert (damals warf man mir allen Ernstes vor, Mitglied einer Geheimorganisation zu sein, deren reale Existenz sich allerdings nicht beweisen ließ), das Bild einer Schläferin, die vom amerikanischen Geheimdienst beauftragt wurde, ein Vorzeigeunternehmen der französischen Industrie zu ruinieren. (Auch diese These entbehrte jeglicher Verifizierbarkeit.) Andere wieder unterstellten, ich sei im Leben zu kurz gekommen und konstruiere Beweise, um meine Rachegelüste an den oberen Zehntausend zu stillen. Angeblich trat ich Recht und Gesetz mit Füßen, war dem Rausch der Berühmtheit verfallen und bediente mich gewisser Methoden, die eines Polizeistaates würdig waren.

Am schlimmsten aber waren die »Souper-Nachrichten«, die Abendgesellschaften, bei denen die Leichtgläubigkeit die merkwürdigsten Blüten trieb. Dort genügte schon eine im Brustton der Überzeugung vorgetragene Anschuldigung, um die Wahrheit ein für alle Mal gründlich zu verdrehen. In diesem Dunstkreis ist beispielsweise das Gerücht entstanden, ich sei in meiner Jugend eine fanatische Anhängerin der extremen Linken gewesen. Dieses Gerücht ließ sich nie vollständig ausmerzen und geistert noch heute hin und wieder durch den Blätterwald wie Nessie, das Ungeheuer von Loch Ness.

Keinem lebenden Menschen ist es wohl vollkommen gleichgültig, wie er in der Öffentlichkeit dargestellt wird, vor allem, wenn sein Bild dabei völlig verzerrt wird. Ich kann am Morgen in den Spiegel blicken, ohne rot zu werden. In meinem ganzen Leben habe ich noch nie gestohlen, nicht einmal eine Briefmarke. Ich lebe auf sechzig Quadratmetern und verdiene etwa fünftausend Euro pro Monat. Mein ganzes Leben ist Beweis für meine durchaus lauteren Motive.

Ein großer Teil der Bevölkerung steht hinter unseren Bemühungen. Das weiß ich. Die Lichtgestalt der Richterin, Gattin und Mutter, die sich mit den Männern der Macht anlegt, wirkt anziehend, auch wenn sie ebenso eine Fiktion ist wie »die Walküre aus dem Norden, die gekommen ist, um die französische Industrie zu zerstören«. Frankreich ist ein Land unsichtbarer Kasten. Meine norwegische Herkunft ist der Grund dafür, dass man mich auf der sozialen Leiter nicht so ohne weiteres einordnen kann. Andererseits wird die Tatsache, dass ich keine Französin bin, mir auch positiv ausgelegt. Ohne Kenntnis unseres tatsächlichen Auftrags laden die Bürger bei uns den Unmut ab, den soziale Ungerechtigkeiten in ihnen verursacht haben. Im Grunde sind wir damit überfordert.

Ich habe das Gefühl, dass diese beiden Strömungen sich gegenseitig gefährlich aufschaukeln und mich für sich zu vereinnahmen suchen. Bald werde ich gar nicht mehr da sein. Dann wird die Situation vollends unkontrollierbar – und ich kann diese Untersuchung nicht mehr zu Ende führen.

Weihnachten 1999 beschließe ich, eine Pause einzulegen und eine Woche in Tunesien zu verbringen. Im Flugzeug plaudere ich mit meiner alten Freundin Tone. Wir schnattern wie zwei Schulmädchen, die sich lange nicht gesehen haben. Die Maschine rollt an, bleibt jedoch plötzlich stehen und rollt am Ende der Landebahn aus.

Einsatzwagen mit Sirenen schießen heulend auf uns zu, die Blaulichter blinken. Die Tür des Flugzeugs öffnet sich, Polizisten im Kampfanzug stürmen herein und blockieren den Mittelgang. Sie stürzen auf mich zu, heben mich regelrecht hoch und tragen mich mehr, als sie mich ziehen, mit sich. Ich verlasse das Flugzeug in ihrer Mitte, mit gesenktem Kopf, während die anderen Passagiere erschrocken dem Befehl Folge leisten, sich nicht zu rühren. Ein Bombenalarm hat die Sicherheitskräfte auf den Plan gerufen. Wortfetzen gelangen an mein Ohr, die das Ganze erklären sollen: »Attentat ... Bombe ... Ziel.« Ich murmle mechanisch immer wieder vor mich hin: »Man wollte mich töten. Man wollte mich töten ...« Dem Himmel sei Dank, es handelt sich um einen Fehlalarm. Trotzdem befällt mich, als ich ein paar Minuten später im Zollbüro von Roissy stehe, ein Schock. Ich kann nicht mehr aufhören zu zittern.

Da wird mir klar, dass wir beide, Laurence Vichnievsky und ich, nicht mehr lange durchhalten werden. Unsere Position ist unhaltbar. Daher spreche ich mit meiner Kollegin, und wir beschließen, dass ich nach einem Richterkollegen suche, der uns zur Seite steht. Er soll mich oder sie ablösen, wenn es nötig würde oder tatsächlich jemand erreicht, dass uns der Fall entzogen wird.

Einige Monate lang muss ich all meine Überzeugungskraft aufbieten, damit Renaud Van Ruymbeke zu uns stößt. Er hat einige entscheidende Vorzüge. So leitete er zum Beispiel die Ermittlungen in mehreren Fällen illegaler Parteienfinanzierung, ohne sich dabei vom Weg abbringen zu lassen. Seine Erfahrung und seine Unparteilichkeit sind bei einem Fall wie diesem, wo das Schwarzgeld scheinbar nach allen Seiten verteilt wurde, von unschätzbarem Vorteil. Außerdem gehört er zusammen mit unserem Schweizer Kollegen Bernard Bertossa zu den ersten Unterzeichnern des Genfer Appells von 1996.[54] Da ein Großteil unserer Ermittlungen die Schweiz betrifft, ist eine gute Zusammenarbeit mit den dortigen Staatsanwälten unabdingbar. Außerdem ist er ein Mann, was den sexistischen Kommentaren zu unseren Ermittlungen vielleicht endlich den Boden entzieht.

Renaud jedoch zögert, die Bretagne zu verlassen. Groß, mit zerzaustem Haar und immer ein wenig steifer Haltung, kann er manchmal redselig, ja beinahe kindisch sein und hat eine ausgesprochen einnehmende Persönlichkeit. Endlich sagt er zu. Wir besiegeln unseren Pakt. Leider hört die Justizministerin auf diesem Ohr schlecht. Monatelang wird die Beförderungsliste auf ihren Befehl hin durchsiebt, nur weil sie nach einem Mittel sucht, seine Bewerbung für diesen Posten abschmettern zu können. Aber Renaud Van Ruymbeke ist nun einmal der älteste Anwärter mit den meisten Dienstjahren: Dagegen ist die Politik machtlos. So stößt er im April 2000 zu uns, und ich übergebe ihm weite Teile der Ermittlungen zur eigenständigen Bearbeitung.

Als ich aus den Weihnachtsferien zurückkomme, treffe ich eine wichtige Entscheidung. Ich werde von nun an auch meine Beweggründe offen legen. Ich habe mein Presse-Double satt, das den Manipulationen und Psychodramen (wie dem von der Anwaltskammer veranstalteten) hilflos ausgeliefert ist. Ich persönlich habe immer schon geglaubt, dass ein offenes Wort, wenn es authentisch und wahr ist, das Ruder herumreißen kann.

Die Verlage machen mir verschiedene Angebote, die manchmal ziemlich hoch gegriffen sind (bis zu 150 000 Euro Vorauszahlung). Ich entscheide mich für einen noch jungen, unabhängigen Verlag, der erst ein Jahr existiert, und damit für eine sehr geringe Anzahlung. Ich will dieses Buch schreiben, um verstanden zu werden, und nicht, damit mein Bankkonto wächst. Der Chef des französischen Verlags, Laurent Beccaria, gehörte zusammen mit dem Journalisten Denis Robert zu den Organisatoren des Genfer Appells von 1996. Bei ihm ist Jean de Maillards Buch *Un monde sans loi* erschienen, das mittlerweile zum Standardwerk in puncto Finanzkriminalität geworden ist. Wir verstehen uns auf Anhieb. Er weiß nur zu gut, dass dies ein Tanz auf Messers Schneide ist. Ein Wort zu viel von meiner Seite, und die Ermittlungen im Fall Elf waren vergeblich.

Also schreiben wir abends und am Wochenende sozusagen vierhändig ein erstes Buch, halb Autobiographie, halb Essay.[55] Da ich im Fall Elf immer noch ermittle, ist mir klar, dass dies ein gefährliches Unterfangen ist. Ich zögere mit der Veröffentlichung. Der Vertrag garantiert mir, dass ich die Auslieferung des Buchs bis zur letzten Sekunde verhindern kann. Außerdem ist es sehr viel persönlicher geworden, als ich mir das ursprünglich vorgestellt hatte. Kann eine Richterin, die – nach meinem Dafürhalten zu Unrecht – wegen des exzessiven Medieninteresses an ihrem Fall in die Kritik geraten ist, überhaupt ein Buch veröffentlichen, das ja ihren Bekanntheitsgrad noch steigert und daher dem Verdacht, sie sei mediengeil, noch mehr Nahrung gibt? Doch die Situation ist absolut einzigartig und mit nichts vergleichbar, denn mittlerweile bin ich zu einer Figur des öffentlichen Lebens geworden. Die französische Gesellschaft hat sich meiner Person bemächtigt. Und ich will, dass in den Medien auch tatsächlich meine Stimme erklingt und nicht die meines Doubles.

Es ist ein Pokerspiel außerhalb der Ermittlungen. Sind meine Karten schlecht, verliere ich alles und bringe unsere Arbeit in Misskredit. Doch wenn ich schon fallen muss, dann habe ich so wenigstens noch Gelegenheit, auch meinen Standpunkt zu Gehör zu bringen. Gelingt es mir aber, meine Wahrheit gegenüber der Medienmärchenwelt zur Geltung zu bringen, dann haben wir wieder ein wenig Luft. Als ich das Buch als »gut zum Druck« freigebe, tue ich das ins Blaue hinein. Ich habe mir meine Entscheidung gründlich überlegt. Die Möglichkeit, dass mir der Fall entzogen wird, nehme ich in Kauf. Ich kann einfach nicht mehr anders.

Zum Glück versteht man mich.

Die Medien nehmen den Bericht mit einer Mischung aus Erstaunen und Wohlwollen auf.[56] Von diesem Moment an sagen meine Gesprächspartner immer wieder: »Aber Sie sind ja gar nicht so schlimm.« Und ich erhalte Tausende von zustimmenden Briefen, manche anonym, manche von einflussreichen Richtern unterzeichnet.

Endlich lockert sich der Klammergriff des Schraubstocks.

Einige Wochen lang wird es um den Fall Elf ruhiger, so als

hätte die Wahrheit die Gewalt zum Erliegen gebracht, der wir ausgesetzt waren, und die Missverständnisse geklärt. Im September lädt mich die Pariser Anwaltskammer zu einem Empfang ein. Ich nehme an. Gleich bei der Begrüßung nimmt der Präsident mich freundlich am Arm, als wären wir alte Kampfgenossen. Offenkundig hat der Vorwurf hinsichtlich meiner »Polizeistaatsmethoden« sich im Laufe des Sommers verflüchtigt. Tief in mir drin, dort, wo sich das Selbstwertgefühl des Menschen verbirgt, bin ich wahrhaft zufrieden.

Der Riss

Im Herbst 2000 gibt es erste Spannungen in unserer Gruppe. Der Mut und die Energie von Renaud Van Ruymbeke, der stundenlang arbeiten kann, ohne auch nur eine Spur seiner Konzentration einzubüßen, sind leider gepaart mit einem Beharren auf gewissen Vorrechten. Er ackert, um die Ermittlungen endlich abzuschließen, kann aber nicht im Team arbeiten und lässt unsere Erfahrungen bei der Untersuchung völlig unberücksichtigt. Die Zusammenarbeit zwischen Renaud und Laurence gestaltet sich zunehmend schwieriger. Wenn diese beiden ausgeprägten Charaktere aufeinander treffen, sprühen die Funken. Wir arrangieren mehrere Aussprachen, die aber leider nichts an der Situation ändern. Also teilen wir die Ermittlungen unter uns auf, sodass jeder seinen eigenen Arbeitsbereich hat. Doch damit ist gleichzeitig die Transparenz und Kollegialität, die meine Zusammenarbeit mit Laurence prägte, dahin. Andererseits können wir so als Gruppe zusammenarbeiten.

Ich weiß die Unterstützung Renauds zu schätzen. Laurence hingegen zieht sich immer mehr zurück. Sie ist wohl einfach müde. Auch bin ich mir absolut sicher, dass Renaud gefeit gegen Einflüsterungen von außen ist. Sein geradliniger Charakter ist ein guter Schutz gegen den Druck. Trotzdem weigere ich mich, wie er mir eines Morgens in einem Café am Montparnasse vorschlägt, die ursprüngliche Rangeinteilung aufzugeben und ihm die Leitung der Ermittlungen zu überlassen. Von seinen Qualitäten überzeugt, erliegt Renaud dem typisch männlichen Drang nach oben. In seiner Sicht der Dinge gibt es für ihn nur einen angemessenen Platz: den an der Spitze. Ich bin sicher, dass der Fall bei ihm in guten Händen wäre. Aber wenn ich seinen Sechs-Monats-Sprint mit den Tausenden von Protokollen vergleiche, die ich seit 1994 geschrieben habe, sehe ich keinen Grund, die Leitung eines Falls abzugeben, den ich in- und auswendig kenne.

Glücklicherweise gelingt es uns, diesen Kampf um Platz eins vor den Blicken der anderen zu verbergen. Gegen die Außenwelt bilden wir eine Front, was wir im Wesentlichen auch sind. Auf uns lauern schließlich sechzig erstklassige Anwälte und Dutzende von Journalisten. Mangelndes Vertrauen ist wie ein verborgener Riss im Fels, der ihn zu sprengen droht. Glücklicherweise verliert die Gruppe nie ihren Zusammenhalt. Zumindest nicht in der Öffentlichkeit.

Die zahlreichen Rechtsmittel, die in unserem Fall eingelegt wurden, werden nach und nach beigelegt. In vielen Punkten können die Ermittlungen abgeschlossen werden. Daher kommt es während der Verhöre immer öfter zu bestimmten Vorfällen. Die Spannung steigt spürbar. Einige Beschuldigte lehnen mich offen ab und wenden sich explizit an Renaud. Diese Spielchen sind kindisch und tragen nicht zu ihrer Entlastung bei. Auch wenn sie auf meine Ablösung spekulieren, so ändert das ja nichts an ihren geheimen Geldtransfers und den Beweisen, die gegen sie vorliegen. Was auch immer aus mir werden mag, der Fall bleibt, was er ist.

Aber ich bin für sie einfach die Hexe, die es zu verbrennen gilt, die Voodoo-Puppe, mit der sie das Schicksal zu lenken meinen. Der Schutzschild, den mein Buch um mich geschaffen hat, wird von Tag zu Tag dünner. Serge Rongère, der die Situation mit seiner üblichen Gelassenheit beobachtet, meint in weiser, wenn auch melancholischer Voraussicht: »So ein Jahr werden wir wohl nicht mehr kriegen, Madame.«

Zwei Wochen

Die Vietnamesen sagen, dass in jedem Blatt, und sei es noch so klein, der ganze Baum enthalten sei: Wie auf einer Miniatur zeichnen die Blattadern den Stamm nach, die Äste und Wurzeln. Die ersten zwei Wochen des Jahres 2001 mit ihrem extremen Druck spiegeln im Kleinen meine Erfahrung mit den Elf-Ermittlungen als Ganzes wider.

Leider kann ich davon nicht berichten, ohne gegen das Ermittlungsgeheimnis in der Sache Alfred Sirven zu verstoßen. Jeder Akt dieser Geschichte ist schon für sich genommen ein Roman. Wir brauchten Monate, um ihn auszuforschen. Falsche Spuren, Gerüchte, anonyme Hinweise an die Polizei, widersprüchliche Aussagen, die uns nach Afrika, in den Mittleren Osten und schließlich auf die Philippinen führten. Tage- und monatelang verfolgten wir auch die kleinste Spur, nahmen Misserfolge gelassen hin und zogen alle Register, um dieses Mannes habhaft zu werden.

Auf dem philippinischen Archipel hat sich die Schlacht zugespitzt. Einige Male werden die Polizisten dort mit dem Tod bedroht. Ihre Informanten zahlen mitunter einen hohen Preis: Einer wird von einer Kugel in den Hals getroffen, ein anderer von einem Auto überfahren. Beide liegen schwer verletzt im Krankenhaus. Als einer der philippinischen Ermittler nach Paris kommt, erklärt er, er müsse um seine Sicherheit fürchten. Auf unseren Antrag hin wird ihm eine ständige Leibwache aus französischen Polizisten zugeteilt.

Bei der Untersuchung am anderen Ende der Welt erhalten wir das erste – und einzige – Mal die volle Unterstützung der französischen Behörden. Der erste Akt des Elf-Prozesses beginnt ohne Alfred Sirven, einen der Hauptverdächtigen. Der Hauptteil der Ermittlungen wird bald abgeschlossen sein. Der französische Staat kann den größten Fall von Wirtschaftskriminalität, der je in diesem Land untersucht wurde, nicht ohne einen der Hauptverdächtigen verhandeln. Dieser jedoch ergriff die Flucht mit dem Hinweis, er wisse Dinge, mit denen er »die Republik mehr als zwanzigmal in die Luft sprengen« könnte.

Am Freitag, dem 2. Februar 2001, erreicht uns kurz vor neun Uhr ein Anruf der nach Asien beorderten Beamten. Man teilt uns mit, dass Alfred Sirven verhaftet wurde. Laurence ist am Flughafen, unterwegs nach Palermo. Übers Handy erreiche ich nur ihre Mailbox. Und Renaud ist wie jedes Wochenende auf dem Weg nach Rennes zu seiner Familie. Nach einer kurzen Beratung beschließen wir, dass es nichts bringt, wenn er nach Paris zurückkommt. So bleibe ich allein, um das diplomatische und juristische Hin und Her zu lenken, das die Rückkehr Alfred Sirvens nach Frankreich auslöst. Zunächst einmal heißt es, ein französisches Militärflugzeug solle ihn von Manila abholen. Doch in diesem Fall zählt jede Stunde, da die Botschaft auf den Philippinen einen Handstreich zu seiner Befreiung fürchtet. Warum sollte die philippinische Justiz frei vom Gift der Korruption sein, die das Land bereits seit Jahrzehnten lähmt? Jede Minute kann der Ausweisungsbeschluss angefochten werden. Und Rechtsmittel in Manila, das bedeutet eine endlose Prozedur, deren Ausgang keineswegs sicher ist. Anders gesagt: ein Risiko, das wir nicht eingehen können.

Der nächste Flug nach Europa wird von der Lufthansa angeboten. Ich votiere für diese Lösung. Die Fluggesellschaft und die lokalen Autoritäten erklären sich bereit, den Flug ein wenig zu verzögern, um den Gefangenen mit Begleitmannschaft an Bord zu nehmen. In Frankfurt soll Sirven einfach in eine andere Maschine umsteigen. Doch ein deutscher Richter möchte Sirven vernehmen. Es geht dabei um die Parteispendenaffäre der CDU. Neuer Ärger. Ich hänge geschlagene zwanzig Stunden am Telefon fest, um mit den französischen Behörden zu einer Lösung zu finden.

Zwei Tage später landet Alfred Sirven, von Polizeibeamten eskortiert, in Paris.

An diese schwierige Zeit werde ich mich mein Leben lang erinnern, denn es waren fast stündlich heikle Entscheidungen zu treffen. Plötzlich bin ich wieder in der glücklichen Lage, mit anderen Dienern der öffentlichen Ordnung an einem Strang zu ziehen, wie dies ganz zu Anfang der Elf-Untersuchung der Fall war, als ich und meine Kollegen von der Staatsanwaltschaft eine eingeschworene Gruppe bildeten. Das war, noch bevor die Medien Wind von dem Fall bekommen hatten und ich verteufelt wurde, weil ich dem Zentrum der Macht zu nahe gekommen war, wo nun Heulen und Zähneklappern herrscht.

Diese Verhaftung ist für die Justiz als solche ein voller Erfolg. Trotzdem gibt es ein terminliches Problem. Der erste Teil des Elf-Prozesses ist bereits im Gange und Alfred Sirven sowohl darin involviert als auch in unsere Untersuchung – was die Situation erheblich kompliziert. Die Vizepräsidentin des Gerichts, die für die korrekte Anwendung der Prozessordnung verantwortlich ist, beruft eine Zusammenkunft von mehr als zwanzig Leuten ein. Die Staatsanwaltschaft ist voll versammelt. Wir beschließen, Alfred Sirven noch am Abend seines Eintreffens zu den Anklagepunkten des Falles zu verhören. Damit bliebe der ganze nächste Tag frei für die Gerichtsverhandlung. Wir verfolgen in erster Linie ein Ziel: dass das Gericht nicht stundenlang auf Alfred Sirven warten muss, wenn dieser sich darauf kaprizieren sollte, das Verhör im Justizpalast entsprechend hinauszuzögern. Außerdem wollen wir das Risiko nicht eingehen, die Haftordnung zu verletzen.[57]

In den folgenden Tagen habe ich das Gefühl, durch ein Spiegelkabinett zu laufen, in dem mein Bild systematisch deformiert wird, ein Spiegelkabinett, wie man es häufig auf Jahrmärkten findet. Ist es der unerwartete Erfolg, der die Rollen und Proportionen so sehr verändert? Hat die unglaubliche Medienpräsenz des Elf-Falles nun auch schon den Justizapparat verformt? Wie durch ein umgedrehtes Prisma gesehen, nehmen alle Ereignisse dieser Wochen eine groteske Dimension an. Der Polizeipräfekt blockiert halb Paris, um den Transport von Sirven gegen jeden Befreiungsversuch zu sichern – und sichert ihm damit (wie auch das Kasperletheater um seine Verhaftung) unsterbliche Berühmtheit. Im Justizpalast zieht sich sein Aufenthalt endlos hin, weil ich ihm eine unglaubliche Litanei von Anklagepunkten vorlesen muss.[58] Er ist von der langen Reise sichtlich erschöpft. Nach mir wird er von Laurence Vichnievsky verhört, kurz nach Mitternacht befragt ihn Renaud Van Ruymbeke. Am nächsten Tag beschuldigt uns die Presse der Grausamkeit, weil wir einen alten Mann nächtlichen Verhören unterworfen hätten. Wieder einmal müssen die Menschenrechte herhalten: »Die drei Ermittlungsrichter in der Affäre Elf haben sich einen alten Mann vorgenommen ...

Eva Joly hat unseren Mandanten unmenschlichen Torturen ausgesetzt«, tönen seine Anwälte.

Die Welt steht also wieder einmal Kopf. Ein Mann wird beschuldigt, mehrere Milliarden Franc an Schmiergeldern aus dem Vermögen des Staatsbetriebs abgezweigt zu haben, und ist jahrelang auf der Flucht. Kaum hat man ihn erwischt, werden seine Verhaftung, Ausweisung und Einvernahme als Akte der Grausamkeit, würdig allein der spanischen Inquisition, denunziert. Unsere Sprache hat ganz entschieden an Sinn verloren. Das Einzige, was noch zählt, sind Harlekiniaden mit dem Wahrheitsgehalt von Wahlversprechen.

Das Geschwür bricht auf

Zwei Tage später erhalte ich einen bitterbösen Brief vom Gerichtspräsidenten. Zuerst einmal teilt er mir mit, dass er künftig nächtliche Verhöre verbietet, als hätte ich damit einen ganz persönlichen Übergriff begangen. Vermutlich ist ihm entfallen, dass diese Lösung von seinen Leuten vorgeschlagen wurde und wir Ermittlungsrichter sie nur aus Solidarität akzeptiert hatten.

Dann verleiht er seinem Erstaunen darüber Ausdruck, dass ich dem philippinischen Ermittler Champagner angeboten habe. Doch dieser arme Mann kam mitten im Winter in Sandalen auf dem Flughafen Roissy an, ohne dass sich irgendjemand um ihn gekümmert hätte. Er hatte seit mehreren Tagen nicht mehr geschlafen, daher organisierte ich zu seinen Ehren einen Umtrunk mit den französischen Ermittlern, die alle hervorragende Arbeit geleistet hatten. Das schien mir einfach angebracht, war mir doch klar, wie sehr diese Untersuchung von Anfang an viel vom persönlichen Engagement Einzelner profitierte. Wenn jeder von uns Dienst nach Vorschrift geleistet und keinerlei Eigeninitiative entwickelt hätte, dann wäre der Elf-Fall im Sand verlaufen wie die Affäre Bidermann. Das Verfahren wäre vermutlich eingestellt worden.

Doch im Zerrspiegel aktueller Verhältnisse wird ein simples Glas Champagner zur Staatsaffäre und zum Ausweis meiner Parteilichkeit. Schon ist die Legende von der Ermittlungsrichterin geboren, welche die Verhaftung eines Verdächtigen mit Champagner feiert. Und trägt bei zum allgemeinen Bild von mir: Die Gier nach Ruhm habe mich Maß und Ziel verlieren lassen.

Seit ich denken kann, hatte ich immer ein Problem: Wenn etwas nicht klappt, will ich dem abhelfen. Ich mag es, wenn die Dinge sich bewegen. Und daher lande ich immer in vorderster Linie. Angesichts des ungeheuren Drucks der Medien im Fall Elf hätten meine Vorgesetzten es lieber gesehen, ich wäre ins Glied zurückgetreten, hätte die graue Kutte übergestreift und unsichtbar alle Absurditäten der französischen Justiz, die in solchen Dingen ja sehr kreativ ist, schweigend hingenommen. Ich habe es vorgezogen, ich selbst zu bleiben.

Doch im Gegensatz zum Fisch, der am Kopf zu stinken beginnt, sitzt hier das Gift im Schwanz. Der Präsident schließt seinen freundlichen Brief nämlich mit dem Satz: »Mit Bedauern habe ich von den Unstimmigkeiten in Ihrer Gruppe gehört.« Und er verlangt Aufklärung. Ich nehme den Brief als das, was er ist: der Ruf zur Ordnung. Dass Alfred Sirven endlich gefasst ist und wir damit die Untersuchung abschließen können, dass wir in dem tausendfältigen Puzzle, das wir in langen Jahren zusammengesetzt haben, endlich das letzte Stück einpassen konnten, ist also keineswegs als großartige Leistung zu sehen, die der Besteigung des Mount Everest gleichkommt. Jetzt, wo wir auf unsere Arbeit wirklich stolz sein könnten, ist die Stunde der Rache angebrochen. Mein Sturz scheint nahe. Ich gehe also stehend k. o. Bin ich radioaktiv verseucht? Kontaminiere ich gar meine Umgebung?

Ich erfahre, dass unsere verfahrenstechnischen Differenzen mit Renaud Van Ruymbeke trotz all unserer Anstrengungen außerhalb unseres Büros bemerkt wurden. Wie ein Pfeil bohrt sich diese Spitze in die bisherige Geschlossenheit unserer Ermittlungskommission und versucht, sie zu spalten. Als ich Renaud vorschlage, mit mir zusammen den Gerichtspräsidenten aufzusuchen, lehnt er ab: »Nein, ich hätte zu viel zu sagen ...« Ich versuche, mit ihm zu reden, um die Situation zu klären. Aber er stellt sich quer. Die Eiterbeule geht also auf, ohne dass ich mir erklären kann, wie sie überhaupt entstehen konnte bzw. wer sie platzen lassen wird.

Damit der Prozessablauf nicht gestört wird, erkläre ich mich einverstanden, Alfred Sirven acht Wochen lang nicht zum Verhör vorführen zu lassen, damit er seine Verteidigung vorbereiten kann. Laurence hat damit kein Problem, Renaud allerdings weigert sich, dem zuzustimmen. Eines Abends besprechen wir das Problem mit unserem Schweizer Kollegen Paul Perraudin und seiner Expertentruppe, die ihn begleitet. Wir haben im Restaurant zu Abend gegessen und stehen nun auf dem Bürgersteig.

Renaud verteidigt seine Position: »Ich werde Alfred Sirven durchaus zum Verhör kommen lassen. Es ist unsinnig, die Dinge jetzt schleifen zu lassen. Wir mussten ohnehin schon eine halbe Ewigkeit auf ihn warten. Wir sind schließlich Ermittlungsrichter. Wir haben auch Rechte. Eva, du weißt, dass es in meiner Macht liegt, ihn trotzdem zu verhören.«

»Aber das ist unmöglich, ich habe mein Wort gegeben. Natürlich bist du mir juristisch gesehen nicht verpflichtet, aber auf der moralischen Ebene eben doch. Ich leite die Ermittlungen. Ich habe dich überhaupt erst hierher geholt. Ich verbiete dir, dass du Sirven in den nächsten Wochen verhörst.«

Das ist der Tropfen, der das Fass zum Überlaufen bringt.

Am nächsten Tag stirbt mein Mann.

Die Chaostheorie besagt, dass das Flügelschlagen eines Schmetterlings in Guyana oder Sri Lanka einen Taifun auslösen kann. Auch im Leben verketten sich manchmal die Ereignisse auf geradezu diabolische Weise und schlagen dabei eine Schneise der Verwüstung in unser Dasein.

Drei Wochen lang bin ich nicht an meinem Schreibtisch. Am Abend vor der Beerdigung erhalte ich einen Anruf von Noël Robin, dem Hauptkommissar der Brigade Financière. Seine ganze Truppe scheint um ihn versammelt zu sein: »Madame, ich wollte Ihnen nur sagen, dass ich heute den Vorführbefehl für Alfred Sirven von Herrn Van Ruymbeke nicht ausgeführt habe. Während meiner ganzen beruflichen Laufbahn habe ich noch nie die Anweisungen eines Richters missachtet, aber ich konnte Ihnen dies heute einfach nicht antun.«

Ich danke ihm, auch wenn ich meine Gedanken ganz woanders habe. Später erfahre ich, dass das Verhör trotzdem stattfand. Die Gendarmerie hat sich entschlossen, Sirven vorzuführen. Die Vernehmung bestand vor allem in einer unglaublichen Litanei von Vorwürfen gegen mich, die Alfred Sirven genüsslich vortrug.

Die letzten Salven

Renaud Van Ruymbeke und ich führen eine Aussprache. Ich habe lange nachgedacht. Sechs Jahre der Ermittlungen in einer äußerst feindseligen Umgebung lehrten mich, Prioritäten zu setzen. Nach wie vor ist es einzig und allein die Untersuchung, die mir am Herzen liegt. Die Anwälte Sirvens haben versucht, einen Keil zwischen uns zu treiben. Renaud glaubte tatsächlich, er würde von Sirven Aufschlüsse über wichtige Fragen erhalten, wenn er ihn vorführen ließ. Er hat hoch gepokert und verloren. Wer sich nie geirrt hat, werfe den ersten Stein.

Renaud bietet mir an, sich aus dem Fall zurückzuziehen. Das lehne ich ab. Uns bleiben noch sechs Monate, um die Untersuchung zum Ende zu bringen. Bald werden wir die angeforderten Bankauszüge aus der Schweiz, aus Liechtenstein und von der Insel Jersey erhalten, weil endlich alle Rechtsmittel ausgeschöpft sind. Sie für unseren Fall auszuwerten, wird eine enorme Arbeit sein, die ich keinesfalls allein übernehmen kann. Laurence hat um Versetzung gebeten, und Renaud kennt die Akten in- und auswendig. Er studiert sie schließlich seit gut einem Jahr. Und er bringt ebenjene Energie mit, die ich zu Anfang auch besaß. Nein, allein schaffe ich das nicht. Ich brauche dieses Feuer, das in ihm brennt.

Unser Problem liegt nicht auf der persönlichen Ebene. Es hat ganz andere Wurzeln.

Als Renaud zu uns stieß, war der Fall mehr oder weniger klar. Die Geldflüsse lagen offen zutage, die Hauptverdächtigen waren ebenso bekannt wie ihre Verteidigungsstrategie. Alle Türen standen bereits offen. Ich hingegen habe fünf Jahre Kampf an vorderster Front hinter mir, in einem Klima, das geprägt war von Einschüchterungsversuchen und Drohungen. Dies ist letztlich kaum mitteilbar. Zum einen hindert uns die Scham daran, zum anderen sind wir mit Arbeit überlastet. Renaud nimmt die elektrischen Wellen um mich herum einfach nicht wahr. Er spürt die speziellen Interferenzen nicht, mit denen dieser Fall mich umgibt. Er braucht keine Leibwache, sondern kann einfach die Métro nehmen. Für ihn ist diese Untersuchung nichts Lebendiges, sondern nur ein großer Berg Papier.

Daher sprechen wir letztlich verschiedene Sprachen, die sich überlagern, ohne sich je zu vermischen – wie Öl und Wasser.

Klar ist, dass die Hauptverdächtigen lange Zeit glaubten, einem Prozess entgehen zu können. Sie waren zutiefst davon überzeugt, dass ich die Hindernisse, die sie vor mir aufstapelten, nicht überwinden würde. Mittlerweile versuchen sie, zu retten, was noch zu retten ist. Aus diesem Grund zetteln sie diesen äußeren Krieg an. Weil sie den inneren nicht gewinnen konnten. Aus diesem Grund ist ihr Hauptziel, mich, soweit es geht, zu diskreditieren bzw. mich aus den Ermittlungen hinauszudrängen. Daher überschütten die Hauptakteure des Elf-Falles Renaud mit Freundlichkeiten. Und er bleibt demgegenüber nicht immun. Es ist auch schwierig, all das Gute nicht zu glauben, das dir jemand über dich erzählt.

Die Zielrichtung ist klar: Man will mich aus dem Spiel haben. Das Risiko, dass unsere Gruppe auseinander bricht, ist umso höher, weil der Endtermin für unsere Ermittlungen naht. Doch bei diesem Marathon dürfen wir uns keinesfalls auf den letzten Metern spalten lassen. Renaud denkt wie ich. Daher beschließen wir, den Hauptteil der noch ausstehenden Verhöre gemeinsam zu führen.

Ein Überfall der Medien

Als das erstinstanzliche Urteil im Prozess Dumas ansteht, warnen mich befreundete Richter vor: Im Justizpalast geht das Gerücht, dass Dumas freigesprochen wird. Als Ermittlungsrichterin geht mich das eigentlich nichts an. In Frankreich gibt es Richter, die Urteile fällen, und Richter, die Ermittlungen leiten. Beides ist vollkommen unabhängig voneinander. So sind die Institutionen in diesem Land geordnet. Aber ich habe den Verdacht, dass dieses Urteil sich erheblich auf das Klima auswirken wird, in dem wir die Ermittlungen in der Hauptsache zu Ende führen.

Eine Freundin, die diese Woche »Envoyé spécial« gesehen hatte, eine Dokumentarsendung auf France 2, berichtete mir, die angebliche Dokumentation sei nichts weiter als eine Demontage der ermittelnden Richter gewesen. Als Zeuge der Anklage erhob den moralischen Zeigefinger: Loïk Le Floch-Prigent. »Ich glaube, das war deine Grabrede«, meint sie entmutigt, kurz bevor sie einhängt. Ich habe längst aufgehört, Radio zu hören oder im Fernsehen die Berichte zu verfolgen. Die Presseschau des Gerichts genügt mir. So kommen die Lügen mir wenigstens nicht so nahe.

Am 30. Mai 2001 erwischt das Gericht die »gewöhnlich gut informierten Quellen«, die seit Tagen schon genau wissen, wie es entscheiden wird, mehr oder weniger kalt. Und es stört empfindlich die Strategie jener Medien, die im ersten Elf-Prozess mit einem Freispruch rechneten und die noch laufenden Untersuchungen, die etwa neunzig Prozent des Falles ausmachen, zu bagatellisieren versuchten.[59]

Die Anwälte reagieren vehement. Noch am selben Abend geht eine Petition in Umlauf, die meine Absetzung fordert. Unterzeichnet ist sie von der Mehrzahl der Verteidiger der beiden Angeklagten im ersten Prozess, Dumas und Deviers-Joncour. Es geht dabei immer noch um die Sache Turcon, dieses Mal aber im Rahmen unserer Suche nach Alfred Sirven. Wir haben monatelang jede Spur verfolgt, jeden seriösen, aber auch jeden abenteuerlichen Hinweis ernst genommen. Bei dieser Suche in allen Himmelsrichtungen erhielten wir eines Tages eine »Blanko-Information« der Geheimdienste. »Blanko« heißt in diesem Zusammenhang, dass die Informationen nicht überprüft und keine Quellen angegeben waren, also mit Vorsicht zu genießen sind. Es ging dabei um Monsieur Turcon, den ehemaligen Finanzberater von Alfred Sirven.

Dieses Gerücht war so wichtig oder unwichtig wie viele andere, die uns im Laufe der Suche zugetragen wurden. Eines jedoch war unmöglich: Wir konnten es nicht ohne Überprüfung einfach übergehen. Das gehört zu unseren Aufgaben als Ermittlungsrichter. Die Justiz muss sich mit einem eventuellen Tatverdacht auseinander setzen. Davor schützt auch die Tatsache nicht, dass der Verdächtige Anwalt ist. Ich ordne also eine Überprüfung an, die vom Anwaltsstand jedoch als Provokation aufgefasst wird, da wir ja schon im April 1999 einen »Fall Turcon« hatten. Damals hatte die Anwaltskammer versucht, gegen mich vorzugehen.

So weit, so gut.

Doch der erneute Protest des Anwaltsstandes bringt unsere Methoden in Misskredit. Da wird zum einen die alte Streitfrage, ob ein Anlageberater (was Monsieur Turcon damals war) ebenfalls in den Genuss der »Rechte der Verteidigung« kommen kann, erneut aufgerührt. Denn als Anwalt wurde Monsieur Turcon für Alfred Sirven erst weit später tätig. Außerdem protestiert man gegen von mir »angeordnete Abhörmaßnahmen«. Diese wären tatsächlich illegal gewesen, hätte es sie denn gegeben; vor einem solchen Unterfangen ist es nämlich meine Pflicht, den Vorsitzenden der Anwaltskammer vorab zu informieren, was nicht geschah. Weil Monsieur Turcon niemals auf mein Ersuchen hin abgehört wurde!

Kein Mensch ruft bei mir an, um zu überprüfen, ob die öffentlich vorgebrachten Behauptungen überhaupt stimmen können. Am nächsten Morgen erhalte ich ein Fax vom Gerichtspräsidenten. Er schickt mir die Kopie eines Briefs, den er vom Vorsitzenden der Pariser Anwaltskammer erhalten hat, und bittet mich um eine Erklärung. So als würde er vermuten, dass das, was dieser zu sagen hat, durchaus stimmen könnte.

Da das Gefühl, ungerecht behandelt zu werden, kein guter Ratgeber ist, beschließe ich, nicht sofort zu antworten. Am nächsten Morgen soll ich in Stockholm einen Vortrag halten, außerdem wollte ich zu Pfingsten drei Tage freinehmen. Der Präsident kann ruhig bis nächsten Dienstag warten. Der Zirkus, den die erste Beschwerde der Anwaltskammer verursacht hat, hätte mir eine Lehre sein sollen. Gleiche Ursache, gleiche Wirkung. Das gute Verhältnis mancher Anwälte zu einzelnen Journalisten verleiht ihrem leicht indignierten Protest plötzlich eine ganz andere Dimension.

Schon weitet sich diese Lappalie zu einer Affäre aus, die den Blätterwald überrollt wie eine Dampfwalze.

Die Pariser Kreise, in denen die feine Welt sich nach ihrem anstrengenden Tagwerk ergeht, sind nicht gar so groß. Dort werden die Tatsachen einfach so zurechtgeschneidert, wie sie gerade ins Weltbild passen. Jeder speist mit jedem und erzählt, was ihm eben so einfällt. Hier finden sich die Sedimente französischer Geschichte: Die Eliten aus Verwaltung, Politik, Industrie, Finanzwelt, Medien und Universitäten konzentrieren sich auf genau drei Pariser Viertel. Einige tausend Männer und Frauen, in deren Händen sich die Macht versammelt, treffen sich regelmäßig privat und geschäftlich und schaffen so ein Netzwerk, das Gerüchte anfacht wie einen Waldbrand.

Alarmiert kehre ich aus Schweden zurück. In Frankreich angekommen, schlägt mir der Gifthauch der Medien entgegen. Meine »untragbaren Methoden« werden mir vorgehalten. Im *Figaro* lande ich sogar auf der Titelseite.[60] *Le Monde* schreibt ein unsägliches Editorial zu diesem Thema, der Vorsitzende der Anwaltskammer veröffentlicht einen beleidigenden Text über mich. Und der Herausgeber des *Nouvel Observateur* tut schockiert: »Mediengeile Richter verursachen mir eine Gänsehaut.«

Ich stelle fest, dass meine Verurteilung längst stattgefunden hat. Der Angeklagte wird zwar verurteilt, doch die eigentliche Schuld trägt der Richter! Die Art, wie die Medien mir die Pistole auf die Brust setzen, sollte als Lehrstück in die Kommunikationswissenschaft eingehen. Ein sauberer Trick. Als im April 1999 zum ersten Mal meine angeblichen »Polizeistaatsmethoden« durch die Presse geisterten, konnte ich mir ja wenigstens noch vorwerfen, meine Position durch meine energischen Äußerungen selbst geschwächt zu haben. Jetzt aber bin ich wirklich völlig unschuldig. Der Generalstaatsanwalt von Paris veröffentlicht eine Erklärung, in der er klipp und klar sagt, dass das Telefon von Monsieur Turcon niemals abgehört wurde. Keine einzige Tageszeitung geht darauf ein.

Die Wahrheit interessiert hier offenkundig niemanden.[61]

Der Hexenprozess

Die Ermittlungen sind beinahe abgeschlossen. Auch wenn ich vom Fall abgezogen werden sollte, das Faktum der verdächtigen Geldflüsse bleibt ja bestehen. Der ganze Medienzirkus hat einen völlig anderen Hintergrund. Es macht vielmehr den Eindruck, als müsse das Urteil, das in erster Instanz gegen den Präsidenten des Verfassungsrates gefällt wurde – sechs Monate Gefängnis ohne Bewährung[62] –, vom politisch-juristischen System Frankreichs erst verdaut werden. Und als sei das ideale Mittel dazu der Sturz der Ermittlungsrichterin, die den Skandal enthüllt hatte.

Damit wäre das Gleichgewicht der Kräfte wieder hergestellt. Aber zu welchem Preis?

Ich jedenfalls beantworte das Schreiben des Gerichtspräsidenten. Mein Brief jedoch steigert die Wut der Anwaltskammer nur noch. Also beschließe ich, in *Le Monde* eine Stellungnahme abzugeben. Bevor ich sie abschicke, berate ich mich mit meinen Freunden, die mir alle abraten, mich öffentlich zu äußern.

»Dies ist ein Hexenprozess. Jedes Wort von Ihrer Seite wird die Wogen der Empörung höher schlagen lassen. Doch die

Entscheidung obliegt letztlich der Justizministerin. Sie allein kann den Fall klären.«

Und wieder ziehen sich drohende Wolken über meinem Haupt zusammen. Zumindest wenn es nach dem Vorsitzenden der Richtergewerkschaft geht, der den Ausgang der Affäre bereits vorhersieht: »Unseren Informationen zufolge ist das Schreiben, das Madame Joly ihrer Funktion enthebt, bereits fertig und muss nur noch vom Präsidenten des Appellationsgerichts unterschrieben werden.«

Ich fühle mich schachmatt, ohne auch nur zum Zug gekommen zu sein. Das Ganze ist ein Albtraum am hellichten Tag. Am Nachmittag kommt einer der Verteidiger im Elf-Fall in mein Büro. Offensichtlich fühlt er sich nicht sehr wohl in seiner Haut.

»Madame, es tut mir schrecklich Leid. Mir war nicht klar, welche Ausmaße diese Angelegenheit annehmen würde.«

»Herr Rechtsanwalt, Sie wissen ganz genau, dass diese angeblichen Abhörmaßnahmen nie stattgefunden haben.«

»Es tut mir wirklich Leid, aber ich hatte keine andere Wahl.«

»Haben Sie das Protestschreiben unterzeichnet?«

»Ja.«

Blass vor Zorn stehe ich auf.

»Raus!«

Am nächsten Morgen höre ich überrascht die Stimme des Anwalts aus meinem Radio. Er nimmt seine Unterschrift öffentlich zurück und kündigt so die Solidarität mit seinen Kollegen auf. Ein paar Tage später schreibt er mir einen Brief, der nicht in das allgemeine Halali einstimmt. Nun habe ich bisher noch auf jedem Gipfelpunkt der Spannungen dicke und herzliche Briefe erhalten. Dieser hier aber stammt von einem Menschen, der wirklich keinerlei Grund hat, mich zu hofieren:

»Sehr verehrte Vorsitzende Richterin, gnädige Frau,
lange habe ich gezögert, Ihnen diesen Brief zu schreiben. Ich hoffte immer, dass sich in dem ganzen Tumult schließlich doch die Stimme der Vernunft durchsetzen würde. Heute weiß ich jedoch, dass genau das Gegenteil geschehen ist. Wir sind Zuschauer einer Medienkampagne, die nur ein Ziel hat: Ihre Position zu untergraben und Sie womöglich aus dem Amt zu drängen.
Bevor ich fortfahre, möchte ich hier nochmals betonen, dass ich die Ermittlungen der Polizei gegen meinen Anwaltskollegen keinesfalls gutheißen kann. Doch dies ist nicht der entscheidende Punkt, denn es gibt Mittel und Wege, Entscheidungen und Maßnahmen, die von Ihnen getroffen bzw. angeordnet wurden, im Rahmen des Gesetzes anzufechten.
Dieser Weg wurde aber nicht beschritten, und ich bedaure das.
Mit diesem Brief möchte ich meinen Teil der Verantwortung übernehmen und Ihnen sagen, wie sehr mir Leid tut, was im Augenblick geschieht. Sie leiten die Ermittlungen in diesem außergewöhnlichen Fall seit über sechs Jahren mit Energie und Entschlossenheit. Anders jedoch, als gewisse Stimmen heute behaupten, haben Sie dabei die Zurückhaltung, die Ihr Beruf Ihnen auferlegt, nicht einmal in den schwierigsten Zeiten verletzt.
Unsere wechselseitige Funktion in diesem Fall macht uns ganz sicher bis zu einem gewissen Grad zu Gegnern. Das liegt in der Natur der Sache. Jeder füllt seine Rolle aus. Was aber das Grundprinzip betrifft, also den Respekt vor den Rechten der Verteidigung, bezeuge ich hier Ihre Rechtschaffenheit und Ihr Verständnis. Mir wurde während der ge-

samten Ermittlungen nicht einmal die Akteneinsicht verweigert. Ich erhielt von allen Beweismitteln Kopien, manchmal noch vor ihrer Archivierung. Zu keinem Zeitpunkt fand ich die Tür Ihres Büros verschlossen. Sie waren immer bereit, den Fortgang des Falls mit mir zu besprechen.

Was ich hier aber besonders betonen möchte, ist die Tatsache, dass Sie niemals irgendeine Ihrer Maßnahmen verheimlicht haben. Sie haben zu jeder Zeit offen gelegt, was Sie tun würden, und genau dies dann auch getan. Der ungerechtfertigte Prozess, den man Ihnen jetzt in der Öffentlichkeit macht, sowie die persönlichen Angriffe, denen Sie ausgesetzt sind, stoßen mich ab. Beides ist ungerecht und untragbar.

Da Sie Richterin sind und ich Anwalt der Gegenseite, ist zwischen uns Distanz geboten. Sie ist notwendig und richtig. Aber sie darf nicht zum Vorwand für Gleichgültigkeit werden.

Als Anwalt am Appellationsgericht von Paris möchte ich Ihnen daher mitteilen, dass ich für Ihr Handeln in der Vergangenheit, Gegenwart und Zukunft den größten Respekt empfinde.«

Als dieser Mann mir wieder begegnet, danke ich ihm für seinen Brief. Es gibt nun einmal mutige Männer, und er ist einer davon. Er berichtet, dass er nach seinem Interview im Radio »mehrere Anrufe gewaltsamen und bedrohlichen Inhalts« erhalten habe, was er vorher für unmöglich gehalten hätte. Mehr sagt er nicht. Doch ein weiteres Mal wird mir klar, dass dieser Fall jenseits aller Ermittlungen, jenseits der sichtbaren Reaktionen, die er hervorruft, immer noch von Unterströmungen begleitet wird. Bestimmte Leute halten im Fall Elf immer noch ihre Lieblingswaffen bereit: Einschüchterung und Manipulation.

Dieser erste Riss in der geschlossenen Front der Verteidiger ist ein Zeichen, dass dem Manöver, so ausgeklügelt es auch gewesen sein mochte, vielleicht nicht unbedingt Erfolg beschieden sein würde. Tage vergehen, dann Wochen – doch das Justizministerium rührt sich nicht. Später erfahre ich gerüchtehalber, dass einige hochrangige Richter die Justizministerin von ihrem Vorhaben abbringen konnten.

Wenn auch meine Kollegen sich von den Gerüchten beeinflussen ließen, so wissen die Leute in den Schlüsselpositionen der Justiz doch, dass diese ausgedehnte Ermittlung, die in Hinblick auf die Höhe der Schmiergeldzahlungen und das unglaubliche Klima, in dem wir zu arbeiten hatten, Neuland darstellte, nicht so enden kann.

Vor dem Sommer wird nun wohl nichts mehr passieren.

Im sicheren Hafen

Im Herbst 2001 verlässt uns Laurence Vichnievsky, um in Chartres ihr Amt als Gerichtspräsidentin anzutreten. Für mich markiert ihr Weggang das eigentliche Ende der Ermittlungen. Doch es ist keine Zeit, meinen Gefühlen lange nachzusinnen, denn wir haben immer noch sehr viel zu tun. Renaud Van Ruymbeke und ich stellen neue Rekorde auf.[63] Wir führen bis zu drei Verhöre pro Tag durch, manchmal zu zweit. Wir ergänzen uns gut. Ich lasse gern im Stakkato konkrete, gezielte Fragen auf die Vernommenen niedergehen, Renaud hingegen zieht Schlüsse und liefert mit wenigen Sätzen präzise Zusammenfassungen.

Die Tatsache, dass wir zu zweit sind, gibt uns Sicherheit. Wie dies auch mit Laurence der Fall war, fällt es uns so leichter, die Fäden der Ermittlungen in der Hand zu behalten. Als ich in der Affäre Bernard Tapie ermittelte, stand ich dem enormen mentalen Einfluss des ehemaligen Städtebauministers, der jetzt auf RTL 9 zum Alleinunterhalter mutiert ist, völlig allein gegenüber. Seine Art, sich zu bewegen, ganz da zu sein, seine lebendige Mimik, sein beweglicher Geist sorgten wie von selbst dafür, dass er die Regie im Raum übernahm. Mit wachsender Berufserfahrung weiß man sich gegen solche unterschwelligen Manipulationen zu wappnen und immer wieder auf die Fakten zurückzukommen, auf den Ermittlungsauftrag, ohne sich von der Selbstsicherheit dieser Persönlichkeiten einwickeln oder gar einschüchtern zu lassen.

Die mächtigen Männer, die in jenem Sommer in unser Büro kommen, sind stets von einer Schar Berater umgeben und zeigen sich kühl und distanziert. Sie geben uns deutlich zu verstehen, dass sie, statt hier ihre Zeit zu verschwenden, eigentlich in irgendeinem Aufsichtsrat sitzen sollten. In Extremsituationen – und wenn man zehn Jahre Gefängnis riskiert, dann handelt es sich um eine Extremsituation – ist ein Mensch völlig wach und sich seiner Situation voll bewusst. Dann hat jeder Mensch eine ungewöhnliche, fast magnetische Ausstrahlung. Dann muss man wachsam sein, all das ausblenden, sich ganz auf die Fakten konzentrieren und die verbale Gewalt ignorieren, die einem hier entgegenschlägt.

Immer wieder gibt es Versuche, mich zu verunsichern. Einer der Verteidiger gesteht, man sei an ihn herangetreten, damit er für mehrere Millionen Franc eine Absprache zwischen zwei der betroffenen Parteien arrangiere. Ich war nicht einmal mehr erstaunt. Nach sieben Jahren Ermittlungen im Fall Elf ist für mich nichts mehr unvorstellbar. Sogar das Unmögliche ist möglich.

Die Verhöre laufen in einem extrem gespannten Klima ab. Es kommt zu ständigen Auseinandersetzungen über Verfahrensfragen. Nebenbei bieten sich uns außergewöhnliche Szenen dar. Bei einer Konfrontation zwischen André Tarallo und Alfred Sirven unterbrechen wir das Verhör für wenige Minuten, um uns ein Beweisstück aus den Archiven holen zu lassen. Dabei werde ich Zeugin eines erstaunlichen Dialogs zwischen Alfred Sirven und seinem Anwalt, Monsieur Turcon:

TURCON: »Da gibt es immer noch so ein Arschloch von Journalist, das sich auf die Seite der Richter stellt. Er hat in *Le Point* einen Artikel gegen uns veröffentlicht.«

SIRVEN: »Wie ist es denn nur möglich, dass es immer noch Journalisten gibt, die für die Richter sind? Ich dachte, das Problem wäre ein für alle Mal erledigt?«

TURCON: »Mach dir keine Sorgen. Wir haben uns schon um ihn gekümmert. Der kann seinen Beruf an den Nagel hängen.«

Der Protokollführer, die Beschuldigten, ihre Anwälte – wir sehen uns an wie vom Blitz getroffen. Eine solch brutale Offenheit ist neu in den Büros der Ermittlungsrichter. Was mich daran so schockiert, ist weniger die Sache selbst als die Arroganz, die aus diesem Verhalten spricht. Man handelt unter den Augen aller, ohne sich auch nur die Mühe zu machen, den eigenen Einfluss zu verbergen. Als wäre die Presse quasi Firmenbesitz und damit jeder Einschüchterung offen.

Ich kann nicht einmal den Vorsitzenden der Anwaltskammer informieren, damit er den Vorfall zur Kenntnis nimmt, denn seitdem er seinen Hetzartikel gegen mich veröffentlicht hat, in dem er mich als »Gefahr für die Demokratie« bezeichnet, sind wir Prozessgegner. Auch eine Intervention beim Gerichtspräsidenten erscheint mir nach den zwei feindseligen Briefen, die ich von ihm erhalten habe, sinnlos.

Und so lasse ich den Vorfall kommentarlos durchgehen.

Langsam fange ich an, über meine Zukunft nachzudenken. Ich kann mir nicht vorstellen, nach dem Fall Elf weiterhin in derselben Position zu bleiben. Mein berufliches Überleben verdanke ich ohnehin einzig und allein der Gnade der Justizministerin. Meine Beziehungen zu bestimmten Mitgliedern der Anwaltschaft sind definitiv gestört. All das ist nicht gerade günstig.

Ich weiß, dass der Fall Elf nur deshalb diese Dimensionen erreichen konnte, weil es ein kleines Wunder gegeben hat. Zeit, Umstände und eine glückliche Fügung verschiedener Fakten sowie Begegnungen haben dazu geführt, dass diese Ermittlungen zu Ende geführt werden konnten. Trotzdem glichen sie mehr dem Tanz auf einem Vulkan. Mit den Einschränkungen, die man ihr auferlegt, kann die Justiz schlechterdings nicht funktionieren.

Der Elf-Fall ist einerseits der Höhepunkt einer bestimmten Epoche, andererseits markiert er gleichzeitig ihr Ende. Alle Signale stehen auf Halt. Die Republik ging bis an diesen Punkt, den sie nicht überschreiten wird. Als habe die französische Demokratie damit ihre Schmerzgrenze in puncto Enthüllungen erreicht. Doch die Korruptionsdelikte, die Frankreichs Eliten vermutlich begehen, erschöpfen sich wohl kaum in den Vorkommnissen, die von 1990 bis 1993 im Fall Elf aufgedeckt wurden. Unsere Untersuchung war vielmehr eine Versuchsbohrung. Der Bohrkern, den wir dabei extrahiert haben, zeigt Ablagerungen und Sedimente, die sich tief im Innern des Staats abgelagert haben. Wenn man unsere Ermittlungen mit anderen Ermittlungen aus dieser Zeit in Verbindung bringt, wird klar, dass sich hier eine Kultur der Korruption offenbart, in der eindeutige Straftaten nichts weiter sind als Kavaliersdelikte.

Der Philosoph René Girard hat darauf hingewiesen, wie sehr unsere Gesellschaft auf dem Prinzip der Nachahmung fußt. Jede illegale Provision zieht also eine andere nach sich, die einen anderen Menschen korrumpiert. Diese unselige Verkettung gilt es zu durchbrechen. Die Wirklichkeit, die sich im Spiegel der Elf-Ermittlungen abzeichnet, ist zu schmerzhaft für die französische Republik. Weder die französische Justiz noch die Gesellschaft sind bereit für die Stunde der Wahrheit.

Die Untersuchung im Fall Elf hat alle Versuche, sie niederzuschlagen, erfolgreich überstanden, doch die Wahrscheinlichkeit, dass es vergleichbare Ermittlungen noch einmal geben wird, ist mittlerweile gleich null. Wie viele Richter wären schon bereit, morgen diesen finsteren Tunnel zu betreten, den wir sieben Jahre lang durchwandert haben, und den Tribut zu bezahlen, den man uns abverlangte? Sie würden sich für diesen Schierlingsbecher schön bedanken. Und wenn die Justizreform, die aktuell im Parlament debattiert wird, 1994 schon Gesetz gewesen wäre, hätte es vermutlich gar keine Affäre Elf gegeben. Sie hat zum Ziel, dass der Beschuldigte mit dem Staatsanwalt einen Strafbefehl aushandeln kann, mit dem die Sache dann vom Tisch ist. Wäre dies im Fall Bidermann möglich gewesen, dann hätte es eine Geldstrafe oder ein paar Monate Gefängnis auf Bewährung gegeben. Damit wäre der Großteil der Delikte, die wir später aufgedeckt haben, weiter in den verschlungenen Tiefen der Elf-Buchhaltung verborgen geblieben.

Ähnliche Praktiken sind auch in anderen europäischen Ländern gang und gäbe. Der Generalstaatsanwalt von Genf, Bernard Bertossa, der so viel bewirkt hat, wurde von einem Nachfolger abgelöst, der sich ganz der Aufklärung von Taschendiebstählen verschrieben hat. Und jenseits der Alpen werden die italienischen Richter von der Politik hemmungslos verfolgt. Einer der Unternehmensbosse, der sich am häufigsten als Angeklagter vor Gericht wiederfand, ist jetzt Ministerpräsident in Rom.[64] In Frankreich fahren viele wegen Korruption verurteilte Politiker triumphale Wahlsiege ein, sobald sie ihre Strafe abgesessen haben. Einer von ihnen setzt sich im Senat gerade leidenschaftlich für das unbegrenzte Weiterbestehen der Unschuldsvermutung ein.

Nach zehn Jahren eifriger Ermittlungen scheint Europa müde geworden und in Versuchung, eine neue Seite aufzuschlagen.

Mehrere Menschenrechtsorganisationen bieten mir einen Platz in ihrem Aufsichtsrat an. Auch ich würde gern etwas Neues anfangen. Gleichzeitig habe ich das Gefühl, noch nicht am Ende meines Weges angekommen zu sein. Dieses Eintauchen in die Buchhaltung des Ölmultis hat mich intellektuell verändert. Ich habe erfahren, dass Straffreiheit zur Regel wird und der Respekt vor dem Gesetz zur Ausnahme. So habe ich auch die Grenzen der Justiz kennen gelernt. Weil wir sie nicht mehr verfolgen, hat die Korruption ja nicht aufgehört, eine Gefahr für die Gesellschaft zu sein, ganz im Gegenteil. Dieses Bewusstsein lässt mich nicht mehr los. Ich möchte nützlich sein, auch wenn ich noch nicht recht weiß, wie und wo.

Doch dies sollte ich bald erfahren. Ein einziges Treffen war genug. Am 15. Oktober 2001 gibt mein Verleger William Nygaard anlässlich des Erscheinens meines ersten Buches in Norwegen einen Empfang in Oslo. Wir halten uns in der Patriziervilla am Fjord auf, die er von seiner Familie geerbt hat. Vor uns ein großer Garten, den der Herbst in dunkles Rot taucht. Dieser Ort steckt voller Geschichte: seine Bibliothek, das schimmernde Silber, die alten, samtbespannten Sessel ... eine Seifenblase, weit weg von der feindseligen Welt, die unseren Untergang wünscht.

Eine neue Regierung wird gebildet. Mein Verleger stellt mir Odd Einar Dørum vor, der am nächsten Tag zum Justizminister ernannt werden soll. Dieser erklärt mir, dass er meinen Weg schon seit langem mit Interesse verfolge. Führende Kreise Norwegens, so meint er, seien der Ansicht, man brauche, um die Korruption in den Griff zu bekommen, eine strengere internationale Gesetzgebung. Man hatte von den Vorträgen gehört, die ich vor skandinavischen Diplomaten in Paris gehalten habe.

»Ihre Ideen interessieren mich, Madame Joly. Ich kann mir gut vorstellen, dass wir beide zusammen etwas bewirken könnten. Man müsste nur überlegen, wie.«

Damals nehme ich die Tür, die sich mir damit öffnet, noch gar nicht richtig wahr. Dreißig Jahre Leben in Frankreich haben mich gelehrt, Vorschläge von Politikern, die während informeller Treffen gemacht werden, gelassen zu nehmen. Später erfahre ich jedoch, dass die Idee, die der designierte Justizminister zu jenem Zeitpunkt vor mir ausbreitete, schon mit anderen Führungskräften der norwegischen Regierung abgesprochen war. Odd Einar Dørum hat sich auch bereits mit dem designierten Außenminister, Jan Petersen, in Verbindung gesetzt.

Anfang November nimmt der Staatssekretär im Justizministerium Kontakt mit mir auf. Wir treffen uns, um eine mögliche Zusammenarbeit zu besprechen. Viermal fliege ich nach Norwegen, um die Details zu klären. Ich bestehe auf absoluter Vertraulichkeit bei diesen Gesprächen. Zuerst möchte ich den Fall Elf abschließen und eine andere Untersuchung, mit der ich befasst bin (den Fall Ibsa), zu Ende bringen. Ich möchte in Frankreich sozusagen reinen Tisch machen. Unsere geheimen Treffen finden im Haus meines Verlegers statt, heimliche Rendezvous, denn noch immer ist nichts entschieden.

Odd Einar Dørum gehört zu jenen Politikern, an denen Europa offenkundig den Spaß verloren hat. Er sorgt sich tatsächlich mehr um das Los der Welt als um seine Karriere. Und mit der Welt stimmt in seinen Augen etwas nicht: »Norwegen leistet Entwicklungshilfe. Wir gehören zu den größten Gebernationen der Welt. Daher spielen wir auf internationalem Parkett eine vergleichsweise gewichtige Rolle. Dabei wird die Korruption immer mehr zur alles bestimmenden Frage. Glauben Sie, dass wir etwas bewirken können?«

Stundenlang tauschen wir unsere Ideen aus. Ich werde das Rad nicht neu erfinden. Hunderte von Experten haben bereits sinnvolle Strategien entwickelt. Die Berichte darüber füllen ganze Bibliotheken. Aber ich kann mit meiner Erfahrung dazu beitragen, dass diese Maßnahmen an bestimmten zentralen Punkten und strategisch wichtigen Orten umgesetzt werden.

In großen Linien legen wir gemeinsam fest, worin bei unserem künftigen Projekt meine Aufgaben bestehen werden. Ich sehe endlich Licht am Ende des Tunnels. Zum ersten Mal seit Monaten habe ich das Gefühl, dieselbe Sprache zu sprechen wie ein Politiker.

Anfang Dezember 2001 teile ich Renaud Van Ruymbeke meinen Entschluss mit. Er ist der Erste, den ich ins Vertrauen ziehe. Er weiß also, dass er es sein wird, der nach Abschluss der Ermittlungen und den Strafanträgen der Staatsanwaltschaft den Verweisungsbeschluss fällen wird, mit dem die Sache einem bestimmten Gericht übertragen wird. Ich habe vollstes Vertrauen in ihn. Als ich Laurence Vichnievsky wiedersehe, die sich schon voller Elan in die Anforderungen ihres neuen Jobs gestürzt hat, ermutigt sie mich. In ihrer Stimme schwingt ein klein bisschen Neid mit, als sie sagt: »Leider hat nicht jeder das Glück, eine doppelte Staatsbürgerschaft zu besitzen.«

Der Strohhalm und der Balken

Mitte Dezember kommen die Koffer mit den Dokumenten aus der Schweiz an. Wir entfalten die großen Grafiken von Paul Perraudin, auf denen die verschiedenen Geldströme minutiös verzeichnet sind. Seine Genauigkeit ist atemberaubend. Wir arbeiten ununterbrochen, ohne auch nur den Kopf zu heben. Der Endspurt hat begonnen.

Ende Januar 2002 schließen wir die Ermittlungen ab. Eine außerordentliche Geschichte, die mehr als acht Jahre in Anspruch nahm, findet ihr Ende. Schluss mit den Hausdurchsuchungen, den Ermittlungsaufträgen, den Verhören und Protokollen, Schluss mit den Expertengutachten! In diesem unglaublichen Berg Papier steckt ein Teil meiner selbst.

Die Kommentare der Presse sind vergleichsweise verhalten, was mich verwundert, gibt es doch keinen Fall, der je so weite Kreise gezogen und in den letzten Jahren immer neue Wellen heftiger Polemik ausgelöst hat. Was Wirtschaftskriminalität angeht, ist keine Untersuchung vollkommen. Zahlreiche Spuren verlieren sich im Treibsand der Finanzparadiese. Es gibt immer Geldflüsse, die nicht weiterverfolgt werden können, weil die Banken der Offshore-Finanzplätze dies schlicht verhindern. Solche Pandorabüchsen öffnen sich nicht so einfach.

Außerdem musste unsere Untersuchung immer wieder auch auf die Immunität von Diplomaten Rücksicht nehmen. Staatschefs sind per Gesetz vor jeder Nachforschung sicher. Die Privatkonten der Monarchen, Präsidenten auf Lebenszeit oder Diktatoren, die sich durch Wahlmanipulation an der Macht halten, bleiben der Neugier der ermittelnden Richter verschlossen. Auf diesen Konten kommt und geht das Geld, ohne dass jemand je seine Nase hineinstecken dürfte. Auch Alfred Sirven hat mehrere hundert Millionen Franc in bar erhalten und weigert sich, uns Auskunft zu geben, was er damit gemacht hat. Außerdem ist nicht einmal sicher, dass die drei Hauptangeklagten die Einzigen waren, die von den unterschlagenen Geldern profitierten. Aber sie stehen für den gesamten Geldfluss gerade, und wir kommen ohne ihre Hilfe nicht weiter.

Wenn ich die lustlosen Kommentare lese, nach denen wir den Strohhalm im Auge des einen gesucht, den Balken im Auge des Nachbarn aber übersehen hätten, frage ich mich, wie die Balken aussehen, wenn es bei dem Strohhalm um mehrere Millionen Franc pro Person ging. Insgesamt handelte es sich um mehrere Milliarden veruntreuter Gelder. Und der Balken war für uns leider nicht greifbar.

Bei einer Ermittlung sucht man immer den gangbarsten Weg. Im Justizpalast tat man sich ohnehin nicht leicht mit der Geburt dieses Riesenbabys. Nicht jeder unterstützte unsere Truppe.[65] Nach Abschluss der Untersuchung waren vier Vollzeitkräfte damit beschäftigt, die Strafanträge zu erstellen, so umfangsreich war die Akte mit all ihren Beweisstücken und »Ermittlungsschichten«. Die Gerichtsverfahren der ersten und zweiten Instanz werden sich über mehrere Monate hinziehen.

Für einen Strohhalm finde ich das recht beeindruckend.

Einige Kommentatoren haben bedauert, dass wir keine umfassenderen Ermittlungen angestellt haben: über zehn Jahre Geheimpolitik in Frankreich, die inzestuösen Beziehungen zwischen Mutterland und ehemaligen Kolonien, die Waffenlieferungen und die geheime »Paralleldiplomatie«, die sie nötig machen. All das von unserem Büro aus? Das wäre kaum machbar gewesen.

Doch letztlich habe auch ich den Eindruck, dass man an der Schwelle des Justizpalasts nicht stehen bleiben darf. Wir müssen sie hinter uns lassen und uns das Feld der Politik erobern. Nur dort kann die Ordnung der Dinge wirklich verändert werden. Das Angebot der norwegischen Regierung hätte zu keinem besseren Zeitpunkt kommen können.

Eines Abends treffe ich einen Anwalt, dem ich mich in gegenseitiger Wertschätzung verbunden fühle. Wir gehen in ein Café, um miteinander etwas zu trinken. Er erzählt mir die letzten Neuigkeiten aus dem Justizpalast, über die Machenschaften, die Arroganz der Seilschaften, die kleinen Absprachen und die großen Mauscheleien, die sein täglich Brot ausmachen.

Mir bleibt vor Staunen der Mund offen stehen.

Er lacht immer lauter: »Aber Madame! So ist Frankreich. Sie wollten Frankreich verändern, aber das ist unmöglich.«

Sein unbändiges Lachen ist ansteckend. Aber er täuscht sich. Ich habe niemals geglaubt, Frankreich ändern zu können. Weder als ich in meinem wandschrankgroßen Büro saß und keinen Computer und kein Faxgerät zur Verfügung hatte, noch in den luxuriösen Büros der Sonderermittler für Wirtschaftskriminalität, die vergoldeten, aber trotzdem leeren Muscheln ähneln, weil sie zwar Ansehen genießen, aber keine zusätzlichen Rechte als Ermittler. Ich wollte nur einfach meine Untersuchung zu Ende führen, trotz des unglaublichen Verfalls, der mir auf Schritt und Tritt begegnete. Ich wollte einfach nicht, dass Zynismus und das Gesetz des Stärkeren die Oberhand behielten. Das ist alles. Sicher habe auch ich Fehler begangen, doch insgesamt glaube ich, meine Pflicht erfüllt zu haben. Und wenn ich Frankreich nicht verändert habe, so hat meine Wahlheimat doch mich verwandelt. Ich konnte dort viel lernen, auch wenn das Land die Lektion nicht freiwillig erteilte. Jetzt kehre ich nach Norwegen zurück und sehe mit den Augen einer Französin.

Anfang Juni 2002 verlasse ich mein Büro. Ich verabschiede mich von den Leibwächtern, von Serge, dem Protokollführer, und meinen Freunden im Justizpalast. Wehmütig verlasse ich die wunderschönen Ufer der Seine und die schmalen Gassen in Saint-Germain-des-Prés. Doch als das Flugzeug startet, fällt mir ein Stein vom Herzen. Kurz nachdem ich am Flughafen von Oslo angekommen bin, schnappe ich mir ein Fahrrad. Ohne Polizeischutz, endlich frei, zu tun und zu lassen, was ich will, strample ich zum nächsten Strand, ans Meer.

In diesem Moment bin ich noch nicht so recht glücklich, vielmehr verwirrt. Es ist, als habe man sehr lange auf ein bestimmtes Gefühl gewartet, das sich einfach noch nicht so recht einstellen will. Mit tiefen Atemzügen sauge ich die Meeresluft in mich ein wie eine Erstickende. Mein Kopf ist immer noch nicht frei. »Es ist vorbei, vorbei ...!«, sage ich immer wieder vor mich hin. Erst da spüre ich, wie sehr die Tatsache, dass ich acht lange Jahre um meine Integrität kämpfen musste, in mir tiefe Spuren hinterlassen hat.

In den nächsten Wochen lerne ich Stück für Stück wieder Situationen meistern, die sich für mich vollkommen verändert hatten: Ich komme allein nach Hause. Ich gehe abends aus. Ich gehe ungeschützt auf einem verschneiten Feldweg dahin und öffne ein Gatter. Aber ich leide immer noch unter den Nachwehen, die die langjährige Vertrautheit mit der Gefahr mit sich bringt. Immer noch treffe ich bestimmte Vorsichtsmaßnahmen, die außerhalb des Pariser Kontexts völlig überzogen wirken. Manchmal spüre ich, dass die Angst in mir aufsteigt wie ein langsam wirkendes Gift, das durch meinen Körper wandert, vom Hirn bis ins Herz. Ich empfinde mich immer noch als Flüchtige, schutzlos im hellen Tageslicht, den

Rücken mit einem roten Kreuz markiert. Dann konzentriere ich mich auf die nächste Minute, auf das, was getan werden muss. Ich darf mich von den Erinnerungen nicht unterkriegen lassen.

Eine andere Welt

Paris zu verlassen, in dessen Atmosphäre sich die Geschäftigkeit seiner zehn Millionen Einwohner wie eine elektrische Ladung niederschlägt, und in Oslo anzukommen, das sich provinziell in seine Meeresbucht schmiegt, ist eine ungeheure Erleichterung. Das Staatsgebiet von Norwegen zieht sich über mehrere Breitengrade hin, seine Menschen sind wohlhabend und lieben die Natur, dieses Norwegen lebt abseits der globalisierten Finanzwelt, die den ganzen Erdball verändert hat. In der Hauptstadt am Fjord widmet man sich stattdessen der Meisterung seiner Emotionen.

In meiner neuen Funktion muss alles von der Pike auf neu geschaffen werden. Für drei Jahre habe ich dieses Mandat als Beraterin des Justiz- und Außenministeriums angenommen. Ich bin also keineswegs Chefin einer Behörde oder so etwas. Auch habe ich keine Vorgänger. Mein Team stelle ich mir ganz allein zusammen.[66] Jeder meiner Beschlüsse ist wie eine Spur im frisch gefallenen Schnee.

Politisch gesehen, sind drei Jahre eine sehr kurze Zeit. Meine Freunde in der norwegischen Verwaltung warnen mich: Wenn meine ersten Entscheidungen falsch sind, wird die legendäre Schwerkraft der Verhältnisse dafür sorgen, dass ich Monate brauchen werde, um sie zu korrigieren. Dann werde ich am Ende meiner Mission mit Sicherheit keine konkreten Resultate vorweisen können.

Eigentlich sollten ich und das Team uns im Dunstkreis des

Außenministeriums ansiedeln. Dort, wo die hohe Diplomatie gepflegt wird, wo die Akteure mit heiklen Verhandlungen – beispielsweise im Konflikt zwischen Israel und Palästina – befasst sind und internationale Vertragswerke von enormer Tragweite vorbereitet werden. Dort wäre unser angestammter Platz. Auch Geschichtliches spricht dafür. Lange bevor es 1740 in Utrecht zum Abschluss der ersten internationalen Vereinbarung über den Seehandel kam, hatte Norwegen bereits bilaterale Verträge zur Bekämpfung der Piraterie geschlossen. Unser Nationalheld, der Polarforscher Fridtjof Nansen, war im bürgerlichen Leben Gesandter und widmete sein ganzes Leben der Flüchtlingshilfe. Er engagierte sich gegen den Hunger in der neu gegründeten Sowjetunion und protestierte öffentlich gegen den Völkermord in Armenien.

Der Friedensnobelpreis wird in Oslo vergeben. Auf Gedeih und Verderb sind die Norweger davon überzeugt, etwas dazu beitragen zu müssen, dass die Welt ein wenig besser wird. Ihre beinahe mythische Verbundenheit mit der Natur sorgt dafür, dass sie dem Chaos feindlich gegenüberstehen, welche Ursachen es auch immer haben mag: Krieg, Armut, Umweltverschmutzung oder Korruption. Tatsächlich sichert das diplomatische Geschick seiner Unterhändler dem Land einen Einfluss in den internationalen Gremien, der über seine wirkliche Machtstellung weit hinausgeht.

Da mir die Regierung diese Mission anvertraut hat, stellte sie ihren Willen, zum Guten auf die internationalen Verhältnisse einzuwirken, unter Beweis. Auch deshalb gehört unsere Gruppe eigentlich in den Umkreis des Außenministeriums. Doch damit unsere Stimme im Ausland Gehör findet, müssen unsere Vorschläge auch für unser Land Geltung haben. Denn wie sollen wir unserer Kritik Beachtung verschaffen, wenn wir uns selbst nicht daran halten? Aus diesem Grund beschließe ich, dass wir ins Justizministerium einziehen.

Aus meiner Haut schlüpfen

Das Gebäude ist Frucht der Bauwut in den fünfziger Jahren. Wie so vieles aus dieser Zeit strahlt es zwar Macht aus, ist aber in puncto Schönheit etwas zu kurz gekommen. Die pragmatische Nüchternheit des Ortes erfährt in unseren Büros noch eine Steigerung. Man hat sie nämlich so eingerichtet, dass sie nicht abgehört oder von außen fotografiert werden können. Meine Räume unterliegen der höchsten Sicherheitsstufe: Ich kann dort Besucher empfangen, ohne dass irgendetwas davon nach außen dringt. Eine Laune des Schicksals, so scheint es, wie das Leben sie so häufig hervorbringt: In Oslo, wo ich ganz offen an bestimmten Themen arbeite, hält man es für selbstverständlich, dass unsere Büros gesichert werden müssen. In Paris, wo ich Ermittlungen über eine Unterschlagung von mehreren Milliarden Franc durchführte, hielt man dies nicht für nötig.

Eines Morgens also finde ich mich in einem leeren Zimmer mit drei Bleistiften, einer makellosen Schreibunterlage und einem nagelneuen Computer wieder. Die ganze Arbeit liegt noch vor mir. Ich muss unter Dutzenden von Kandidaten allerersten Ranges ein Team auswählen, muss Projekte vorschlagen und geeignete Methoden entwickeln. Mit achtundfünfzig Jahren ein neues Leben anzufangen, ist eine einzigartige Chance. Ich habe viele Berufe ausgeübt: Aupairmädchen, Sekretärin, Rechtsbeistand eines psychiatrischen Krankenhauses, Zweite Staatsanwältin, Referentin im Finanzministerium, Ermittlungsrichterin ... Und nun bin ich Regierungsberaterin. Der Übergang in eine neue Welt ist immer eine Bereicherung. Als würde man dem Harlekinsgewand, welches das eigene Leben ausmacht, einen neuen Farbtupfer hinzufügen.

Sieben Jahre lang hat mir die Luft zum Atmen gefehlt. Wenn ich morgens in mein Büro kam, musste ich mich erst einmal durch den Stapel mit der Aufschrift »Dringend« kämpfen. Auf der Straße sah ich mich ängstlich um, ob nicht in den Ecken irgendwo die Gestalten meiner Feinde lauerten. Sieben Jahre lang konnte ich an nichts anderes denken als an diesen gigantischen Fall. Die plötzliche Leere ist mein höchster Triumph. Ich kann etwas schaffen, ohne dass die gewaltige Schwerkraft der Institutionen mich dabei stört.

Ich selbst habe eine geradezu kopernikanische Wende zu vollziehen: Ich bin nicht mehr Richterin, muss mich nicht mehr aufs Detail konzentrieren. Ich bin ins politische Fach gewechselt, was bedeutet, dass ich meinen Horizont erweitern muss. Da ich so oft den Beruf und einmal sogar das Land gewechselt habe, entwickelte ich dafür eine bestimmte Methode: Ich gehe davon aus, dass ich nichts weiß und von meinen Gesprächspartnern erst alles lernen muss. Wochenlang sauge ich wie ein Schwamm alles in mich auf.

Im Frühjahr 2002, ein paar Wochen bevor ich Frankreich endgültig verlasse, treffe ich mich in Paris mit Männern und Frauen, die Schlüsselpositionen in der Wirtschaft innehaben: bei Banken, an der Börse, im Aufsichtsrat großer Unternehmen oder im Finanzministerium. Stundenlang unterhalte ich mich mit diesen Experten über das Thema »Geldwäsche«.

Alle bitte ich vertraulich um ihre offene Meinung zu zwei Punkten: dem aktuellen Stand der Korruption und den Strategien zu ihrer Bekämpfung. Für alle haben diese Fragen denselben Stellenwert. Trotzdem fällt eines auf: Wenn man ihnen zuhört, zahlen Schmiergelder immer nur die anderen, meist die Konkurrenz. Nur ganz wenige sind wirklich in das Geschäft der großen Korruption eingeweiht. Nur ganz wenige dringen in die geheimen Zirkel vor und kehren dann wieder um. Und unsere Führungskräfte stehen diesem Problem ebenso hilflos gegenüber wie der Staat.

Doch hin und wieder schnappe ich brauchbare Einsichten auf, die mir später nutzen werden.

In Norwegen bediene ich mich derselben Technik. Ich will alles wissen. Vor allem muss ich in Erfahrung bringen, nach welchen inoffiziellen Regeln die norwegische Kultur funktioniert. Jede Gesellschaft definiert sich schließlich vor allem über ihre unausgesprochenen Gebote. Die Schönheit, die ich in Frankreich schätzen gelernt habe, die Höflichkeit, die verbalen Volten, die Eleganz und Kultur, auch ein gewisses Raffinement – all das zählt hier nicht viel. Dafür entdecke ich die Idee von der Gleichberechtigung aller wieder, finde Geschmack an der Ernsthaftigkeit des Landes, an der persönlichen Anstrengung. Ich bewundere die tiefe Naturverbundenheit und den Mut der Norweger, die acht Monate im Jahr von einer extrem feindlichen Außenwelt umgeben sind.

Auch innerlich kommt der Anpassungsprozess allmählich voran. Nach fünfunddreißig Jahren in einem anderen Land in sein Heimatland zurückzukehren, ist keine leichte Sache. Ich bin nicht mehr dieselbe wie damals – und doch nicht völlig anders. In den ersten Tagen überlagern sich Vergangenheit und

Gegenwart ständig wie zwei Blaupausen, die man leicht gegeneinander verschoben hat. Ich besuche Freunde aus Kindertagen, vergessen geglaubte Geschmackserlebnisse drängen sich plötzlich wieder auf meiner Zunge. Auch die Sprache hat sich verändert: Mein Norwegisch ist ein wenig veraltet. Zur Erheiterung meiner Gesprächspartner übersetze ich manchmal wörtlich aus dem Französischen, wenn ich etwas sagen will.

Erste Erfahrungen

In beinahe euphorischer Stimmung lasse ich mich auf mein neues, altes Land ein. Ich brauche einige Wochen, um mich an das Wohlwollen zu gewöhnen, das mir hier zuteil wird. Die Presse hat meine Ernennung begeistert begrüßt. Für sie bin ich die »Jägerin der Korrupten« – so hat mein norwegischer Verleger mein erstes Buch genannt. Immer wieder treffen mich aufmunternde Blicke. Richter und Polizeibeamte, die mit der schwierigen Materie der Wirtschaftskriminalität befasst sind, wenden sich spontan an mich und bitten mich um Rat. Ich bin zu einer Art »Hotline« für schwierige Ermittlungsfälle geworden, weil ich zum einen gut zuhören kann, zum anderen über ausreichende Erfahrung mit den Schlupfwinkeln des Schwarzgelds verfüge.

Mein Name, der in Frankreich so viel Aggression hervorgerufen hat, klingt in den Ohren der Norweger gut – wie ein Versprechen. Das Prestige, das ich hier genieße, ist groß, weil die Norweger sich selbst ja nie infrage gestellt sahen. Sie leben in der Illusion, dass die Wirtschaftskriminalität an ihren Grenzen Halt macht. Wie viele andere Richter vor mir – Baltasar

Garzón in Spanien, Antonio Di Pietro in Italien und Bernard Bertossa in der Schweiz – erlebe auch ich, dass das Ausland umso positiver reagiert, je mehr man im eigenen Land angefeindet wird.[67] Wenn ein Richter die Praktiken der Macht untersucht, stört er die überkommene Ordnung. Da ich die doppelte Staatsbürgerschaft besitze, kann ich mich vor der rituellen Ächtung, die mir in Paris entgegengebracht wurde, nach Oslo retten.

Ein paar Wochen später treffe ich mich im September 2002 mit den Vertretern der Anti-Korruptions-Kommission des Internationalen Währungsfonds (IWF). An diesem Tag bin ich alles andere als brillant. Eine Bronchitis und der Jetlag sorgen dafür, dass mein Auftritt schlimmer als mittelmäßig ausfällt. Doch zu meiner großen Überraschung erhalte ich hinterher mehrere rührende E-Mails, in denen steht, mein Vortrag habe dem Schreiber »neue Energie für die nächsten zehn Jahre geschenkt« bzw. er oder sie werde »diese Begegnung niemals vergessen«. Aber meine Zuhörer, unter ihnen viele große Denker und ausgewiesene Experten in dieser Materie, haben aus meinen Ausführungen wohl kaum etwas gelernt. Meine Erfahrungen konnten ihnen keine neuen Erkenntnisse vermitteln. Beim Lesen der E-Mails kommt mir der Gedanke, dass ihre Bewunderung weniger mir selbst gilt als dem politischen Schritt des Landes, für das ich stehe.

Seit einem Jahr spüre ich das immer wieder, auch wenn ich meistens nicht so angeschlagen bin, wie ich es in den Büros des IWF war. In Mexiko werde ich vom Parlament und den höchsten juristischen Autoritäten des Landes empfangen. In den Gängen der UNO drängeln sich afrikanische Diplomaten, die mich ermutigen und mir viel Glück wünschen. Bei meinen Vorträgen in Bulgarien sind alle Säle zum Bersten voll. Bernard Bertossa, der ehemalige Generalstaatsanwalt aus Genf, und ich zeigen in Indien Richtern aus allen Regierungsbezirken, die heute mit denselben Schwierigkeiten kämpfen wie wir vor zehn Jahren, einige grundlegende Kniffe unserer Ermittlungsarbeit bei Korruptionsfällen. Täglich treffen in meinem Büro neue Anfragen bezüglich Interviews oder öffentliche Auftritte ein – aus allen Teilen der Welt.

Auf der persönlichen Ebene könnte ich meine Rache genießen. Endlich ein Ausgleich für die Feindseligkeit, die mir jahrelang im Pariser Justizpalast entgegenschlug. Ich könnte meine drei Jahre damit verbringen, auf der Welle der Zustimmung zu reiten und mich von Hörsaal zu Hörsaal tragen zu lassen. Eine wunderbare Kur fürs Ich. Und vielleicht könnte ich sogar die Illusion aufrechterhalten, etwas getan zu haben. Doch gegenüber der norwegischen Regierung und den Menschen auf der ganzen Welt, die für mehr Gerechtigkeit eintreten, wäre dies glatter Verrat.

Meine Aufgabe ist es vielmehr, die Hoffnung, die viele Bürger in uns setzen, zu nutzen. Ich muss sie uns dienstbar machen, denn sie allein verleiht uns die Macht, etwas zu verändern. Wir müssen wie »Teilchenbeschleuniger« wirken und vier oder fünf wichtige Reformen durchsetzen, die unsere Ausgangslage verändern und den jetzigen Modus der Straffreiheit für die Eliten empfindlich einschränken.

In der Chemie genügt es mitunter, dass ein einziges Element sich nicht fügt, um eine Reaktion in Gang zu bringen. Ich könnte dieser chemische Parasit sein, der von außerhalb kommt, dem gewohnten System der Macht nicht angehört. Ich muss hinter den Ideen unsichtbar werden wie ein Bote, der sich zurückzieht, nachdem er sein Ziel erreicht hat. Wichtig ist, alle persönlichen Ziele außen vor zu lassen. Wenn ich mich der Aufmerksamkeit meiner Zuhörer bediene, um meine Interessen zu befriedigen, wird mich dies zerstören. Wenn ich hiermit Erfolg haben möchte, darf ich nichts für mich erhoffen und nichts für Norwegen.

Die grosse Korruption

Ich trete also in den Kreis der Diplomaten ein, behalte aber den Blick des Ermittlungsrichters bei. Ich fühle mich wie der Protagonist der *Pilgerreise* von John Bunyan, der meint, er ziehe es vor, den Blick auf die Erde zu heften statt auf den Himmel. Ich habe keineswegs alle Brücken hinter mir abgebrochen.

Langsam tauche ich ein in das Universum internationaler Beziehungen. Das UNO-Gebäude in Wien, das ein klein wenig außerhalb der Stadt liegt, ist ein beeindruckend großer, geschlossener Komplex. Tausende von Funktionären aus aller Welt wimmeln durch die Gänge. Das Geschnatter in Dutzenden von Sprachen hört nie auf. Ich lerne dort Juristen kennen, die mit allen Wassern der Gesetze gewaschen sind. Ihre Aufgabe ist es, für die internationalen Vereinbarungen Formulierungen zu finden, die in alle juristischen Systeme passen.

Die Marathonsitzungen der Experten sind ein Spektakel für sich. Jedes Wort ist dort eine Kampfansage. Stundenlange Verhandlungen, und am Ende wird ein Komma versetzt oder ein Adjektiv ausgetauscht … Da ich ohnehin keine Entscheidungsbefugnis habe, versuche ich, meine Überzeugungskraft und meine Erfahrungen vor allem in der Salondiplomatie einzusetzen, bei informellen Gesprächen auf dem Flur, bei den Diners in den Botschaften und den privaten Einladungen zum Brunch. Dort werden die wirklichen Allianzen geschmiedet. Und unsere Delegation ist eine schlagkräftige kleine Truppe.

Natürlich haben wir uns allerhand vorgenommen. Diese Institutionen neigen schließlich alle zum Konsens. Daher versuche ich wenigstens hin und wieder, offen zu sprechen. Manche Menschen reagieren darauf total überrascht. Jeder Diplomat beherrscht die Kunst, Dinge zu sagen, ohne sie auszusprechen. Wenn wirklich einmal ein konkretes Beispiel vonnöten sein sollte, bezieht man sich auf das Land »Uurdistan«, ein imaginäres Reich, das eine gute Kulisse für die Abenteuer von Tim und Struppi abgäbe. So riskiert man wenigstens nicht, dass irgendein Botschafter Anstoß nimmt ... Bei mir ist nie von »Uurdistan« die Rede. Ich nenne die Dinge lieber bei ihrem wirklichen Namen.

Wenn eine Delegation das Wort ergreifen will, ist es üblich, die Fahne seines Landes hochzuheben, die auf dem Tisch steht. Als ich eines Tages bei der OECD das Wort ergreife und dafür eintrete, die Immunität der Richter aufzuheben, zeigen schon nach wenigen Worten alle Fähnlein nach oben. Dann jedoch berichte ich von meiner Reise in die ehemals kommunistischen Länder im Osten, wo seit dem Fall des totalitären Regimes die Bestechlichkeit der Richter zu einem wirklichen Problem geworden ist, weil sie ihre Entscheidungen für materielle Vorteile verkaufen. Das Beispiel macht Eindruck. Als ich meinen Beitrag beende, hat sich der Aufruhr im Fähnchenwald gelegt.

Auch geschieht es häufig, dass sich nach ein paar Minuten des Zögerns plötzlich die Zungen lösen und die Gemüter erhitzen. Manchmal setzt sich die Diskussion dann noch außerhalb der offiziellen Kreise fort, weit entfernt von der Kälte der im diplomatischen »Newspeak« verfassten Berichte.

Vergleichsweise schnell wird mir klar, dass internationale Vereinbarungen nur einen Fehler haben: Sie werden von absolut ehrbaren Leuten verfasst, von gewissenhaften Funktionären, deren Weg nicht weiter führt als vom Flugzeug in den Sitzungssaal und zurück. Viele unter ihnen sorgen sich zwar sehr ums Gemeinwohl, aber sie leben letztlich im Elfenbeinturm. Sie glauben, Korruption und Geldwäsche seien etwas, was auf einem anderen Planeten stattfindet. Damit aber bekämpfen sie einen Feind, der gar nicht existiert. Der Feind jedoch sitzt neben ihnen, ist vielleicht sogar Teil ihrer Regierungsmannschaft.

Eines Tages bekam ich Gelegenheit, eine norwegische Polizeischule zu besuchen, wo ich Zeugin eines fiktiven Polizeieinsatzes wurde. Man hatte entsprechende Kulissen aufgebaut, damit die Polizeischüler üben konnten, wie man die Wohnung eines Dealers stürmt: Sie mussten überraschend eindringen und dann sofort in Richtung Toilette stürzen, um zu verhindern, dass der Pusher seinen Kokainvorrat durch die Toilette spülte. Fiktive Einsätze in den Büros der Bankiers, die für die Drogenhändler Geld waschen, sind nicht vorgesehen. Die Hunde erschnüffeln Kokain. Nummernkonten hingegen können sie nicht aufspüren. Ohnehin wäre es wohl schwierig, die Kulissen für solch eine Übung hinzukriegen. Da gäbe es keine schäbigen Tapeten und Säckchen voller Pulver hinter dem Spülkasten aus Emaille. Stattdessen wären wir umgeben von Stahl, Glas und edlen Hölzern. Der Fuß versänke zehn Zentimeter tief in exklusivem Teppichboden, und auf den Tischen stünden die neuesten Computer, verbunden mit den internationalen Girozentralen. Wie sagte doch der spanische Richter Baltasar Garzón scherzhaft: »Heutzutage braucht man keine Bank mehr auszurauben. Es genügt, wenn man sie kauft.«

Wenn das Verbrechen sich nur in den höchsten Kreisen abspielt, wird das Ganze viel komplizierter.

Die alte Geschichte vom Mann, der seine Schlüssel verloren hat und sie unter der Laterne sucht, weil es dort hell ist, passt perfekt auf die Justiz. Dass man nur dort findet, wo man sucht, ist eine Binsenweisheit. Doch die große Korruption ist unsichtbar. Sie liegt tief verborgen im Herzen der absolut Unverdächtigen. Der Präsident von Enron war eine der Lichtgestalten des amerikanischen Kapitalismus. Bis man ihn der Bilanzfälschung überführte und ihn in Handschellen abführte, zitierte die amerikanische Wirtschaftspresse ihn ständig als leuchtendes Beispiel. Wirtschaftskriminalität fällt leider nicht von selbst ins Auge. Man muss nach ihr suchen, bohren, die schöne Welt der Fassaden hinterfragen.

Die Intellektuellen schreien ja gern auf, wenn es um die Existenz eines allgemeinen Systems der Korruption geht. Der französische Philosoph Alain Finkielkraut, ein Maulheld der Transparenz und perfekter Repräsentant von Frankreichs Führungsschicht, hält für das Problem eine einfache Lösung bereit: »Es gibt eben Leute, die interessieren sich fürs Geschäft, und andere, die sich für das Gemeinwohl einsetzen.«[68] Damit aber wäre die Korruption kein politisches Thema mehr. Finkielkraut verweist sie auf den niederen Rang des privaten Interesses, was bedeutet, dass sie in der öffentlichen Diskussion nichts zu suchen habe.

Diese Haltung ist bequem, aber absurd. Die große Korruption steht im Zentrum des öffentlichen Interesses, nicht am Rande. Im Fall Elf gab es auch keine zwei Welten, ganz im Gegenteil: Kriminalität und Unternehmensstrategie des Konzerns im Staatsbesitz waren eng miteinander verflochten. Alle wesentlichen Entscheidungen, ob es sich nun um Verhandlungen über Bohrrechte, Konzessionskäufe, Versicherungsverträge oder Immobilienkäufe handelte, waren von Schwarzgeldzahlungen begleitet.

Und dieser Realität müssen wir uns stellen, sonst wird sie das für uns erledigen, wenn es längst zu spät ist.

Wir sollten den Pessimismus von Václav Havel ernst nehmen. Er, der die Trümpfe der Macht in der Hand hielt, ließ uns eine ernsthafte Warnung zukommen. Als er die Macht in die Hände der tschechischen Republik zurücklegte, meinte er: »Der Kapitalismus mafiösen Zuschnitts streckt seine Tentakel mittlerweile auf alle Ebenen des Staates aus, und ich weiß nicht, ob wir ihn noch stoppen können. Unglaubliche Summen wechseln dabei den Besitzer. Man hat äußerst subtile Methoden ersonnen, um der Öffentlichkeit auf diesem Weg Milliarden von Dollar zu stehlen. Dies ist augenblicklich meine größte Sorge.«[69] Aber sicher ist es leichter, sich – wie die führenden Köpfe Europas es im Moment tun – einzureden, die allgemeine Korruption würde dem Gemeinwohl nicht schaden.

Warum diese Verweigerungshaltung? Als es um die neuen europaweit gültigen Gesetze ging, welche bestimmte Berufsgruppen (Anwälte, Wirtschaftsprüfer et cetera) zwingen, alle ihnen bekannt werdenden Verstöße gegen das Geldwäschegesetz den Behörden zu melden, zeigte ein großer norwegischer Jurist sich plötzlich besorgt über diesen Ansatz von Totalitarismus, der unsere Freiheit einschränke.

Auch ich würde gern in der Welt des Herrn Finkielkraut leben, in einer Demokratie, in der das Gemeinwohl Gegenstand ständiger öffentlicher Debatten ist, in der kein Staatschef ein Nummernkonto im Ausland besitzt und Bankdirektoren bzw. Wirtschaftsprüfer sich an die Gesetze halten ... Dummerweise werde ich das Gefühl nicht los, dass beide einfach nicht wissen, wie unsere Welt wirklich aussieht. Natürlich kann jeder auch seine Scheuklappen behalten und weiter träumen. Diese Wahl muss jeder selbst treffen. Doch wir müssen uns mit der Korruption auseinander setzen: Wir müssen ihr Wesen kennen lernen, als würden wir den Saft aus den Trauben pressen.

Zehn Jahre, um ins Wanken zu geraten

Vor dem Fall Elf wäre ich nicht fähig gewesen, die Dinge so klar und direkt zu formulieren. Bis zu meinem fünfzigsten Lebensjahr glaubte ich fest an die Größe der Institutionen und den Edelmut der Mächtigen. Und ich hatte lange Zeit Grund für meine Naivität: Meine täglichen Erfahrungen innerhalb der französischen Gesellschaft bestärkten mich darin. Ich war Rechtsbeistand einer psychiatrischen Klinik und Richterin an einem Pariser Vorstadtgericht. Lange Zeit lebte ich sozusagen in einem medizinischen Universum. Nicht, dass es dort idyllisch zuging: Krankheit, Wahnsinn und Verbrechen haben mich gelehrt, dass das menschliche Wesen unendlich zerbrechlich ist und jeder seinen Teil Dunkelheit und Geheimnis in sich trägt. Ich denke dabei oft an die berühmte Giacometti-Statue, eine lang gestreckte Figur, die mit Mühe das Gleichgewicht hält und jederzeit zu stolpern droht. Der Künstler hat sie

»L'homme qui marche« genannt. Man muss sich schon den Kontakt mit den Schlusslichtern der menschlichen Gesellschaft suchen, wenn man tiefes Leid kennen lernen will.

Trotzdem hatten Worte in dieser Welt noch einen Sinn. Ich habe Ärzte kennen gelernt, die jeden behandelten, ohne an Reichtum und Ruhm zu denken, Psychiater, Polizisten, Lehrer und Richter, die einfach gewissenhaft ihren Beruf ausübten. Als ich im Finanzministerium dann einer Kommission zugeteilt wurde, in der es darum ging, Unternehmen vor dem Konkurs zu retten, setzten wir auch da alle Hebel in Bewegung. Dort habe ich wirkliche Industriekapitäne kennen gelernt und hochrangige Beamte. Ich hatte nicht ein einziges Mal das Gefühl, in einer Schattenwelt zu leben.

Ich gehörte zum Heer der Lambda-Klasse-Bürger, die für ein regelmäßiges Gehalt arbeiten, ihre Steuern zahlen, bis auf ein paar Kleinigkeiten das Gesetz respektieren und sich keine Fragen stellen. Also dachte auch ich, dass die Korruption unserer Führungskräfte eine Randerscheinung sei. Wie sagte doch Oscar Wilde: »Wir wären doch verrückt, wenn wir dem Schein nicht trauten.«

Zehn Jahre habe ich gebraucht, bis diese Überzeugung ins Wanken geriet.

Meinen ersten Schock erhielt ich, als ich Pierre Conso, den Direktor von Ciments Français, verhörte – ein Unternehmen ersten Ranges, das weltweit drittgrößte auf diesem Markt. Wir ermittelten damals wegen eines Insidergeschäfts von erheblichem Umfang, das dazu diente, im Ausland eine schwarze Kasse einzurichten. Mein Gesprächspartner war seinerseits richtiggehend erstaunt über meine Unwissenheit. Ich sehe noch heute, wie er die Augenbrauen hebt, als er sagt: »Man muss schon Richter sein, um nicht zu wissen, dass der ganze Kapitalismus auf Insidergeschäften fußt. Madame, jedes einzelne Unternehmen des französischen Aktienindex hat eine schwarze Kasse …« In seiner Stimme lag eine Ungeduld, wie sie sonst nur Professoren ihren begriffsstutzigen Studenten entgegenbringen.

Natürlich versucht jeder Verbrecher, ob er nun eine Lederjacke trägt oder einen Nadelstreifenanzug aus bestem Stoff, beinahe reflexhaft sich mit dem Hinweis zu entlasten, dass das doch wohl jeder tue. Ich hätte also seine Bemühungen einfach beiseite wischen können. Doch er meinte es wirklich ernst. Ich hatte hier kein wildes Raubtier vor mir, sondern einen scheinbar soliden Unternehmer.

Der zweite Schock kam, als ich an den großen Grafiken unseres Schweizer Kollegen Paul Perraudin arbeitete, der minutiös alle Schwarzgeldflüsse im Elf-Konzern aufgezeichnet hatte. Zum ersten Mal war auf diesen riesigen Papierbogen schriftlich festgehalten worden, welche Geldsummen ein großer Konzern (damals das größte Unternehmen Frankreichs) auf Schweizer Konten bunkerte: In drei Jahren summierten sich die Unterschlagungen auf eine Summe von 2,5 Milliarden Franc, was der Hälfte des jährlich ausgewiesenen Konzerngewinns entspricht. Das war keine Randerscheinung mehr, dahinter steckte ein ausgefeiltes System. Dieser gelassene, beinahe automatische Raub, der sich zum Beispiel auch auf die Wartungsverträge der von Elf gemieteten Flugzeuge erstreckte, ging vonstatten, ohne dass die Konkurrenz des Ölkonzerns auch nur einmal gegen diese Methoden protestiert hätte.

Ganz natürlich, sozusagen.

Ich wollte die Tragweite dessen begreifen, was wir da entdeckt hatten. Niemand hatte uns auf eine so beunruhigende Wirklichkeit vorbereitet. Unsere individuelle Erfahrung ist ja immer bruchstückhaft. Ich versuchte also, Abstand zu gewinnen, die Ermittlungen hinter mir zu lassen, um zu verstehen, was genau sich da vor meinen Augen abspielte. Meine Frustration war mittlerweile ebenso groß wie mein Wunsch, das Ganze zu durchschauen. Wenn die Korruptheit der Eliten ein Thema war, das nur in mittelmäßigen Gazetten aufgegriffen wurde, um damit reißerische Schlagzeilen zu machen, hieß das schließlich, dass niemand wirklich darüber nachdachte.

Mit der so genannten White-Collar-Kriminalität hat sich auf theoretischer Ebene – wenn man von einigen wenigen anderen Beiträgen absieht – vor allem Edwin Sutherland auseinander gesetzt. Seine Werke aus dem Jahr 1933 sind noch heute, siebzig Jahre später, von bestürzender Aktualität, obwohl die soziale und ökonomische Landschaft sich durch die globalisierte Finanzwelt entscheidend verändert hat.[70] In Frankreich haben einige Untersuchungskommissionen neue Daten ans Licht gebracht.[71] Doch meist läuft Wirtschaftskriminalität immer noch unter »Vermischtes«.

Dabei gehört sie längst auf die Titelseiten des Politikteils.

Auf internationaler Ebene treffen wir auf dieselbe verwirrende Situation. Man jongliert mit abstrakten Konzepten oder überzogenen Summen, die ebenso erschreckend wie nebulös wirken, und spricht von dieser und jener »Mafia«. Meine Erfahrung mit den juristischen Fakten lässt mich vorsichtiger sein.

Ich sehe keine verbrecherische Hydra auf uns zukommen, keinen Ansturm des Grauens auf unsere sicher geglaubte Festung. Meiner Ansicht nach hat die etablierte Macht der ehrenwerten Herren und Damen die große Korruption nur ganz selbstverständlich in ihren Alltag integriert.

Ein amerikanischer Journalist beschreibt auf packende Weise den Fall Enron, des Energieriesen, dessen Konkurs an der Wall Street den größten Kurssturz seit dem Börsenkrach von 1929 bewirkt hat:

> »Der Konzern hatte zwei Gesichter. Da war zum einen das Bild in der Öffentlichkeit, das die alten Manager vertraten: das eines mächtigen, innovativen Unternehmens, das sich anschickte, die Welt zu verändern. Und die Wahrheit, die sich dahinter verbarg: Geheimnisse über Geheimnisse. Das Ganze schien wie ein Passagierdampfer auf Kreuzfahrt. Wenn man nicht allzu genau hinsah, schien alles in Ordnung. Das Schiff kam voran, die Passagiere genossen den Luxus. Im Maschinenraum allerdings war die Mannschaft fieberhaft damit beschäftigt, das Wasser, das von überallher eindrang, mit Händen wieder hinauszuschöpfen.«[72]

Doch letztlich gehören diese beiden Gesichter immer zu einem Organismus.

Unsere Wahrnehmung des Phänomens wird getrübt durch unser eigenes Nicht-wahrhaben-Wollen. Wir stellen uns die große Korruption immer als zufälliges Nebenprodukt vor, als Abweichung von der Regel und nicht als die Regel selbst. Doch genau dies ist der Fall. Kein einziger Kommentar zum Fall Elf ließ den rituellen Absatz aus, in dem es um die »schrecklichen

Zeiten der Korruption ging«, als seien sie längst vorüber. Wir geben vor zu glauben, dass die Macht von den Verbrechen, die mit ihrer Zustimmung in ihrem Geltungsbereich begangen werden, nicht berührt wird.

So, als sei das, was nicht sein darf – der kontinuierliche Verrat der Eliten –, durch eine Art kollektiver Blendung aus unserem Blickfeld gelöscht. Das Wort »Skandal« stammt vom griechischen *skándalon* ab, was »Falle« oder »Hindernis« bedeutet. Genauso behandeln wir die Korruptionsaffären: wie eine Falle, die es zu vermeiden, ein Hindernis, dem es aus dem Weg zu gehen gilt. Die Tatsachen, die diese Affären uns enthüllen, wollen wir lieber nicht wahrhaben. Man erklärt die Debatte für beendet, noch bevor sie begonnen hat.

Das Ende der Skandale

In Italien hat sich die Staatsgewalt selbst zwischen Politik und Justiz geworfen, um das Kapitel »Mani Pulite« ein für alle Mal aus der Welt zu schaffen.[73] Die Macht hat sich den neuen Verhältnissen angepasst und die Kontrolle wieder übernommen. Nachdem Silvio Berlusconi, der reichste Mann Italiens,[74] nach einer kostspieligen und spektakulären Medienkampagne Ministerpräsident wurde, hat er mithilfe der willfährigen Abstimmungsgehilfen seiner quasifaschistischen Partei die Gesetze so verändert, dass sie ihm ganz persönlich dienlich sind: Er hat die Verjährungsfrist für Wirtschaftsdelikte verkürzt, hat Amnestien für ins Ausland geschafftes Schwarzgeld erlassen, die Kartellgesetzgebung gelockert und bestimmte Verbrechen, wie zum Beispiel die Bilanzfälschung, de facto abgeschafft. Der Literaturnobelpreisträger Dario Fo schreibt dazu:

»Wir stehen vor einem Paradox, das widersinniger gar nicht sein könnte. *Ubu Roi* ist Wirklichkeit geworden, die Farce des Unmöglichen zur Tatsache: Man schneidert die Gesetze genau auf den König zu. Man wählt die Minister aus seinem persönlichen Hofstaat, damit sie einzig und allein seine Privatinteressen vertreten. Und Berlusconi bzw. seine abhängig Beschäftigten haben ein absolut reines Gewissen. Sie haben alle Macht in der Hand, und die Straffreiheit ist ihnen sicher.«[75]

Auch in Frankreich versucht die Regierung, die Skandale auf ihre Weise zu beenden. Jene, welche sich nach Kräften bemühen, die Ermittler in Sachen Wirtschaftskriminalität zu verleumden, schreien lauter denn je zuvor, dass die endlosen Ermittlungen letztlich nur ein paar Sündenböcke zur Schlachtbank geführt hätten, die Opfer einer »Robespierre-Justiz« (!) geworden seien. »Ein schlichter Verdacht hat zur Einrichtung einer Ermittlungseinheit für Finanzdelikte geführt, eines Elefanten, der unter großem Tamtam einer mageren Maus das Leben geschenkt hat – und dies ausgestattet mit allen Sonderrechten, mit der modernsten Computerausrüstung, mit allen Möglichkeiten der Nachforschung«, meint im Ernst Alain Finkielkraut, der große Philosoph, der offenkundig umso harscher urteilt, je weniger er weiß.[76]

Dieser Rollback in Frankreich und Italien sollte unser Urteil jedoch nicht beeinflussen. Einige Schlagworte führen quasi ein Eigenleben und sind beinahe unausrottbar. Die »Justizskandale«, deren Opfer die Herren Chirac und Berlusconi sind, sind nur die Vorboten eines grundlegenden Wandels der Machtverhältnisse. Vor unseren Augen findet eine gewaltige Metamorphose statt.

Der englische Philosoph Hume schlug vor, dass wir die Details unserer Wahrnehmung ausblenden sollten, um mit halb geschlossenen Augen über die Woge der Einzelheiten hinwegzusehen. Erst dann, so meinte er, trete die Realität der Welt wirklich zutage.[77] Gewinnen wir nur ein bisschen an Höhe, bietet sich uns sogleich ein ganz anderes Bild.

Der Staatsanwaltschaft Mailand zufolge hat die Korruption der italienischen Führungskräfte in den letzten zehn Jahren zur Veruntreuung von etwa 258 Millionen Euro geführt.[78] Seit 1990 haben die italienischen Staatsanwälte gegen fünftausend Personen ermittelt (darunter 338 Abgeordnete, 873 Unternehmer und 1373 Beamte). 3200 Personen landeten vor dem Richter – und wurden zu über neunzig Prozent verurteilt.[79] Trotz dieser unglaublichen Leistung ist das, was die Italiener »Tangentopoli«, die »Republik der Schmiergelder«, nennen, noch lange nicht verschwunden. Erst vor kurzem wurden 31 Personen – Beamte und Führungskräfte eines Unternehmens – vor Gericht gestellt, weil sie im Unternehmen ANAS, das sich um das Netz der öffentlichen Straßen kümmert, bei Bestechungsdelikten ertappt wurden.[80]

In Frankreich wurde im letzten Jahrzehnt gegen mehr als neunhundert Abgeordnete ermittelt (in 67,6 Prozent der Fälle wegen Wirtschaftsdelikten). Darunter waren vierunddreißig Minister bzw. Staatssekretäre, von denen es insgesamt nur 128 gibt. Mehr als ein Viertel hat also Grund zum Verdacht gegeben.[81] Und Jacques Chirac, der französische Präsident, wird sich am Ende seines Mandats in mehreren Verfahren zu verantworten haben, die heute aufgrund seiner parlamentarischen Immunität ausgesetzt sind.

In Spanien stürzte vor einigen Jahren die sozialistische Führungsriege über ihre Korruptionsaffären. Im Jahr 2002 war die größte Bank des Landes, die BBVA, Gegenstand von Ermittlungen, in denen es um eine schwarze Kasse von 225 Millionen Euro auf der Insel Jersey und in Liechtenstein ging. Die Nachforschungen ergaben, dass die Bank in Geldwäsche für lateinamerikanische Regierungsmitglieder verwickelt war.

In Argentinien hat die Finanzkrise so einiges ans Tageslicht gebracht, was sonst verborgen geblieben wäre. Wie bei einem Teich, bei dem plötzlich das Wasser abgelassen wird, traten mit einem Mal Schlick, schlammige Wurzeln und Fische zum Vorschein, die sich sonst in der Tiefe verbergen. Das Ausmaß der Korruption und der zweifelhaften Finanztransaktionen liegt nun offen zutage. Die Situation ist so gravierend, dass der argentinische Repräsentant der Drug Enforcement Administration (DEA, der amerikanischen Anti-Drogen-Kommission) eingestehen musste: »Wenn wirklich alles ans Licht kommt, ist am Ende das halbe Land in Skandale verwickelt.«[82] Die Abgeordnete Elisa Carrio, Vorsitzende einer parlamentarischen Untersuchungskommission zu diesem Thema, verkündete öffentlich, »dass in diesem Land ein krimineller Nährboden existiert, dessen Straffreiheit bis hinauf zum Obersten Gerichtshof gesichert ist, weil es entsprechende Absprachen zwischen den Parteien, zwischen alten und neuen Verantwortlichen gibt«.[83]

Der starke Mann der peruanischen Regierung, Vladimiro Montesinos, graue Eminenz hinter Präsident Fujimori, muss sich wegen insgesamt siebzig Anklagepunkten vom illegalen Waffenhandel bis hin zur Korruption vor Gericht verantworten. Die Ermittler fanden bei ihm mehr als achthundert Videokassetten, auf denen illegale Geldübergaben aufgezeichnet waren. Damit hatte er seine »Vertragspartner« in der Hand. Der Staatsanwalt schätzt, dass er der Ursprung »eines weit reichenden Korruptionsnetzes ist, das die peruanische Gesellschaft durchzieht wie ein Krebsgeschwür«.[84]

In den USA hat der Konkurs von Enron, laut der Zeitschrift *Fortune* das sechstgrößte Unternehmen der Welt, nach zwanzig Jahren unbeschränkter Globalisierung ein Erdbeben provoziert. Von Analysten, Presse und der amerikanischen Gesellschaft gleichermaßen gefeiert, musste das angebliche Vorzeigeunternehmen in den letzten fünf Jahren nur ein einziges Mal Steuern bezahlen. Zu diesem Zweck hat es 881 Zweigniederlassungen in den diversen Steuerparadiesen eröffnet: 692 auf den Caymaninseln, 119 auf den Turks- und Caicosinseln, dreiundvierzig auf der Insel Mauritius und acht auf den Bermudas.[85] Die Unterschlagungen werden auf mehr als eine Milliarde Dollar im Verlauf von sechs Jahren geschätzt.[86] Enron blies seine Geschäftszahlen und Gewinne künstlich auf, um die Aktionäre zu betrügen. Das Management des Großkonzerns hat diese Machenschaften vertuscht und sich selbst dabei enorm bereichert. »Neunundzwanzig Führungskräfte in Management und Verwaltung haben von ihrer Kenntnis der wahren Situation profitiert und ihre Enron-Aktien verkauft, bevor sie nichts mehr wert waren. Sie warfen zwischen Oktober 1998 und November 2001 Papiere für mehr als 1,1 Milliarden Dollar auf den Markt.«[87]

Auch in den Ländern der ehemaligen Sowjetunion hat die Korruption sich in den letzten zehn Jahren zur wahren Geißel entwickelt. Der Generalstaatsanwalt Vladimir Ustinov schätzt, dass sie das Land mehr als fünfzehn Milliarden Dollar jährlich kostet.[88] Und in Polen haben jüngst Umfragen ergeben, dass mehr als neunundachtzig Prozent der Polen ihr Land für »von der Korruption zerfressen« halten.[89] Ich persönlich habe im Auftrag der OECD in Bulgarien eine ebenso alarmierende Situation festgestellt. Ein Viertel aller Firmen, die einen öffentlichen Auftrag ergattert hatten, gaben an, dafür Schmiergelder bezahlt zu haben.[90] Was Rumänien betrifft, so hat der dortige Präsident Adrian Nastase dem Kampf gegen die Korruption »erste Priorität« verliehen.[91]

Indien, Mauritius, Pakistan, Indonesien, Uruguay, Mexiko, Nigeria, Angola ... Ich könnte diese Litanei mit immer neuen Zahlen weiterführen. Sie zeigt, wie drängend das Problem heute ist, zu einer Zeit, in der in einigen europäischen Nationen die Justiz angegriffen wird. Das ist, als würde man, um das Fieber zu bekämpfen, das Thermometer zerbrechen.

Ich bin der festen Überzeugung, dass die große Korruption, deren Zeugen wir heute werden, mit der Globalisierung zusammenhängt. Wie in den europäischen Ländern Ende des 19. Jahrhunderts durch die Industrialisierung ein soziales Problem entstand, das gelöst werden musste, so müssen wir uns heute der Frage der Korruption und ihrer Bekämpfung stellen.

Viel Lärm um nichts?

Leider macht das Phänomen uns blind und lahm zugleich. So wird die Frage der Bestechlichkeit heute meist unter dem Stichwort »Geldwäsche« behandelt. Da die Korruption der Eliten überall gleichermaßen tabu ist (jede systematische Untersuchung stößt ja automatisch auf großes Geschrei in den höheren Kreisen), wird der Kampf gegen die Geldwäsche zum zwanghaften Mantra der internationalen Gremien, das man gern und empört herunterbetet.

Seit fünfzehn Jahren gibt es Kolloquien, Regierungsanweisungen, Berichte und Gesetze zum Thema »Geldwäsche«.[92] Wie alle »Experten« könnte auch ich sieben Tage die Woche das ganze Jahr über auf Vortragstour gehen und darüber referieren.

Mittlerweile werden unter dem Begriff »Geldwäsche« die unterschiedlichsten Dinge abgehandelt: illegale Handelsaktivitäten (mit Drogen bzw. Waffen, Handel mit Ländern, die unter Embargo stehen, oder Schmuggel), die Schattenwirtschaft (Prostitution, Schwarzmarkt und Korruption in kleinerem Umfang), die damit zusammenhängende Steuerhinterziehung (auf persönlicher Ebene, aber auch die Verschiebemanöver zwischen den Filialen der internationalen Konzerne), die »kreative Buchführung«, die all diese Dinge ermöglicht, und die Bestechlichkeit der Führungskräfte. Angesichts dessen könnte man sagen, dass der Begriff seinen Sinn weitgehend eingebüßt hat.

Wegen »Geldwäsche« kritisiert man gleichermaßen den ehemaligen nigerianischen Staatschef Sani Abacha mit seinen vier Milliarden Dollar »Privatrücklagen« wie den kleinen Dealer in Birmingham, die »Raptoren« genannten Manager, die es geschafft haben, 504 Millionen Dollar Verluste in den Enron-Bilanzen zu verstecken,[93] und die slowakische Prostituierte, die ihr Geld in einer österreichischen Versicherung recycelt.

Doch dieser begriffliche Mischmasch stiftet letztlich nur Verwirrung. Geldwäsche ist für die meisten von uns etwas, was sich weit weg abspielt, irgendwo in den Offshore-Bankenplätzen der Karibik vielleicht. Die Korruption aber betrifft uns alle, weil davon Männer und Frauen profitieren, die über unser gemeinsames Schicksal entscheiden.

Wenn die Experten in aller Welt die Öffentlichkeit so richtig erschrecken wollen, zählen sie die Umsatzzahlen der verschiedenen illegalen Handelsaktivitäten einfach zusammen: Schwarzmarkt, Fälschung von Markenartikeln, Schmuggel und Prostitution. Ab einer bestimmten Größe verlieren die Zahlen ihren Sinn, da Summen mit einer unendlichen Anzahl von Nullen am Ende vom Verstand nicht mehr richtig erfasst werden können. Womit sollten wir sie auch vergleichen? Misst man sie am Bruttosozialprodukt der Welt, machen sie etwa zwei bis fünf Prozent aus. Fast die Hälfte davon entfällt auf den Drogenhandel.[94] Vor kurzem jedoch veröffentlichte ein kanadischer Wissenschaftler eine Studie, die sich gegen die wenig seriöse Bezifferungspraxis der Schattenwirtschaft richtet. Er hatte einige der angegebenen Zahlen überprüft, die von den Medien in die Welt posaunt werden, und entdeckt, dass sie einfach am grünen Tisch entstanden waren und mehr oder weniger der Phantasie des Autors entsprangen.

Doch jenseits aller Zahlenkriege steht ein Paradox, das sich nicht hinwegdiskutieren lässt. Trotz der internationalen Mobilmachung, trotz des Arsenals an Mitteln, das die großen Institutionen aufgewendet haben, sind wir in unserem Bemühen bislang gescheitert. Das beste Beispiel ist wohl der Kampf gegen den Drogenhandel. Eine simple Milchmädchenrechnung zeigt, dass wir hier keinerlei nennenswerte Ergebnisse erzielt haben: hin und wieder ein kleiner Fisch, da oder dort ein paar symbolische Fänge. Michael Levine, ein ehemaliges Mitglied der Anti-Drogen-Kommission (DEA) in den USA, schreibt:

> »1971, als Präsident Nixon den Anti-Drogen-Krieg ausrief, gab es in den Vereinigten Staaten ein bisschen weniger als 500 000 Drogenabhängige. Damals betrug das Budget im Kampf gegen die Droge nicht mehr als hundert Millionen Dollar. Dreißig Jahre und viele Milliarden Dollar später ist die Zahl der Abhängigen auf mehr als fünf Millionen gestiegen, und der Kampf gegen die Droge kostet zwanzig Milliarden Dollar jährlich. Viel Lärm um nichts also?«[95]

Der Kampf gegen den Handel mit Betäubungsmitteln stößt nämlich gleich auf eine ganze Reihe von Hindernissen. Zum Beispiel politische: Die Großmächte unterstützen den Drogenhandel häufig aus geopolitischen Interessen. So rieten westliche und pakistanische Geheimdienste den Mudschaheddin nach dem Einzug sowjetischer Truppen in Kabul, Mohn anzubauen, um ihren Krieg gegen die Sowjetarmee bezahlen zu können.[96] Die Contragate-Affäre in den Vereinigten Staaten deckte auf, dass die CIA mit den kolumbianischen Kokainbaronen zusammenarbeitete, um die rechten Contras in Nicaragua zu finanzieren. Während in Panama Manuel Noriega, der auf der Lohnliste der amerikanischen Geheimdienste stand, das Drogengeld der lateinamerikanischen Bosse wusch. Unabhängige Organisationen wie das Observatoire géopolitique des drogues (www.geodrugs.net) haben auch in Europa schon mehrfach die lasche Haltung bestimmter Behörden im Umgang mit dem Drogenhandel kritisiert. Man könnte also feststellen, dass die Großmächte mit der linken Hand bekämpfen, was sie mit der rechten finanzieren und ermutigen ...

Doch es gibt nicht nur politische, sondern auch beträchtliche finanzielle Hürden. Nach einer einjährigen Untersuchung legte der amerikanische Senator Carl Levin im Februar 2002 einen Bericht vor, der belegt, dass am Geschäft mit der Geldwäsche die größten Banken des Landes[97] beteiligt sind. Ein wichtiges Instrument sind dabei die so genannten »Korrespondenzbanken«, die sie so großzügig unter ihre Fittiche nehmen. Die gesetzlich verbotenen Wirtschaftszweige sind für das Bankensystem eine unerschöpfliche Kapitalquelle, und so hat es sich in den letzten Jahren dem Bedarf perfekt angepasst, ohne je etwas Illegales zu tun. Die Bankenparadiese auf den Antillen blühen, weil dort die Drogenbarone Südamerikas anlegen, und Singapur verdankt seinen Aufschwung nicht zuletzt den Narkodollars aus Myanmar.

Dabei spielen sogar die respektabelsten Institute doppeltes Spiel. So unterhält die größte französische Bank, BNP-Paribas, Filialen in acht der fünfzehn Länder, die sich laut Angaben der OECD weigern, im Kampf gegen die Geldwäsche zu kooperieren.[98] Ein anderes Beispiel für die große Heuchelei: Nachdem die deutsche Nummer eins, die Deutsche Bank, von der Regierung der Insel Mauritius, einem der zweifelhaftesten Finanzplätze der Welt, aufgefordert wurde, verdächtige Geldbewegungen nach der internationalen Geldwäschevereinbarung zu melden, drohte sie, ihre Filiale auf der Insel zu schließen, was die Regierung schnell zum Einlenken bewegte.

Die Gefahr besteht, dass all unsere Bemühungen sich in einem schwarzen Loch kafkaesken Ausmaßes verlieren, weil wir nicht in der Lage sind, die Komplexität dieses Systems auch nur annähernd zu erfassen. Ich bin nach acht Jahren einschlägiger Ermittlungserfahrungen davon überzeugt, dass wir die Lösung für die Gleichung der globalen Wirtschaftskriminalität nicht finden werden, weil sie zu viele Unbekannte enthält. Daher sollten wir sie in ihre Einzelteile zerlegen und einen Faktor herauslösen. Die große Korruption kann uns hier als gordischer Knoten dienen. Wenn wir diesen durchschlagen, ändert sich unsere Ausgangslage schlagartig.

Die Engstelle

Ich erinnere mich noch gut an das sardonische Lächeln eines Abteilungsleiters bei der UNO, der in seinem prachtvollen Eckbüro saß und das Panorama von New York genoss: »Aber Madame. Erwarten Sie denn tatsächlich Ergebnisse?« Und dieser Mann war mit dem Kampf gegen die Korruption betraut! Unser größter Feind ist dieses weit verbreitete Gefühl, ohnehin nichts tun zu können. Hat es die Korruption denn nicht »immer schon gegeben«? Weshalb also sollte man wie Don Quichotte die Lanze einlegen und gegen Windmühlenflügel anrennen?

Aber die Fatalisten haben Unrecht: Die Dinge haben sich bereits verändert.

Freilich liegt die Vermählung von Macht und Reichtum unendlich weit zurück.

Das *Brevier des Politikers*, das Kardinal Jules Mazarin zu Anfang des 18. Jahrhunderts verfasste, sah es damals schon als höchste Pflicht des geschickten Diplomaten an, »Geschenke zu machen und zu empfangen«. Die größten Minister des Landes waren traditionell die größten Betrüger.

Colbert, der Generalintendant von Ludwig XIV., sammelte im Laufe seiner Amtszeit ein Vermögen an, das fünf Prozent des gesamten Staatshaushaltes entsprach. Er vergab Münzrechte gegen Schmiergeld. Um die von ihm eingeführten Manufakturen gab es ständig Skandale, und die ihm anvertraute Hypothekenbank ging Bankrott. Nicht selten kassierte er »in Anbetracht seiner Verdienste« königliche Gunstbeweise:

> »Ohne die geringsten Skrupel vermengte der nüchterne Colbert die Kassen des Königreichs mit seinen eigenen. Die neuen Manufakturen boten Gelegenheit für allerlei Nebentätigkeiten. Fast alle Institutionen ließen ihm ansehnliche Schmiergelder zukommen. [...] Auch der Begriff des Staatshaushalts blieb verschwommen. Dass ein Minister gleichzeitig Bankier war, schockierte damals niemanden. Darüber hinaus wurde kaum je zwischen einem Staatsbeamten und einem Angestellten des Ministers unterschieden.«[99]

Die französische Republik der Aufklärung musste mit dem Zensuswahlrecht (bei dem die Anzahl der Stimmen vom Vermögen abhängig war), einer Kastenjustiz (bei der die Adligen nur von ihresgleichen gerichtet werden durften) und dem Ämterkauf fertig werden. Die Verfechter der Revolution hingegen knüpften an das Ideal der Athener an. Für sie war ein »Idiot« ein Mensch, der nur an seine privaten Interessen dachte. Ein »freier Mann«, der dieses Attributes würdig war, widmete sich dem Gemeinwohl, da nur dies der unvollkommenen, sterblichen Existenz des Menschen Bedeutung verleihen konnte. Die Demokratie aber leidet seit jeher unter einer Achillesferse: ihrer Wehrlosigkeit gegenüber der menschlichen Schwäche. Die Korruption ist deshalb in der Lage, das ganze Gebäude zum Einsturz zu bringen, weil seine Fundamente zu schwach, seine Ideale zu unverbindlich sind.

Natürlich weist auch schon der frühe Kapitalismus moralische Befleckungen auf. Geheime »Provisionen« sind so alt wie der Welthandel: »Samuel Pepys, Erster Lord der britischen Admiralität (1633–1703), hielt Schmiergelder für durchaus akzeptabel, solange sie nur unter der Hand verteilt wurden. [...] Rote Umschläge in China, Bakschisch in Arabien, *matabiche* in Zentralafrika, *payola* auf den Philippinen, *promina* in Lateinamerika – jede Sprache kennt Wörter für die Korruption.«[100] Gerade die großen Handelsgesellschaften machten ihre Profite lange Zeit mit Piraterie, Sklavenhandel und Bestechung.

Anfang des 19. Jahrhunderts gestanden Liberale und Theoretiker des Kapitalismus allmählich ein, dass ihr System gewisse moralische Defekte förderte. Sie hofften, dass Licht und Schatten sich gegenseitig aufheben würden, wie der englische Ökonom Bernhard de Mandeville dies in seiner Bienenfabel so schön darlegte: Die widerstreitenden Kräfte würden wie im Bienenschwarm so zusammenwirken, dass sie schließlich dem Gemeinwohl dienten. Viele der großen Industrievermögen haben einen mehr als obskuren Ursprung. In den Vereinigten Staaten brachten zu Anfang des 20. Jahrhunderts die »Räuberbarone«, die großen Industriekapitäne, sowohl die Wirtschaft als auch die Politik unter ihre Kontrolle, ohne sich je über die angewandten Mittel Gedanken zu machen.[101]

Auch die politische Geschichte Frankreichs im letzten Jahrhundert ist von Skandalen durchzogen. Man könnte sich also durchaus der – verkehrten – Vorstellung hingeben, dass die jüngsten Affären sich in nichts von den früheren unterscheiden und nicht mehr sind als bedauerliche, gleichwohl unvermeidbare Einzelfälle, die in der menschlichen Natur begründet sind. In Wahrheit aber geben gerade die geschichtlichen Vergleiche mit früheren Skandalen allen Anlass zur Sorge. Der größte historische Korruptionsskandal in Frankreich betraf den Bau des Panamakanals. Etwa hundert Minister und Abgeordnete wurden vom Betreiber des Bauvorhabens geschmiert, damit sie ein Gesetz abnicken sollten, das ihm – obwohl nahezu bankrott – erlaubte, eine Anleihe aufzulegen, mit der er das Projekt zu Ende finanzieren wollte. Leider ging das Unternehmen pleite und schädigte dabei über 85 000 Anleger. Die Summen, die damals im Spiel waren, entsprechen etwa dreizehn Millionen Euro heutiger Währung. Im Vergleich mit den Beträgen, um die es im Elf-Fall oder in der »Angolagate«-Affäre geht, eine Bagatelle. Die Affäre Stavisky, der Piasterhandel während des Indochinakrieges und die Immobilienskandale der Epoche de Gaulle – all diese Skandale wären heute wohl nicht einmal mehr eine Agenturmeldung wert.[102] Denn Wesen und Ausdehnung der Korruption, mit der wir heute zu kämpfen haben, sind in der Geschichte der Demokratie bislang unbekannt.

Die Globalisierung der Finanzmärkte in den letzten zwanzig Jahren hat dafür gesorgt, dass sich die Dimensionen gewandelt haben. Die großen Korruptionsfälle unserer Tage spielen sich auf einer anderen Ebene ab: Dahinter stehen längst keine Einzelfälle mehr. Sie enthüllen ein gewaltiges System. Daher sind die Schmiergeldzahlungen auch so hoch. Die krasse Umverteilung des Reichtums, die auf diese Weise stattfindet, wirkt sich auf unser ganzes politisches System aus.

Wenn Korruption als politisches Phänomen einen Ausgangspunkt hat, dann ist hier wohl die »Energiekrise« zu nennen, die Anfang der siebziger Jahre die europäischen Länder befiel. Da der Ölpreis sich bis 1973 vervierfachte, versuchte der Westen mit allen Mitteln, in den Ölförderländern mit der linken Hand (Verkauf von Waffen, Bau von Atomkraftwerken, Großaufträge der öffentlichen Hand, Finanzdienstleistungen) wieder hereinzuholen, was die rechte an die Produzenten der OPEC verteilte. Die Summen, um die es dabei ging, waren so hoch, dass nichts diesen Austausch von Petrodollars stören durfte.

Um sich den gewaltigen Geldfluss rund ums Ölgeschäft einmal vorzustellen, genügt es, sich folgende Zahlen zu Gemüte zu führen: Die Vereinigten Arabischen Emirate, die, was Öl und Erdgas angeht, die viertgrößten Vorkommen der Welt ihr Eigen nennen, konnten von 1971 bis 1980 ihr Einkommen aus dem Verkauf von Öl um das Fünfundzwanzigfache steigern. Ihre Staatsausgaben stiegen im selben Zeitraum um siebzig Prozent pro Jahr.[103] Für die westlichen Demokratien war dies ein wahrer Mannaregen: Während der angeblichen »Energiekrise« steigerten die vier großen Ölfirmen in den USA ihre Gewinne um 146 Prozent.

Die Ära der Petrodollars leitete sodann die Deregulierung der Finanzmärkte ein, die seit Beginn der achtziger Jahre zusehends voranschreitet. Diese verwies die klassischen Manager und Firmengründer auf die hinteren Plätze. Nun schlug die Stunde der Lobbyisten, der »Vermittler« und Financiers. »Den früheren, auf Normen, Regeln und Prinzipien gegründeten Geschäftsbeziehungen folgten immer neue Praktiken, die den Tauschhandel im weitesten Sinne des Wortes suchten, eine Art generalisierten *trade-off*«, schreibt Yves Meny. »Die Bereitschaft zur Korruption ist nicht nur Zeichen für das Verlangen nach persönlichem Gewinn. Sie zeigt vielmehr, dass unsere Grundwerte sich zutiefst gewandelt haben.«[104]

Da ist es nur logisch, dass die europäischen Regierungen seit 1977 sukzessive erlauben, dass die Kosten für Bestechung gewinnmindernd geltend gemacht werden können – als »außergewöhnliche wirtschaftliche Belastungen«. Allein der Ausdruck sagt schon alles. Schmiergelder sind also steuerlich absetzbar. »Diese Praxis verstößt gegen das Gemeinwohl und gegen die Moral. Streng genommen aber liegt sie im Interesse der Unternehmen«, erklärte Monsieur Darne vor der französischen Nationalversammlung, als er seinen Bericht zu dem Problem der Bestechung ausländischer Beamter durch französische Firmen vortrug, deren steuerliche Absetzbarkeit sodann Gesetz wurde.[105]

Der Lockheed-Skandal, bei dem eine amerikanische Firma Funktionäre in Holland, Italien, Japan und Deutschland bestochen hatte, führte dazu, dass die Vereinigten Staaten 1977 den Federal Corrupt Practices Act einführten, der ebenjene Methoden unter Strafe stellt. Trotzdem nutzen auch amerikanische Firmen die Schlupflöcher in der Gesetzgebung, indem sie ihre Filialen in den Steuerparadiesen einspannen.

Die Anerkennung der »außergewöhnlichen wirtschaftlichen Belastungen« hatte eine Art Startschussfunktion. Unternehmen, Schmiergeldzahler und Korrumpierte begriffen allmählich, dass man auf diese Weise straffrei immer ein nettes Sümmchen nebenbei abkassieren konnte. In Frankreich war das Ausfallrisiko für Exportgeschäfte sogar von höchster Stelle abgesichert. Unternehmer und »Vermittler« erfreuten sich der Deckung durch die Coface-Gruppe.[106] Dieser Sesam öffnete sich meist erst in den allerhöchsten Kreisen. Entschieden wurde bei den Treffen der Staatsoberhäupter. Und sind Entscheidungen erst durch allerhöchsten Beschluss abgesegnet, ist künftig alles möglich, denn die Geheimhaltung verhindert jede Form der Transparenz.

So wurden zwischen 1980 und 1990 jährlich mehrere Milliarden Franc an Ausfallgeld für nicht eingehaltene Verträge fällig (für die vorher »Provisionen« kassiert worden waren). Dieser gewaltige Umverteilungsprozess, der öffentliche Gelder in die Taschen von Privatleuten scheffelt, hat der großen Korruption letztlich den Segen des Faktischen erteilt. Ein großer Teil der konventionellen Waffen, die während des Irankriegs an den Irak gingen (für eine Gesamtsumme von vierzehn Milliarden Franc seit Beginn des Embargos), wurde von französischen Firmen geliefert. Da der Irak nicht bezahlen konnte, wurden diese Geschäfte letztlich vom französischen Steuerzahler finanziert, der damit so nebenbei und ohne es zu wissen, auch einige hundert Millionen Franc an Provisionen bezahlte.[107]

An der Spitze ist die Luft dünn

Dabei beschränkt die große Korruption sich auf einige wenige Wirtschaftssektoren, da die besonders »sensiblen« Bereiche letztlich an einer Hand abzuzählen sind: Energie, Bau, Waffen, Telekommunikation und Rohstoffe.[108] Die strategische Verteilung jedenfalls ist klar: Sieben der fünfzehn größten Unternehmen der Welt gehören dem Energiesektor an.[109] Auf diesem außergewöhnlich stark vom Staat abhängigen Markt haben einige wenige Firmen ihre Konkurrenten beiseite gefegt und dominieren nun das globale Geschäft.

Damit verbunden sind neue Riten: »Vorwegabzüge vom Kaufpreis«, »Rückerstattungen« für überhöhte Rechnungen, »Kickback-Zahlungen« oder so genannte »Abonnements« sind mittlerweile an der Tagesordnung. Gefördert wird diese Praxis durch die Globalisierung der Kapitalmärkte und das damit einhergehende Wuchern der Offshore-Bankenplätze, letztlich zwei Seiten einer Medaille.[110] Der globale Markt hat eine globale Korruption hervorgebracht, weil er es erlaubt, Geldflüsse unauffindbar zu maskieren.

Der Gipfel der großen Korruption ist extrem dünn besiedelt. Dort konzentrieren sich Gelder, welche die legalen Einkommen der Manager börsennotierter Unternehmen weit in den Schatten stellen. Dabei haben diese doch ohnehin keinen Grund, sich über die Globalisierung zu beschweren ... Aber die Einkommensunterschiede auf der Schattenseite der Macht sind noch weit größer. Der Fall Elf ist hier ein glänzendes Beispiel.

Natürlich wurden die Bestechungsgelder immer höher, je ranghöher der Empfänger war. Schließlich hat das Schweigen der wichtigsten Funktionäre seinen Preis. Wir selbst setzten uns von Anfang an eine bestimmte Grenze, bei der wir die Ermittlungen überhaupt erst aufnahmen, um den Fall nicht noch mehr auszuweiten. Wir griffen erst ein, wenn es um Summen über eine Million Franc (also mehr als 150 000 Euro) ging. Dies bedeutete, dass einige Dutzend Personen einfach nur deshalb vor unseren Nachforschungen sicher waren, weil ihre illegale Beute (die im Kontext eines anderen Falls sofort zu einer Anklage geführt hätte) sie im Elf-Fall aussehen ließ wie Eierdiebe.

Doch in diesem Fall war die Konzentration an der Spitze besonders krass: Drei Viertel der unterschlagenen Gelder gingen an die drei ranghöchsten Manager des Elf-Konzerns. Man stelle sich das nur vor: 2,5 Milliarden Franc verdächtige Provisionen, und zwei Milliarden wurden zwischen drei Personen aufgeteilt. Diese Zahlen sprechen wohl für sich. Der Rest der von uns entdeckten Provisionen wurde gleichmäßig auf verschiedene Staatschefs verteilt (die nicht belangt werden können, weil sie diplomatische Immunität genießen). Auch dies waren weniger als ein Dutzend Personen. Wenn wir das im Fall Elf entdeckte Muster auf andere Sektoren anwenden, kommen wir zu folgendem Ergebnis: In einem Land wie Frankreich betrifft die große Korruption höchstens etwa hundert Franzosen und zwei- bis dreihundert Ausländer.

Meine Gesprächspartner auf internationaler Ebene bestätigen diese unglaubliche Konzentration. So erzählte mir der Direktor einer asiatischen Entwicklungsbank, wie der Präsident von Kasachstan vor einigen Monaten eine Milliarde Dollar auf einen Schlag zurück ins Land geschafft habe, um Probleme mit der Staatskasse zu regeln. Kein Mensch hatte von der ausländischen Stiftung gewusst, in der er das Geld bis dato sozusagen »verstaut« hatte. Auch die Privatschatulle des nigerianischen Präsidenten Abacha, die vier Milliarden Dollar umfasst, ist mehr als achtmal so groß wie die jährlichen Bildungsausgaben in seinem Land.

Ein anderer »korruptionssensibler« Sektor erlaubt uns Stichproben, die deutlich zeigen, welche Summen in diesem Spiel mittlerweile bewegt werden. Ein Kilogramm Waffen ist die teuerste Ware der Welt: Sie werden mittels Hightech aus teuren Materialien hergestellt und treffen auf einen Markt, auf dem eine gewaltige Nachfrage herrscht. Die Unternehmen Lagardère, Dassault, Thomson oder Giat Industries sorgen dafür, dass Frankreich zu den größten Waffenexporteuren der Welt gehört.

Verschiedene Zeugen, die ich während der Untersuchungen im Elf-Fall verhörte, haben ausgesagt, dass hierbei Provisionen von zwanzig bis vierzig Prozent an der Tagesordnung sind. Loïk Le Floch-Prigent erklärt in seinem Buch ganz offen: »Ich weiß, dass bei Waffengeschäften die Provisionen bis zu fünfundzwanzig Prozent des Umsatzes ausmachen, während sie im Ölgeschäft höchstens 2,5 Prozent betragen.«[111] Ein CIA-Bericht über den Waffenhandel in Osteuropa spricht von zehn Prozent.[112] Ein offizielles Dokument der Giat Industries, das anlässlich einer vor dem Arbeitsschiedsausschuss verhandelten Auseinandersetzung mit einem Angestellten von der Direktion selbst vorgelegt wurde, spricht bei einem 1997 erfolgten Panzerverkauf von Frankreich an Indonesien von 32 Prozent Provisionen.[113] Diese Angaben eröffnen uns eine Korruptionsmarge von zehn bis vierzig Prozent der Auftragssumme, je nachdem, welcher Art das Material ist und wo es hingeht.

Diese Gelder werden ganz offiziell an die »Vermittler« oder an die ausländischen Behörden gezahlt, um die Auftragserteilung an die zahlende Firma zu »unterstützen«. Die Untersuchungen im Fall Elf haben gezeigt, dass ein beträchtlicher Teil dieser Gelder in der Folge wieder im Umkreis des Unternehmens landet (Kickback-Zahlungen) – entweder auf Konten der Manager oder in »schwarzen Kassen«. Diese Praktiken, auf die mich seinerzeit der Manager von Ciments Français hinwies, werden in diesem korruptionssensiblen Sektor sicher weiterhin gepflegt, umso mehr, als die Geschäfte der Waffenfirmen ja immer unter dem Geheimhaltungsverdikt der nationalen Sicherheit stehen.

Zwischen 1991 und 1999 hat Frankreich – offiziell – Waffen im Wert von 5,61 Milliarden Euro pro Jahr exportiert, was siebenunddreißig Milliarden Franc entspricht.[114] Wenn man von einem Mittelwert der Provisionen von zwanzig Prozent ausgeht, macht dies 1,12 Milliarden Euro an Provisionen aus, die jedes Jahr in dunkelste Kanäle fließen. Gehen wir vom Maximalwert von vierzig Prozent aus, werden es gar 2,24 Milliarden Euro.[115]

Es ist also anzunehmen, dass nur auf dem Sektor des Waffenhandels jährlich drei bis sieben Affären im Umfang des Elf-Prozesses einfach im Bermuda-Dreieck der Finanzparadiese verschwinden.

Der Lebensnerv

Es gibt keinen Grund zu glauben, dass die Regierungen der Länder, die über Erdöl oder andere Bodenschätze verfügen, bzw. der Staaten, in denen die Großkonzerne aus dem Bausektor, dem Waffenhandel oder dem Erdölgeschäft ihren Sitz haben, sich anders verhalten, als der Fall Elf dies ans Tageslicht gebracht hat. Die große Korruption hat sich mittlerweile fest in den Zentren der Macht eingenistet. Von den sechzehn Großkonzernen Frankreichs sind elf in korruptionssensiblen Bereichen tätig: TotalFinaElf, Vivendi, Bouygues, Vinci, Airbus et cetera.[116] So direkt spricht dies aber niemand aus. Die Medien schon gar nicht, da sie zum Großteil im Besitz ebenjener Konzerne sind, was sie weder zur Neugier noch zur öffentlichen Debatte animiert. So gehört der Fernsehsender TF1 der Bouyges-Gruppe, die Zeitschriften *Le Figaro* und *L'Express* gehören der Gruppe Dassault, der Radiosender Europe 1, die Zeitschrift *Paris Match* und ein Großteil der Verlage der Lagardère-Gruppe.

Trotzdem ist es für uns überlebenswichtig, die Korruption der Eliten zu stoppen. Zuerst einmal aus pragmatischen Gründen: Der Kampf ist gegen eine kleine Gruppe von Individuen wesentlich leichter zu führen als gegen Mafiastrukturen oder die Schattenwirtschaft. Aber auch weil die Kontrolle dieser Leute einen hohen Wirkungsgrad aufweist: Die Tatsache, dass sie regelmäßig straffrei ausgehen, ist es ja, die sie dazu verleitet, die Schattenseiten der Globalisierung (Offshore-Bankenplätze, internationaler Derivatehandel, Steuerparadiese, internationale Girozentralen und Clearinginstitute ohne jede Überwachungsinstanz) so effektiv zu schützen. Nur so können sie schließlich die Früchte ihres korrupten Handelns verbergen. Auf diese Weise aber schaffen sie unterirdische Strukturen, die vom organisierten Verbrechen oder vom internationalen Waffen- bzw. Drogenhandel ebenso genutzt werden.

An dieser Engstelle können wir dem Treiben effektiv einen Riegel vorschieben.

Kapitalismus unter Brüdern

»Madame, Sie verwechseln Millionen und Milliarden!« – Schneidende Stimme, verächtlicher Blick, hochmütiges Lächeln. Wir sind in Wien bei Verhandlungen zur OECD-Konvention zur Bekämpfung der Korruption. Mein Gesprächspartner kann den Widerwillen kaum verbergen, den ihm das Thema »Korruption« einflößt. Es handelt sich um einen österreichischen Richter in hoher Position. Ich habe ihm gerade vom nigerianischen Präsidenten Abacha erzählt, der mithilfe eines wahren Imperiums von Scheinfirmen in Amerika, England und der Schweiz etwa vier Milliarden Dollar zur Seite geschafft hat, die nach seinem Sturz von der Justiz eingefroren wurden.[117]

Seine Ungläubigkeit ist keineswegs gespielt.

Er kann es nur einfach nicht glauben.

Aber er hat Unrecht.

Auch wir mussten während der Ermittlungen im Fall Elf langsam von Millionen zu Milliarden übergehen, als allmählich die Antworten auf unsere Rechtshilfeersuchen an die Schweiz, Liechtenstein und Luxemburg eintrafen und die Details zu den Geldströmen deutlich machten. Die Realität der großen Korruption übertraf unsere Erwartungen bei weitem. Unsere Verblüffung stieg mit jedem Tag. Aber auch unser Schrecken.

Neben der enormen Gesamtsumme, auf die sich die Schwarzgeldzahlungen in drei Jahren (von 1989 bis 1993) belaufen – nämlich mehr als dreihundert Millionen Euro –, entdecken wir noch das System der »Abonnements«. Dies ist eine Art geheimer »Zehnter«, der bei jedem nach Frankreich gelieferten Ölfass fällig wird. Vierzig Euro-Cents pro Barrel. Das macht jährlich hundertfünfzig Millionen Euro, die an irgendwelche Funktionäre in den Amtsstuben Westafrikas gehen. Eine Summe, die dem zu versteuernden Jahresgewinn einer großen, börsennotierten Gesellschaft ziemlich nahe kommt.

Auch ein Beamter der Security Exchange Commission, der US-amerikanischen Börsenaufsicht, gibt an, wie seine Beschäftigung mit dem Fall Enron seine Weltsicht verändert hat: »Wenn Enron solche Verluste in so kurzer Zeit verstecken konnte, ohne ertappt zu werden, wieso sollten andere Gesellschaften dann nicht ebenso verfahren?«[118]

Leider steckt in der Frage auch schon die Antwort.

Es existieren zwei parallele Welten. Auf der einen Seite das ehrenhafte, saubere, untadelige Universum der Manager, die der Versuchung nie nachgeben. Auf der anderen Seite das Verbrechen in seiner simpelsten Ausdrucksform. Wie eine Schublade mit doppeltem Boden.[119]

Erschreckende Komplizenschaften

Immer dann, wenn ein autoritäres Regime sich auflöst und die Immunität seiner Mitglieder aufgehoben wird, kommt die Realität der großen Korruption ungeschminkt zum Vorschein: Vier bis zehn Milliarden Dollar hat der kongolesische Diktator Mobutu Sese Seko für sich beiseite geschafft; fünf Milliarden Dollar der philippinische Alleinherrscher Ferdinand Marcos (zwei Milliarden davon konnte die philippinische Regierung sicherstellen). Indonesiens Suharto konnte sich wohl bis zu vierzig Milliarden sichern, Saddam Hussein zwischen fünf und zehn Milliarden.[120] Und wir würden nur zu gern glauben, dass es sich dabei um die Verirrungen von Einzelpersonen handelt.

Doch diese Zahlen stimmen exakt mit denen überein, die sich im Fall Elf ergeben haben. Sie passen genau zu denen, die der IWF in Angola festgestellt hat. Aus dem Vergleich der von den Ölgesellschaften an den Staat geleisteten und in der Steuererklärung angegebenen Zahlen und dem, was der Staat von Angola gleichzeitig als Einnahmen deklariert, ergeben sich Schwarzgeldzahlungen von einer Milliarde Dollar jährlich.[121] Damit haben wir eine vorsichtige Annäherung an das, was beim Ölgeschäft jährlich an Schmiergeld abfällt. Was man über den nigerianischen Diktator Abacha oder über den ehemaligen Präsidenten Perus, Fujimori, herausfand, was die ehemaligen Manager des Elf-Konzerns vor dem Strafgerichtshof gestanden, lässt uns ahnen, dass viele Vermögen heute aufgrund der großen Korruption entstehen.

Dieses Geld ist nicht in irgendwelchen zweifelhaften Etablissements auf der mikronesischen Insel Nauru oder in Beirut gebunkert. Die große Korruption spielt sich schon lange nicht mehr in den Hinterzimmern arabischer Imbissstuben ab. Sie ist nicht mehr auf dezente Aktenköfferchen oder die »geheimen Viertel« *(ankoku jidai)* japanischer Städte angewiesen, wo Politiker, Mafiagangster, Financiers und hohe Beamte ihre Absprachen trafen. Heute tritt sie ganz offen auf und nutzt die respektabelsten Finanzplätze. Sie gedeiht in der Londoner City ebenso wie in Zürich. Und die Profite, die sie für die Banken abwirft, sind enorm. Eine Untersuchungskommission des amerikanischen Senats stellte fest, dass die Inhaber solcher Konten fünfundzwanzig bis vierzig Prozent jährlich an »Gebühren« bezahlen.

Senator Carl Levin, Präsident der einschlägigen Untersuchungskommission im Senat der Vereinigten Staaten, meint:

> »Dafür bieten die Banken ihren Kunden absolute Geheimhaltung und eine breite Servicepalette bei der Verwaltung ihrer Gelder an. Dazu gehören illegale Absprachen, Konten im Ausland, Konten unter falschem Namen und die Gründung von Scheinfirmen. Die amerikanischen Banken machen ein Vermögen damit, dass sie ihren zweifelhaften Kunden Serviceleistungen im Ausland anbieten, die in den USA verboten sind. Dieses ist ein sehr gefährliches Spiel. Unsere Banken dürfen sich auf gar keinen Fall zu Transferknotenpunkten für die schmutzigen Profite aus Kriminalität und Korruption entwickeln.«[122]

Dieser Mechanismus ist also nicht die Ausnahme, sondern vielmehr die Regel. Und das gilt für Frankreich, Spanien oder die USA ebenso wie für Angola oder Mexiko. Seit in den siebziger Jahren die Petrodollars zu fließen begannen, haben die Finanzleute sich daran gewöhnt, über dem Gesetz zu stehen: Sie gehorchen nur der ihnen eigenen Logik des maximalen Profits. Das Bankensystem hat sich den Managern von Elf und Enron ohne Skrupel zur Verfügung gestellt: dieselben Kreisläufe, dieselben Offshore-Finanzplätze, dieselben Banken. Die Kultur des Profits besorgt sich so ihr Unbedenklichkeitszertifikat.

Doch hinter diesem System tun sich gefährliche Abgründe auf. Da ist zum einen die »Gefälligkeit« gegenüber der großen Korruption, die »unsere politischen, intellektuellen und moralischen Werte untergräbt«, wie der mittlerweile international bekannte spanische Richter Baltasar Garzón sagt.[123] Dadurch entsteht das Bild des *crony capitalism* (eines Kapitalismus, in dem eine Hand die andere wäscht) nach dem Beispiel Südkoreas: Auch dort herrscht eine feste Gruppe von Oligarchen, deren Willen häufig das Gesetz außer Kraft setzt. Der notwendige Wettbewerb wird durch geheime Absprachen und Schmiergelder untergraben.

Auch in Frankreich gibt es diese einander freundschaftlich verbundenen Kreise einer herrschenden Kaste, in denen sich jeder kurzerhand bedient. Bei Ermittlungen Anfang der neunziger Jahre stellte ich zum Beispiel fest, dass eine Bank mehrere nicht zurückgezahlte Darlehen im Wert von einer Milliarde Franc kurzerhand als Provisionen verbucht hatte, als handle es sich um eine vernachlässigbare Summe. Der Wirtschaftsprüfer, der die Bilanz zu kontrollieren hatte, erwähnte dieses »Detail« auch nicht in seinem Abschlussbericht, sodass die ganze Sache unbemerkt blieb. Was für ein Zufall, dass der unerwartete Geldsegen ausgerechnet einem Familienmitglied des Bankdirektors zugute kam!

Die große Korruption gleicht den Haarrissen im Fundament, die letztlich dazu führen, dass das ganze Gebäude einstürzt. Und die zunächst ganz im Verborgenen wachsen. Die Korruption unterminiert das Zusammengehörigkeitsgefühl innerhalb der Gesellschaft. Eine Demokratie ist eine lebendige Gemeinschaft, in der Nachahmung und Imitation zu den natürlichen Verhaltensweisen zählen. Wenn man den Kosten des Gesellschaftsvertrages noch die für die Vetternwirtschaft aufbürdet, bricht das System zusammen. Die dahinter stehende Mentalität breitet sich jedoch immer stärker aus. Und eines Tages erwachen wir vielleicht mit dem Gefühl, dass wir tatenlos zugesehen haben, wie unser Gemeinwesen zerstört wurde.

Dieses geheime Einverständnis der wenigen Auserwählten, das mühelos die Grenzen des Nationalstaates überwindet, wirkt sich auch auf die Allgemeinheit aus, da die Globalisierung politische und finanzielle Seilschaften über alle Grenzen hinweg entstehen lässt. So erhalten die Kandidaten für das Weiße Haus schon seit über zehn Jahren Wahlkampfspenden aus der ganzen Welt – die natürlich nicht immer aus völlig »sauberen« Töpfen stammen. »Ausländische Gesellschaften zeigen ein ständig wachsendes Interesse am politischen System Amerikas [...] Zwischen Innenpolitik und Außenhandel gibt es längst keine scharfe Grenze mehr. Der amerikanische Präsident wird global gewählt.«[124]

Die Ermittlungen im Fall Elf ergaben, dass es zwischen den geheimen Kassen des Ölkonzerns und den Konten der verschiedenen Kriegsherren in Angola oder Kongo-Brazzaville regelmäßige Bewegungen gab. Die schwarzen Kassen dienten also beiden. Die Ermittlungen in der Angolagate-Affäre scheinen sich im selben Machtgeviert zu bewegen. Auch hier zeigen sich ganz erstaunliche Beziehungen zwischen großen Persönlichkeiten Frankreichs, russischen Financiers und afrikanischen Despoten.

In den neunziger Jahren fand ich bei einer Durchsuchung im Panzerschrank einer hohen Persönlichkeit der französischen Gesellschaft einen in aller Form ausgearbeiteten Vertrag, der diesen Herrn zum »Berater« – ohne nähere Definition – eines ausländischen Staatschefs machte. Der Vertrag sah ein Jahressalär von drei Millionen Franc (etwa 457 000 Euro) vor.

Ich sah den Mann an. Der starrte zurück, plötzlich kreideweiß im Gesicht. Da das Dokument meine Ermittlungen jedoch nur mittelbar betraf, zögerte ich. Schließlich legte ich den Vertrag wieder in den Stahlschrank zurück – und vernahm eine Sekunde lang erleichtertes Aufatmen. Unser »Gastgeber« hatte einen Moment lang allen Grund zur Angst gehabt: Sein Salär als »Berater« war mehr als dreimal so hoch wie sein ohnehin schon ansehnliches Bruttogehalt.

Seit diesem Tag bin ich sicher, dass die Wahlversammlungen für die Senatswahlen auch nicht immer das sind, was sie zu sein vorgeben.

Vom wirtschaftlichen Schaden zum Verbrechen

Neben dem politischen Schaden in den westlichen Ländern erzeugt die Korruption der Eliten noch weitere gravierende Probleme. Sie verstärkt die Armut in den ärmsten Ländern. Die Grafik zeigt das ganze erschreckende Ausmaß dieser Situation. Auf den Dollarwert von 1987 bezogen, veranschaulichen die beiden Linien das Auseinanderklaffen des Bruttoinlandsprodukts pro Einwohner und die Einkünfte aus der Ölförderung in einem Land wie Angola.[125]

Die Differenz zwischen dem abnehmenden BIP und den explosionsartig anwachsenden Öleinnahmen streichen einige wenige Potentaten in Angola und hohe Funktionäre aus dem

Bruttoinlandsprodukt pro Einwohner und Ölexporte in Angola in der Zeit von 1960 bis 1997

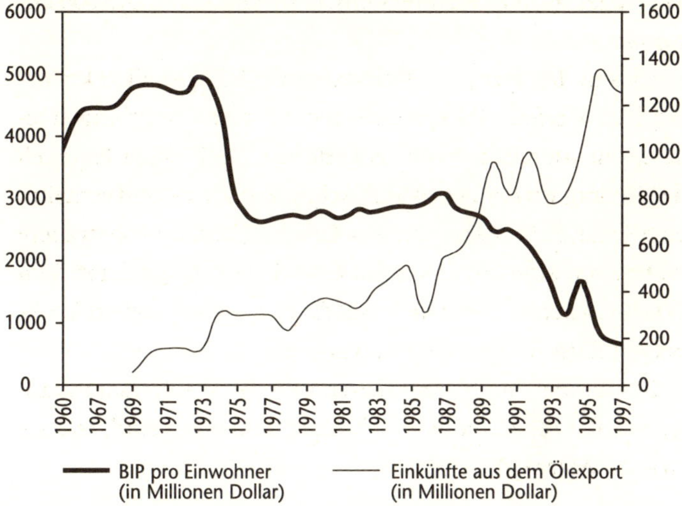

Westen ein. Dazu François-Xavier Verschave, der die Verflechtungen zwischen Frankreich und seinen ehemaligen Kolonien untersucht hat:

> »Mittlerweile hat Angola 7,4 Milliarden Franc Schulden bei französischen Unternehmen. 2,5 Milliarden Franc davon sind nicht eintreibbare Außenstände, von denen 2,2 Milliarden Franc durch Exportgarantien der öffentlichen Hand abgedeckt sind – letztlich kommt dafür also der französische Steuerzahler auf.«[126]

Der Chef der Brigade Financière in Paris schreibt in einem Zwischenbericht von »enormen Profiten beim Waffenhandel in Angola. Beim aktuellen Stand der Untersuchungen können wir von wenigstens einer Milliarde Franc ausgehen«.[127] Der Schweizer Richter Daniel Devaux, der an den Ermittlungen beteiligt ist, unterstreicht in einer jüngst erlassenen Verfügung die Existenz von Schwarzgeldströmen »im Rahmen einer geheimen Organisation, die zwischen Genf, Moskau und Luanda tätig ist und deren Ziel es ist, illegale Einkünfte durch kriminelle Machenschaften wie Korruption oder Unterschlagung öffentlicher Mittel zu erzielen«.[128] Resultat: »Obwohl Angola eines der reichsten Länder Afrikas ist (reiche Bodenschätze und Ölvorkommen), genießen von seinen elf Millionen Einwohnern noch nicht einmal 50 000 einen europäischen Lebensstandard«, heißt es im Abschlussbericht der parlamentarischen Untersuchungskommission zum Thema »Öl und Ethik«.[129] Global Witness geht davon aus, dass alle drei Minuten ein angolanisches Kind an Unterernährung oder an einer behandelbaren Krankheit stirbt.

Man hat also aus dem Fall Elf keine Lehren gezogen, weder in Frankreich noch im Ausland. Die Vorfinanzierung der Ölgeschäfte durch die großen Banken und die Schmiergeldzahlungen gehen weiter, als wäre nichts gewesen.[130] »Abonnements«, Provisionen und Kickback-Geschäfte gedeihen wie eh und je, sodass die Staatschefs der Ölförderländer und ihre westlichen »Dealer« weiterhin ihre Privatkonten in Luxemburg oder auf den Caymaninseln auffüllen können.

Doch als afrikanische Despoten und französische Manager mehrere Milliarden öffentlicher Gelder in schwarzen Kassen verschwinden ließen, haben sie noch weit mehr angerichtet, als nur eine simple Unterschlagung zu begehen. Sie haben das Elend Afrikas vergrößert. Zu Recht voller Zorn fragt der Kameruner Schriftsteller Mongo Beti:

»Hat das Öl in Schwarzafrika denn je dazu beigetragen, Fortschritt und Wohlstand zu fördern? Nein. Wann immer Öl gefunden wurde, geschah genau das Gegenteil. Bei uns ist Öl nur ein Synonym für grassierende Armut, Diktatur, Gewalt und Bürgerkrieg [...] In Gabun bedeutet ›Öl‹ kaputte Straßen, Sterbehäuser statt Krankenhäuser, Schulen, die aussehen wie Hundehütten. Wohin verschwinden denn all die Petrodollars in Gabun?«[131]

Dieser Zorn hat in Norwegen ein Echo gefunden. In meinem Geburtsland weiß man besser als anderswo, dass Ölförderung Wohlstand bescheren kann. Vor den ersten Ölfunden in skandinavischen Hoheitsgewässern war das Leben unserer Vorfahren sehr viel härter. Daher messen die Norweger das Elend Gabuns mit derselben Elle. Gäbe es in Libreville seit vierzig Jahren ein demokratisches und transparentes Regime, wäre dieses Land heute der Modellfall für ein neues Afrika.

Diese skandalösen Zustände spielen sich unter unser aller Augen ab. Obwohl das Pro-Kopf-Einkommen in Gabun sich europäischen Standards nähert, obwohl das Land aus Frankreich großzügige Entwicklungshilfen erhält,[132] erreicht die Kindersterblichkeit dort Rekordzahlen.[133] Der Nachbarstaat Kongo-Brazzaville wird vom Schwiegersohn Omar Bongos, Denis Sassou Nguesso, regiert und ständig von Bürgerkriegen erschüttert. Die beiden Ölförderanlagen dort wurden von Elf finanziert. 1995 wandelte Jacques Chirac die Schulden des Landes bei französischen Firmen (8,4 Milliarden Franc) in Entwicklungshilfe um – die vom unendlich geduldigen französischen Steuerzahler finanziert wird. Außerdem hat der Druck aus Paris bewirkt, dass auch andere Länder Kongo-Brazzaville Schulden erließen – insgesamt siebenundsechzig

Prozent der Staatsschulden bei internationalen Organisationen wie der Weltbank et cetera wurden auf diese Weise annulliert. Dass zur selben Zeit das Privatkonto von Präsident Sassou Nguesso erheblich zunahm, versteht sich ja wohl von selbst.[134]

Doch die Korruption ist kein Faktum, dem wir uns schicksalsergeben beugen müssen. Vor dreißig Jahren zum Beispiel hatten Sierra Leone und Botswana, zwei afrikanische Länder mit reichen Diamantenvorkommen, dasselbe Bruttoinlandsprodukt. Heute liegt das BIP pro Einwohner in Sierra Leone bei hundertvierzig Dollar, das der Bewohner von Botswana bei 3630 Dollar. In Sierra Leone läuft der Diamantenhandel größtenteils über schwarze Kanäle, in Botswana bleibt wenigstens ein Teil der Profite auch bei der Bevölkerung hängen. Ein besseres Beispiel für die Schädlichkeit der Korruption gibt es wohl kaum.

Ohne Netz

Unsere Generation trägt eine geschichtliche Verantwortung. Wir können nicht zulassen, dass die giftigen Keime der Korruption sich im Kielwasser der Globalisierung überall verbreiten. Dass man die Korruption als Tatsache nicht ernst nimmt, ist letztlich nur die Kehrseite unserer »Händlergesellschaft«, in der Geld zum einzigen Gegenstand von Interesse geworden ist und so den Horizont jedes Menschen einschränkt.

Indem wir der Finanzspekulation Tür und Tor öffnen, geben wir der Globalisierung Gelegenheit, unser Wertesystem zu unterminieren. Was stattdessen an seine Stelle tritt, zeigt sich deutlich an der Tatsache, dass die Managergehälter der

Großkonzerne in den letzten Jahren in den Himmel gewachsen sind. Unsere Unternehmensführer billigen sich einen absurd hohen Anteil dessen zu, was die von ihnen gemanagten Firmen an Mehrwert schaffen. Und wir sehen dieser neuen Form von Raub einfach zu, als stünden wir unter Narkose. So erhielt der Manager des Versicherungskonzerns AXA, Claude Bébéar, in den letzten zehn Jahren Aktienoptionen in Höhe von 1,6 Milliarden Franc zugesprochen, und niemand – nicht einmal die Aktionäre – protestierte.[135] Die Generalversammlung des Versicherers erlaubte ihrem Generaldirektor also, ganz legal einzustreichen, was die Elf-Manager sich noch im Geheimen besorgen mussten.

Natürlich kommt der Angriff auf das Gemeinwohl nicht in beiden Fällen aus derselben Richtung. Doch Unterschlagung bzw. zu hohe Gehälter haben etwas gemeinsam: Sie legitimieren sich gegenseitig. In den letzten zwanzig Jahren, während deren die große Korruption überhaupt erst entstand, überboten die Aufsichtsräte der Unternehmen sich gegenseitig mit außerordentlichen Entlohnungen – Tagungsgelder, Aktienoptionen, enorme Jahresgehälter, Abfindungen – und schufen so eine Anspruchshaltung, die zwar nicht per se kriminell ist, ungesetzlichen Praktiken jedoch Vorschub leistet. So betrugen die Aktienoptionen mitunter das Dreißigfache des Jahresgehalts. Dazu kam noch die Versicherung gegen einen eventuellen Kursverfall! Vor dreißig Jahren betrug das Höchstgehalt in den Firmen nur das Zwanzigfache des Durchschnittsgehalts. Heute machen die Spitzengehälter schon das Zweihundertfache aus.[136]

Die nachhaltige Talfahrt an den Börsen hat diese Auswüchse keineswegs gestoppt. Der Spitzenmann des schwedischen

Technologieunternehmens ABB hat eine Rentengarantie über 233 Millionen Euro erhalten, während sein Unternehmen gleichzeitig erheblich in die roten Zahlen rutschte. Lawrence Ellison, der Chef von Oracle, verkündete 2001 publikumswirksam, dass er zugunsten der Aktionäre auf sein Jahressalär verzichte – was ihn nicht daran hinderte, im selben Jahr 706,1 Millionen Dollar mit seinen Aktienoptionen zu kassieren.[137] Der Boss von Alcatel, Serge Tchuruk, dessen Unternehmen fortgesetzt Verluste notiert und bereits mehrere zehntausend Angestellte entlassen hat, erhielt 900 000 Aktienoptionen im Jahr 2001, im schwierigen Jahr 2002 immerhin noch 500 000, während der Aktienkurs seiner Firma gnadenlos abstürzte.[138]

Solch ein Verhalten ist nicht nur moralisch verwerflich, sondern in vielen Ländern auch juristisch zweifelhaft. In Frankreich zum Beispiel können derartig überzogene Entlohnungen Anlass für eine Strafverfolgung wegen »Unterschlagung der Güter eines Unternehmens« geben. Doch eine strikte Anwendung dieser Regelung wäre vermutlich für den Bäcker um die Ecke bedrohlicher als für die Manager der börsennotierten Gesellschaften.[139]

Die Macht ist heute nicht mehr Mittel zum Zweck, sondern der Zweck an sich – wie eine Kriegs- oder Diebesbeute, die man eilig bunkert. Die großen Fusionen der neunziger Jahre haben den Firmenchefs und den beteiligten Banken enorme Gewinne eingebracht. Dies hat den Graben zwischen den begütertsten zehn Prozent der Gesellschaft und dem Rest der Bevölkerung weiter vertieft – nicht nur in den Vereinigten Staaten, wie dies einige Studien mittlerweile belegen, sondern auch in Europa und Asien.[140] Auch in Norwegen wurden die moralischen Hemmschwellen mit einer Besorgnis erregenden Bereitwilligkeit aufgegeben. Und so manches Vermögen, das mehr oder weniger über Nacht entstand, verlockt andere zum Träumen.

Ich habe lange genug gelebt, um mir nicht mehr allzu viele Illusionen zu machen. Die meisten von uns würden wohl nicht davor zurückschrecken, eine Entlohnung zu akzeptieren, die ihrem »Verdienst entspricht« (das heißt potenziell grenzenlos ist), wären sie in der entsprechenden Machtposition. Es ist nun einmal leichter, sich ein neues Wertesystem zu ersinnen, als sich jeden Morgen wieder vor allen beweisen zu müssen. Unsere Sucht nach Allmacht kennt keine Grenzen. Wenn die Eliten sich der sozialen Kontrolle entziehen, stecken sie sich damit gegenseitig an. Sie gehören denselben Kreisen an, daher unterliegen sie auch denselben Illusionen.

Das ist nur menschlich.

Die große Korruption speist sich vor allem aus dem, was die Italiener den »circolo vizioso dell'arroganza« nennen – den Teufelskreis des Hochmuts. Und sie gleicht letztlich der Hölle, in die man leicht hinein-, aber aus der man kaum je herauskommt. Das Reich der Straffreiheit erlaubt der Korruption, sich sorglos auszubreiten. Und das Räderwerk funktioniert ohne Erbarmen. Sobald die ersten Dämme brechen, verleitet sie ihre Nutznießer dazu, sich immer weiter zu bereichern. Schon Machiavelli schreibt:

»Ich vergleiche sie mit einem reißenden Strom, der bei Hochwasser [...] Bäume und Häuser niederreißt. Alles ergreift vor ihm die Flucht, jeder weicht seinem Ungestüm aus, ohne nur den geringsten Widerstand leisten zu können. [...] Fortuna [...] zeigt ihre

Macht dort, wo es an der Kraft des Widerstands fehlt, und sie richtet dorthin ihren Angriff, wo sie weiß, dass sie nicht durch Dämme und Deiche gehemmt wird.«[141]

Die Strukturen, welche die Bilanzierungstricks von Enron bzw. die Unterschlagungen im Elf-Fall ermöglichten, sind immer noch quicklebendig: Offshore-Bankenplätze, Derivatehandel, jede Art von spekulativem Markt, in dem sich die Spuren einzelner Transaktionen so perfekt verwischen lassen. Vor dem Hintergrund der Globalisierungsströmungen scheint die Demokratie ihre Schutzmechanismen weitgehend eingebüßt zu haben. Sie operiert nunmehr ohne Netz.

Wir müssen versuchen zu begreifen, wie dies geschehen konnte.

Eine merkwürdige Form der Justiz

»Zu den größten politischen Irrtümern kam es, weil die Menschen vergaßen, dass die Welt sich ändert, und zwar ständig. Neun von zehn solcher Fehler wurden begangen, weil man etwas für wahr hielt, was längst nicht mehr der Fall war«, schreibt Henri Bergson. Diese Ausführungen scheinen wie für die westlichen Demokratien gemacht. Angesichts der zunehmenden Deregulierung der Kapitalmärkte haben diese sich wohl für die Devise des Prinzen Salina aus Tomasi di Lampedusas *Der Leopard* entschieden: »Möge sich alles verändern, damit nichts anders wird.« Man versucht, die Fassade aufrechtzuerhalten in der Hoffnung, dadurch wenigstens einen Teil des Wesentlichen retten zu können.

Mittlerweile aber haben die Finanzmärkte längst die Grenzen der Nation überschritten. Während des Zweiten Weltkriegs kam den Steuer- und Bankenparadiesen noch eine vergleichsweise geringe Bedeutung zu. Inzwischen ist die Weltwirtschaft ohne sie kaum noch vorstellbar. Seit den sechziger Jahren hat sich die Zahl der Zweigniederlassungen amerikanischer Banken in den Steuerparadiesen verzehnfacht. 1998 – nach zwanzig Jahren Deregulierung – wurde bereits mehr als ein Viertel aller amerikanischen Auslandsinvestitionen über Offshore-Filialen getätigt.[142]

Die neueste Untersuchung zu diesem Thema hat ergeben, dass die Finanzwerte, die in den Bankenparadiesen gehortet werden, mittlerweile eine Summe erreicht haben, die dem

Bruttoinlandsprodukt der gesamten Vereinigten Staaten entspricht.[143] Auf dem Papier (denn eine solche Summe ist nur virtuell vorstellbar) wird die größte Volkswirtschaft der Welt damit von den etwa sechzig handtuchgroßen Kleinstaaten bzw. Territorien der Steuerparadiese in den Schatten gestellt.

Wir können die Welt nicht mehr so betrachten wie vor zwanzig Jahren, denn sie ist nicht mehr dieselbe wie damals.

Diese Zahlen zeigen überdeutlich, wie die Justiz vor den ökonomischen Kniffen versagt. In den meisten Fiskalparadiesen finden sich reihenweise Gebäude voller Briefkästen, denn das ist alles, was die angeblich dort angesiedelten Firmen tatsächlich betreiben. Wir können heute mit einem Mausklick unendliche Summen über Satellit von einem Nummernkonto in der Schweiz zu einer Bank nach Liechtenstein transferieren. In Sekundenschnelle sind die benötigten Gelder aus einem der Steuerparadiese in den Computern respektabler Banken der Londoner City gelandet.

Diese Revolution in den wirtschaftlichen Gewohnheiten der Welt hat sich unter unseren Augen vollzogen. Politik und Justiz der westlichen Demokratien allerdings hinken dem Phänomen immer noch hinterher. Die strafrechtlich relevanten Gesetzeswerke gelten nur innerhalb nationaler Grenzen. Seit dem Ende des 18. Jahrhunderts gründen die modernen Demokratien auf dem staatlichen Souveränitätsprinzip, das mittlerweile von der Deregulierung der Finanzwelt ausgehebelt wird. Sogar Ubu Rex, der gierige König aus Alfred Jarrys bekanntem, gleichnamigem Stück, respektierte die Ordnung der Dinge: »Beeilt euch, los, schneller. Ich will jetzt Gesetze machen. [...]

Ich will zuerst die Justiz reformieren, wonach wir zur Finanz schreiten.«[144] Die Globalisierung aber hat die Finanzwelt verändert, ohne dass das Justizsystem ihr gefolgt wäre.

Doch warum werden wir angesichts dieser groben Verwerfungen im demokratischen System nicht endlich tätig? Weil die Globalisierung der Märkte einen Großteil der Werte, die wir in zweihundertjähriger demokratischer Diskussion geschaffen haben, ihres Kerns beraubt hat und wir noch nicht wissen, wodurch wir ihn ersetzen sollen. Wir haben zerstört, ohne aufzubauen: Daher lassen wir die alten, sinnlos gewordenen Hülsen stehen. Damit wir angesichts der Leere nicht vom Schwindel erfasst werden.

Das Zeitalter der Aufklärung geht zu Ende

Wenn wir also die Frage nach der großen Korruption stellen, müssen wir uns gleichzeitig mit dem Problem der nationalstaatlichen Souveränität auseinander setzen. Voltaire kritisierte einst das Frankreich des 18. Jahrhunderts. Jedes Mal, wenn er auf der Reise durch das Land sein Pferd wechsle, wechsle auch die Rechtsprechung. Die Verflechtung der einzelnen Gerichtsbarkeiten (königlich, feudal, kirchlich, dazu kamen noch die Jurisdiktionsrechte von Einzelpersonen wie Vogt, Seneschall oder Pachtherr) war so verworren, dass ein Verbrecher mitunter mehrfach abgeurteilt wurde. Urteile konnten im buchstäblichen Sinne lebenslang gelten oder gar vererbt werden. Demokratie aber braucht Grenzen, um sich gegen Machtmissbrauch zu schützen. Der Großteil der Leser dieses Buches ist wohl im Geltungsbereich bestimmter Gesetze geboren, die innerhalb klarer territorialer Grenzen gelten, in einem Land, in dem das Gesetz für jeden Bürger gleichermaßen gilt – ohne Ansehen des Titels oder des Vermögens.

Dies ist das Erbe der Aufklärung.

Das Recht auf staatliche Souveränität war ein großer Sieg für die Demokratie. Auch auf den Ozeanen kam es ständig zu Reibereien zwischen den Staaten, bis man schließlich jedem Staat seine »Hoheitsgewässer« zuerkannte, die sich zwölf Meilen über die Küste hinaus erstrecken. Dann dehnte man den Staat noch auf den Luftraum aus. Die Von-Karman-Linie von 50 550 Meilen bezeichnet künftig die Grenzen des nationalstaatlichen Hoheitsgebietes in der Luft. Schließlich erweiterte man die Staatsgrenzen auch noch bis zum Erdkern. Der physische Raum wurde so zum mehrdimensionalen juristischen und politischen Raum, einer Art »nationaler Käfig«. Jeder Käfig steht neben mehreren seiner Doppelgänger. Mit der Zeit wurden sie immer mehr, weil die Nationen sich entsprechend vermehrten. Seit etwa hundertfünfzig Jahren kommen ständig neue hinzu.

Der scheinbare Triumph des Nationalstaates war jedoch vorübergehender Natur. Denn seit 1880 kommt es vermehrt zu Problemen, weil der internationale Handel einen möglichst freien Waren- und Geldfluss anstrebt, der mit der wachsenden Souveränität des Staates, der Steuern erhebt und für die öffentliche Infrastruktur (Bildung, Gesundheit, Verkehr) sorgt, kollidiert.

Welchen Gesetzen hat zum Beispiel ein britischer Reeder in Spanien zu gehorchen? Und wer durfte Unternehmen besteuern, die in grenznahen Regionen in zwei oder mehreren Staaten tätig waren? Hier hat die Justiz lange gezögert. Und mit Grund. »Rechtlich gesehen gibt es keine multinationalen Unternehmen«, erklärt Ronan Palan. »Genau betrachtet ist das multinationale Unternehmen keine juristische Einheit, sondern eine Gruppe von Unternehmen, die auf verschiedene Länder verteilt ist.«[145] Die internationalen Reedereien zum Beispiel verursachten den Rechtswissenschaftlern gehöriges Kopfzerbrechen.

Diese schwierige Gleichung zwischen den Nationalstaaten brachte letztlich als pragmatische Lösung die Steuerparadiese hervor.

Und natürlich versuchten auch Banken und Anwälte, aus den Reibereien zwischen den Nationalstaaten finanziellen Profit zu ziehen.[146] In der Zeit zwischen den beiden Weltkriegen gingen die Schweizer Kantone dazu über, Unternehmen ihre günstige Rechts- und Steuerlage anzudienen, indem sie sie zu Schweizer Firmen erklärten, auch wenn das Betriebsvermögen sich komplett im Ausland befand. Was ein Ausnahmefall hätte bleiben sollen, eine Pufferzone des Kapitalismus, erwies sich für die Schwarzhändler als wahrer Segen. Anwälte und Finanzexperten des Mafiagangsters Meir Lansky sorgten dafür, dass das wohl berühmteste aller Finanzparadiese, die karibischen Inseln, juristisch vollkommen wasserdicht gemacht wurde.

Ein entscheidender Schachzug der Parallelwirtschaft war es, dass das Bankgeheimnis schon bald vom Strafrecht geschützt werden sollte. Das Bankgeheimnis wurde von Genfer Bankiers schon während der Französischen Revolution hoch geachtet, doch seine juristische Stärkung war nötig, wollte man die Schwarzgeldströme ein für alle Mal dem Zugriff des

Fiskus entziehen. 1932 verlas ein französischer Abgeordneter vor der Nationalversammlung eine Liste von Leuten, die ihr Vermögen von einer Bank in Basel verwalten ließen, um es der Steuer zu entziehen. Diese Liste, die von der Polizei beschlagnahmt worden war, umfasste mehr als zweitausend Namen:

> »Darunter waren drei Senatoren, etwa ein Dutzend Generäle, Richter, zwei Bischöfe, Zeitungsmagnaten und Industriebosse. [...] Die ausländischen Kunden der Schweizer Banken erfasste die Panik. Die Bank in Basel musste enorme Summen auszahlen. Die Genfer Sparkasse war diesem Ansturm nicht gewachsen. [...] So erließ die Schweizer Regierung 1934 ein Gesetz, welches die Wahrung des Bankgeheimnisses durch Strafe bewehrte. Die Innovation fand schnell Nachahmer in anderen Steuerparadiesen wie Beirut, Tanger, den Bahamas, Liechtenstein und Montevideo.«[147]

Die Geschichte zeigt also recht deutlich, dass zwei der beliebtesten Plattitüden über die Steuerparadiese schlicht falsch sind. Sie sind keineswegs entstanden, weil der Steuerdruck in den westlichen Ländern zu hoch ist. Steuerparadiese gab es schon etwa hundert Jahre vor der Globalisierung, zu einer Zeit also, als die Steuersätze noch ziemlich moderat waren. Sie entstanden in erster Linie, um Souveränitätsprobleme mit angrenzenden Staaten zu lösen. Die zweite falsche Vorstellung betrifft den strafrechtlichen Schutz des Bankgeheimnisses. Ihr begegnet man naturgemäß häufig in der Schweiz bzw. in Luxemburg. Dort wird das Bankgeheimnis als fundamentales Menschenrecht verstanden. Der strafrechtliche Schutz entstand jedoch nur, damit die Banken nicht die aus dunklen Geschäften stammenden Gelder ihrer Kunden verloren.[148]

Bis 1970 landete in den Steuerparadiesen trotzdem nur eine vergleichsweise geringe Summe, die weitgehend aus Privatvermögen stammte. Ansonsten bedienten sich lediglich bestimmte Reedereien dieser »Inseln«, da sie anderenfalls bestimmte Transportgeschäfte mit schlecht oder gar nicht kontrollierten Tankern nicht hätten durchführen können. So weit blieb unser Rechtssystem also intakt. Die Existenz dieser Enklaven, in denen man seine juristische Zugehörigkeit zu einem Rechtssystem beliebig gegen eine andere vertauschen konnte, erschütterte das allgemeine Gleichgewicht nicht. Während des Kalten Krieges bedienten sich auch die westlichen Staaten dieser Strukturen, um geheime Operationen (Finanzierung von Guerillakämpfern, Waffenhandel et cetera) zu finanzieren.

Zum Bruch kam es während der ersten großen Welle der Globalisierung zwischen 1979 und 1984, als innerhalb von fünf Jahren fast sämtliche nationalen Bollwerke, die den freien Kapitalfluss behinderten, abgebaut wurden. Während also überall die Ideale der Transparenz und des freien Kapitalflusses hochgehalten wurden, während der technische Fortschritt den Anleger mit einer wahren Informationsflut versorgte, schotteten die Steuerparadiese sich immer mehr ab. Heute sind sie es, die auf dem Prinzip der nationalen Souveränität beharren und dafür sorgen, dass der freie Informationsfluss sich an ihren Grenzen bricht. In Antigua zum Beispiel, einer karibischen Insel, weigert die Regierung sich seit Jahren erfolgreich, zumindest eine Liste der im Handelsregister erfassten Unternehmen zu erstellen.[149]

Es handelt sich bei diesem Umschwung jedoch keineswegs um eine quasinatürliche Erscheinung, die unabhängig von unserem Willen abläuft. Fast alle Steuerparadiese sind ehemalige Handelsniederlassungen in den früheren überseeischen Kolonien Großbritanniens, Frankreichs, Spaniens und der Niederlande. Sie haben sich also innerhalb unseres Rechtssystems entwickelt. Noch heute sind sie mehr oder weniger Zweigniederlassungen der Börsenplätze in London, New York, Tokio, Frankfurt oder Paris, wo der Puls der Finanzwelt schlägt. Das Doppelspiel ist beabsichtigt. Als garantiere die Intransparenz Margen, die bei völliger Durchsichtigkeit aller Operationen erhebliches Aufsehen erregen würden.

Vor einigen Jahren hat der New Yorker Bezirksstaatsanwalt Robert Morgenthau die Heuchelei, aus der Finanzplätze wie die Caymaninseln entstehen, angeprangert:

> »Intransparenz ist hier das Schlüsselwort. Wenn es für Laxheit in den regelmäßigen Kontrollen einen Preis gäbe, so ginge er mit Sicherheit an die Caymaninseln, die nichtsdestotrotz der Rechtsprechung der britischen Krone unterstehen. Der Gouverneur der Inseln wird – ebenso wie der Justizminister – von London ernannt. Großbritannien hätte also durchaus die Möglichkeit, diesem Treiben in seiner Kolonie Einhalt zu gebieten. Aber es unternimmt nichts. Was die Finanzwelt angeht, so kann der ganze Archipel ohnehin als Zweigstelle Amerikas betrachtet werden, denn der Großteil der Offshore-Banken auf den Caymaninseln wird von der Wall Street aus gesteuert. Auch Washington könnte also den Offshore-Tricks ein Ende setzen. Doch letztlich rührt niemand auch nur einen Finger.«[150]

Dies ist ein eindeutiger Missbrauch unseres juristischen und politischen Systems, für den die folgenden Generationen ihren Preis bezahlen werden.

Denn was ist eine Nation anderes als eine Gruppe von Bürgern, die durch einen von allen getragenen Gesellschaftsvertrag vereint werden? Die wenigen Bürger der Finanzparadiese, sei es nun der Isle of Man, des Fürstentums Monaco oder des Cayman-Archipels, sind nicht durch einen Gesellschaftsvertrag aneinander gebunden. Sie sammeln die Brosamen des Kuchens auf, die für sie abfallen, und machen ihre Staaten zu blinden Flecken auf der Landkarte des Weltmarktes, weil sie sich hinter juristischen Bestimmungen verstecken können. Die Unabhängigkeitserklärung der Vereinigten Staaten vom 4. Juli 1776 macht das »Streben nach Glück« zu einem Hauptpfeiler menschlichen Seins. Diese Gebilde jedoch schaffen sich mit dem Geld anderer ein unverdientes Glück, von dem auch dort nur eine Hand voll örtlicher Funktionäre profitiert.

Das Gesetz stellt sich selbst ein Bein

Im Zeitalter des internationalen Kapitalverkehrs die Rechtsprechung im Hinblick auf grenzüberschreitende Wirtschaftsverbrechen bei den Nationalstaaten zu belassen, ist geradezu gefährlich. Denn das ausufernde Wachstum der Steuerparadiese stellt jede Rechtsprechung auf den Kopf.

Trotz des allgemein anerkannten Prinzips der Gleichheit vor dem Gesetz ist die finanzrechtliche Ungleichbehandlung der Bürger heute zur Regel geworden. Die größten Konzerne zahlen längst keine Steuern mehr, weil sie ihre Gewinne durch geschicktes Verschieben in die Pandorabüchsen der Globalisierung verbergen. Sobald ein Konzern auf internationaler Ebene tätig wird, ist es geradezu ein Kinderspiel, seine Profite vor dem Zugriff lokaler Steuerbehörden in Sicherheit zu bringen. Heute weiß man, dass die Steuerabteilung von Enron zwischen 1995 und 2001 elf »Steuerreduktionsmodelle« zur Anwendung gebracht hat. Diese bilanztechnischen Versteckspiele trugen Namen von Tornados, die alle mit einem »T« begannen – für *tax*, also »Steuer«: Thomas, Teresa, Tammy. Manche allerdings wurden auch nach den Lieblingsgolfplätzen des Direktors der Finanzabteilung benannt: Apache, Renegade, Cochise. Dabei war alles erlaubt. So entzog man beispielsweise die Gewinne der Besteuerung, indem man sie in die Offshore-Filialen verlagerte, und verbuchte sodann die gesparten Steuern als Gewinn nach Steuern, um die Bilanz ein wenig zu schönen. Diese betrügerischen Manöver führten zu Gewinnen von mehr als einer Milliarde Dollar innerhalb von sechs Jahren.[151]

Eine Studie im Auftrag der Nichtregierungsorganisation Citizen for Justice, die im Oktober 2000 fertig gestellt wurde, hat ergeben, dass von den 250 größten Unternehmen der Welt zehn Prozent keine Steuern zahlen, weil sie ihre Gewinne über Zweigniederlassungen in Finanzparadiesen lenken.[152]

Aber das ist noch lange nicht alles an negativen Wirkungen: Die vor allen Nachforschungen geschützten Konten der gewaltigen Steuerflucht schreien geradezu nach den Geldern aus Korruption und anderen kriminellen Machenschaften. Sämtliche Ermittlungen bleiben in dem Wall an Gesetzen, der die Finanzparadiese schützt, stecken. Nehmen wir zum Beispiel

Luxemburg, eines der Gründerländer der Europäischen Union.

Ein parlamentarischer Untersuchungsbericht machte erst kürzlich deutlich, wo die juristischen Schwierigkeiten liegen: »Jedes Jahr gehen in Luxemburg 200 000 Anfragen von Staatsanwaltschaften und Ermittlungsrichtern aus dem Ausland ein. Die luxemburgischen Richter aber bearbeiten höchstens zwanzig Prozent davon.«[153] Hat ein Ermittlungsrichter jedoch Glück und erhält eine Antwort aus Luxemburg, dann sind die Informationen häufig unbrauchbar. So kam beispielsweise ein Auskunftsersuchen aus dem Großherzogtum mit folgendem Vermerk zurück: »Kontoinhaber: ein Kunde der Bank. Empfänger der Überweisung: ein Kunde der Bank.«

Erhält man tatsächlich Informationen mit einem gewissen »Gehalt«, dann stürmen die Anwälte der Betroffenen die Berufungsgerichte. Innerhalb von zwei Jahren (1997 bis 1998) führten nur 1,2 Prozent der eingelegten Berufungen ans Ziel, alle anderen wurden zurückgewiesen. Doch für die Delinquenten geht es ohnehin nur darum, möglichst viel Zeit zu gewinnen. Die luxemburgische Bankenvereinigung ist sich dessen wohl bewusst: »Die Attraktivität des Finanzstandortes Luxemburg bleibt ungebrochen, solange die Mittel der Justiz so beschränkt sind.«

Die politische Absicht des Großherzogtums ist eindeutig. Und doch ist Luxemburg ein »ehrenwertes« Land, das immerhin noch Wert darauf legt, den Schein zu wahren, um weiterhin als respektables Gründungsmitglied der EU gelten zu können. Wollte man sich die Praktiken auf den Cookinseln, auf Mauritius oder im Libanon ansehen, wäre die Verzweiflung wohl noch größer.[154] Die Steuerparadiese sind Orte kafkaesken Chaos, in denen das Gesetz das Gesetz düpiert, da der Grundsatz der staatlichen Souveränität nun absurderweise dazu dient, gravierende Vergehen gegen den Gesellschaftsvertrag zu schützen.

Haben wir da nicht eine merkwürdige Form der Justiz geschaffen?

Dem Schicksal eine Nase gedreht

Während die Machtlosigkeit der Justiz gegenüber den Verbrechen der Eliten immer stärker hervortrat, vervollkommnete man das juristische Instrumentarium, das die »Menschenrechte« der Straftäter schützte wie einen toten Stern, dessen Licht noch strahlt, auch wenn sein Kern längst ausgehöhlt und erloschen ist.

Schon der Marquis de Condorcet, ein großer französischer Philosoph, der sich der Untersuchung des menschlichen Fortschritts widmete, schrieb: »Macht und Reichtum einer Nation sind nichts im Vergleich zu den Rechten des Einzelnen.« Und so trat in den letzten dreißig Jahren der Schutz des Bürgers vor Machtmissbrauch immer stärker in den Vordergrund. Norwegen ist in dieser Hinsicht fast eine Art Musterschüler, wenn auch ein wenig naiv. Das fällt mir immer wieder auf, seit ich in Oslo lebe. Da gibt es Menschen, die es als Angriff auf die Menschenrechte betrachten, dass jemand, der im Zug schwarzfährt, nicht nur seine Fahrkarte, sondern auch noch eine Strafe zahlen muss! Dass eine Tat nicht zweimal bestraft werden darf, veranlasste den Obersten Gerichtshof Norwegens letzten Sommer, einem Steuerbetrüger eine zusätzliche Gefängnisstrafe zu erlassen. Dieser hatte argumentiert, er habe schließlich seine Steuern und dazu auch noch eine Strafe bezahlt, und damit müsse es doch nun genug sein. Werden wir also morgen Bankräuber vor die Wahl stellen, ihre Beute mit Zinsen zurückzuerstatten oder ins Gefängnis zu gehen? Diese argumentative Schützenhilfe aus dem Prozesswesen führt letztlich dazu, dass immer mehr Delikte als solche gar nicht mehr wahrgenommen werden.

Ich gewinne mitunter den Eindruck, dass das Strafrecht meines Geburtslandes für ein Volk von Heiligen geschaffen wurde. Abhörmaßnahmen sind nur möglich, wenn bereits feststeht, dass es um Delikte geht, die ein Mindeststrafmaß von zehn Jahren Gefängnis nach sich ziehen. Und man diskutiert allen Ernstes darüber, dass die Polizei nur noch solchen Informanten Glauben schenken darf, die ein absolut jungfräuliches Strafregister haben.

Das Rechtssystem Norwegens ist ein Extrembeispiel für das Denken, das den Demokratisierungsgrad eines Landes ausschließlich an seiner Rechtsstaatlichkeit misst, an diesem demokratischen Gralskelch, der den juristischen Idealzustand darstellt: den Bürger, der jeden nur erdenklichen Schutz im Hinblick auf seine psychische und körperliche Unversehrtheit genießt.

Niemand macht den Behörden das Recht streitig, die Intimsphäre der Bürger zu verletzen, *nachdem* ein Verbrechen begangen wurde. Dann hat der Staat alle Rechte über Kontoauszüge, Telefonverbindungen, Wohnort und Freizügigkeit des Verdächtigen. Was wir nicht begriffen haben, ist, dass die Kriminellen sich nach einer bestimmten Art von Delikten (Korruption, Geldwäsche, Mafiakontakte) ungestraft hinter die Mauern der Finanzparadiese retten können. Ihre Scheinsouveränität lässt alle nötigen Nachforschungen scheitern, wodurch das Delikt gar nicht mehr nachweisbar wird.

Wenn die Vermögenswerte, die allein auf den Kanalinseln gehortet werden, etwa so viel ausmachen wie das halbe Bruttoinlandsprodukt von Großbritannien,[155] dann ist der Gesellschaftsvertrag damit gescheitert. Die Gleichheit der Bürger vor dem Gesetz ist nicht mehr als eine Fiktion. Und was noch schlimmer ist: Die Tatsache, dass der Rechtsstaat diejenigen schützt, die ihr Geld in den Steuerparadiesen anlegen, leistet der großen Korruption Vorschub, weil sie ihr Straffreiheit gewährt.

Wir sind also einmal mehr im Reich des Absurden gelandet.

Ironie der Geschichte: Eine der großen europäischen Rechtsinstitutionen, der Europäische Gerichtshof, hat seinen Sitz ... in Luxemburg. Und auch dort bestätigt eine Anfrage des Europäischen Parlaments, dass man die Entscheidungen dieses Gerichts künftig immer stärker auf den Schutz fundamentaler Menschenrechte ausrichten werde.[156] Da leben die Richter der Europäischen Gemeinschaft also in unmittelbarer Nachbarschaft der 320 Finanzinstitute, die sich im Großherzogtum angesiedelt haben. Unter anderem gehört dazu auch das Clearinginstitut Clearstream, ein wichtiges Rädchen im gefährlichen Spiel mit Derivaten: Fünfzigtausend Milliarden Euro pro Jahr flossen über ihre Konten. Sechzehntausend Konten, eröffnet von Unternehmen, die ausschließlich im Ausland residieren. In hundertfünfzig verschiedenen Ländern, um genau zu sein. Einundvierzig davon waren Finanzparadiese.[157] Der Europäische Gerichtshof schämt sich nicht seiner Nachbarschaft zu den zwölftausend Luxemburger Scheinfirmen, den Brutstätten der großen Wirtschaftskriminalität, die vom Rechtssystem eines Landes geschützt werden, in dem eine einzige Person die Funktion des Finanz- und Justizministers ausführt.[158]

Der neue Kriminelle

Sämtliche europäischen Richter, die sich je der Wirtschaftskriminalität auf hohem Niveau gewidmet haben, wurden von Horden von Anwälten mit einer geballten Ladung von Prozessen überzogen und in verfahrensrechtliche Grabenkämpfe verwickelt, die so subtil sind, dass sie schon fast ans Absurde grenzen. Dies gilt umso mehr, wenn die verdächtigen Geldströme die Grenzen des Nationalstaates hinter sich lassen.

Allein in der Affäre um den Chef der spanischen Guardia Civil, der mittlerweile wegen Bestechlichkeit im Gefängnis sitzt, gab es dreiundneunzig Einspruchsverfahren vor den Schweizer Gerichten, welche zum Ziel hatten, die Übermittlung von juristisch bedeutsamen Informationen nach Madrid zu verhindern.[159] Am Ende seiner fünfzehnjährigen Tätigkeit als Leitender Staatsanwalt in Genf brachte Bernard Bertossa die Hälfte seiner Zeit damit zu, sich mit Rechtsbehelfen oder anderen Verzögerungstaktiken auseinander zu setzen.

Beim Elf-Prozess gab es mehr als zwanzig eingelegte Rechtsbehelfe bei der Ermittlungskammer. Die letzten Anträge auf Annullierung von Beweismitteln wurden erst nach achtzehn Monaten abgewiesen. Jene Bürger, die sich die Mühe gemacht haben, Tag für Tag den Prozessfortgang zu verfolgen, wissen, welche enormen Unterschlagungen unsere Nachforschungen ans Tageslicht gebracht haben. Und trotzdem warf uns die Pariser Anwaltschaft Methoden vor, welche die

»grundlegenden Bürgerrechte gefährden«. Die höchsten moralischen, rechtlichen und politischen Autoritäten des Landes führten sieben Jahre lang beinahe täglich Worte wie »Rücktritt«, »Verletzung der Amtspflicht«, »Parteilichkeit« und »Missbrauch der Amtsgewalt« im Mund.

Dass die Bewegung der Mani Pulite in Italien so einfach im Sand versickerte, ist in erster Linie der Tatsache zuzuschreiben, dass die Strafverfahren für Wirtschaftskriminalität immer schwieriger durchzuführen sind. »Von den mehr als siebenhundert Auskunftsersuchen, die italienische Behörden in den letzten zehn Jahren an neunundzwanzig Länder richteten, blieben bis heute etwa vierzig Prozent ohne Antwort. Und Bilanzfälschung ist nach der neuen Gesetzgebung kaum noch zu verfolgen, weil die Verjährungsfristen so stark verkürzt wurden«, erläutert Gherardo Colombo, der Staatsanwalt von Mailand.[160]

Abgesehen von den juristischen Stolpersteinen, die man ihnen in den Weg zu legen versuchte, mussten die italienischen Richter und Staatsanwälte sich auch mit dem lautstark und immer wieder erhobenen Vorwurf auseinander setzen, sie verletzten die Menschenrechte der Verdächtigen. »In den Medien begann eine regelrechte Hatz auf die Justiz, bei der es immer wieder hieß, Mani Pulite sei eine politische und keine juristische Operation gewesen, was nicht stimmte. Angesichts dieser Holzhammeraktion waren einige Bürger durchaus bereit, an der Aufrichtigkeit der beteiligten Richter zu zweifeln«, erzählt Antonio Di Pietro.[161] Der frühere Präsident Italiens, Francesco Cossiga, der ebenfalls in Ermittlungen wegen Bestechlichkeit verwickelt war, äußerte sich wie folgt: »Die Richter der Anti-Mafia-Einheit sind Folterer. Sie foltern uns moralisch, politisch und juristisch.« Silvio Berlusconi, einer der am stärksten Betroffenen, verglich Mani Pulite mit einem Krebsgeschwür. Seine Kumpane bezeichneten das Jahr 1993, als zum ersten Mal hohe Politiker der Korruption bezichtigt wurden, gar als »Jahr des großen Terrors der Justiz« – und erweckten damit das Bild der Robespierre-Justiz zu Zeiten der Französischen Revolution wieder. So stehen heute die Zeichen der Zeit: Diejenigen, welche den grenzübergreifenden Betrug der großen Korruption möglichst straflos weiter betreiben wollen, haben die Rollen vertauscht und lassen die Medien für sich arbeiten. Die »neue« Bewegung des italienischen Ministerpräsidenten nennt sich gar das »Haus der Freiheit«.

Aber wer bitte verletzt denn den Gesellschaftsvertrag? Der Kriminelle oder der, der ihn aufzuhalten versucht? Eines ist klar: So kann es nicht weitergehen.

Die Entscheidungen des Europäischen Gerichtshofs für Menschenrechte, die in den letzten Jahren erfolgten, zeichnen ein tristes Bild unserer Gesellschaft: Mafiagangster auf freiem Fuß, Drogenhändler im Bestreben um einen »gerechten« Prozess, das Versagen der nationalen Justiz, die vollkommen überlastet ist und daher keine Frist mehr einhalten kann ... Was geschehen wird, wenn die Europäische Union nun auch noch Länder aufnimmt, die ihr Mafiaproblem keineswegs im Griff haben, kann man sich vorstellen. Dabei stimmt es ja eigentlich: Prozesse, die sich über zehn oder fünfzehn Jahre hinziehen, haben keinen Sinn. Und ein »gerechter« Prozess ist nach wie vor eines der höchsten Rechtsgüter der Demokratie.

Auf der praktischen Ebene aber können wir nicht dulden, dass die aktuelle Straffreiheit für Mafiosi und Wirtschaftsstraftäter weiter anhält. Wir können nicht zulassen, dass der Geist unserer Gesetze weiterhin von einigen Territorien, die von den Früchten des Verbrechens leben, im Namen der Souveränität weiter mit Füßen getreten wird.

Für dieses Problem gibt es zwei Lösungen.

Die erste wird im Moment in Italien und Frankreich gepflegt, wobei Italien die härtere Gangart einschlägt. Sie heißt: Schluss mit den Affären. Man legt die Justiz an die Kandare und erlässt neue Gesetze, welche die Korruption fördern bzw. die zwischenstaatliche Zusammenarbeit bei der Strafverfolgung behindern. Das ist schon alles. Wie ein Magier lässt der Gesetzgeber alle Delikte im großen Zylinder der Legislative verschwinden, statt sie zu bekämpfen. Gherardo Colombo schätzt, dass das neue italienische Gesetz zur Bilanzfälschung, das die Verjährungsfristen enorm verkürzt und *rückwirkend* gültig ist, zur Annullierung von mindestens der Hälfte der Prozesse von Mani Pulite führen wird. Natürlich kann man Finanzdelikte auch legitimieren oder ihre Verfolgung durch eine enorme Bandbreite von Rechtsmitteln komplizieren.[162] Aber dann ist die demokratische Verfassung eines Landes nur noch Fassade.

Wollen wir wirklich in solch einer Welt leben?

Oder wollen wir nicht vielmehr neue politische und juristische Formen des Umgangs mit grenzüberschreitenden Delikten ersinnen? Das unglaubliche Ausmaß der Wirtschaftskriminalität ist eine Herausforderung an die Politik. Ihre Straftäter haben nichts mit dem »kriminellen Typus« gemein, den die Kriminologen des 19. Jahrhunderts zeichneten: Galgenvogelgesichter voller Schmisse. Nein, der neue Kriminelle ist ein respektabler Herr. Er trägt dunkle Anzüge, handgearbeitete

Schuhe, eine superflache Armbanduhr und irgendetwas Schickes im Knopfloch. Und er lebt in zwei parallelen Welten, die sich in seinen Augen nicht überschneiden. Sein persönliches Handeln unterliegt einfach nicht den Gesetzen, die für alle gelten. Seiner Ansicht nach steht er über dem Gesetz, weil er es im Notfall kauft, verdreht oder bricht.

Wir, die Bürger, sind es, die eine Antwort auf den Fehdehandschuh finden müssen, den er uns zuwirft.

Die Hoffnung

Als Richterin war ich zwanzig Jahre lang zum Stillschweigen verpflichtet. Nun ist meine einzige Macht das Wort. In diesem Buch habe ich mich bemüht, von dem Universum zu erzählen, das ich entdeckt habe. Ich möchte einen Eindruck von den skandalösen Zuständen vermitteln, die jedes normale Rechtsempfinden erschüttern. Das ist für sich genommen schon Handeln. Denn wir definieren uns nicht zuletzt darüber, wie wir die Welt sehen. Unser Blick schafft uns festen Boden unter den Füßen. »Die Gesamtheit der gemeinsamen religiösen Überzeugungen und Gefühle im Durchschnitt der Mitglieder einer bestimmten Gesellschaft bildet ein umgrenztes System, das sein eigenes Leben hat; man könnte sie das gemeinsame oder Kollektivbewusstsein nennen«, schreibt Émile Durkheim.[163] Und um ebendieses kollektive Bewusstsein geht es hier.

Ich habe diesem Buch ein Motto des von der Gestapo ermordeten Historikers Marc Bloch vorausgeschickt, dessen brillante Analyse der »merkwürdigen Niederlage« von 1940 seinem Engagement in der französischen Résistance seinen Sinn verleiht. Das zweite Motto stammt von Primo Levi, dessen Werk lange Jahre nicht die ihm gebührende Beachtung erhielt. Manchmal ist es nötig, in der Einsamkeit auszuharren und gegen den Strom zu schwimmen, bis die Menschen bereit sind, die Wahrheit zu hören. Ein aufrechtes Wort zur rechten Zeit aber kann, auch wenn es zunächst verstörend wirkt, weil es Tabus bricht, dazu beitragen, die Welt wieder ins Lot zu rücken.

Die Globalisierung der Finanzmärkte und die technologische Revolution, die sie erst ermöglicht hat, haben unsere Orientierungsmöglichkeiten verändert. Ohne Grenzen und Regeln konnte sich die große Korruption bisher in aller Stille ausbreiten. Sie gefährdet damit unsere demokratischen Staatsformen, weil sie das Vertrauen in die Politik zerstört, ohne das eine Demokratie nicht funktionieren kann. Vor unseren Augen ist eine ganze Welt verschwunden und hat unser Wertesystem und unsere Handlungsmaximen mit sich gerissen. Da sie nicht mehr der Wirklichkeit entsprachen, dachten wir, dass Dinge wie Gerechtigkeit nicht mehr zählen. Dass sie vom einzigen universell gültigen Wert hinweggeschwemmt worden seien: dem Geld.

Wir hatten Unrecht.

Aus dem kollektiven Bewusstsein lassen sich Dinge nicht einfach löschen. Sie wandeln sich vielmehr. Ende des 18. Jahrhunderts versuchten die Philosophen der Aufklärung, das Strafrecht nach ihrer Vorstellung von der Gesellschaft zu verändern. Man führte den Grundsatz ein, dass Verbrechen und Strafe in einem ausgewogenen Verhältnis stehen müssen, schaffte die Folter und die Todesstrafe ab und baute Mechanismen ein, welche das Individuum vor Machtmissbrauch schützten. Durch die gewaltigen Veränderungen im ökonomischen Gleichgewicht unserer Welt sind wir aufgerufen, nun unsererseits Verbrechen und Strafe wieder in Einklang zu bringen, indem wir die Straffreiheit der Eliten abschaffen und so der Justiz von neuem Geltung verschaffen.

Die Schaffung des Internationalen Strafgerichtshofes ist dazu ein erster Schritt. Der entschlossene Kampf gegen die Korrumpierbarkeit der Eliten wird der zweite sein. In beiden Fällen wird wohl mehr als eine Generation nötig sein, um den Lauf der Dinge zu verändern. Doch die nächste Staffel steht schon bereit.

Zweifelsohne.

Um der internationalen Bewegung gegen die Korruption ein scharfes Instrument an die Hand zu geben, habe ich versucht, allgemein verständliche Richtlinien zu formulieren und Maßnahmen einzufordern, welche der aktuell herrschenden Straflosigkeit wirksam begegnen. Von der Gesellschaft verlangen sie nur geringen Einsatz – verglichen mit den Ungerechtigkeiten, denen sie abhelfen könnten. Ich bat Männer und Frauen, die ich bewundere, sich mit mir für diese *Pariser Erklärung* (Déclaration de Paris) stark zu machen.

Unbedingten Rückhalt habe ich von allen erhalten, die je für die Freiheit gekämpft haben: Aung San Suu Kyi,[164] Pius Njawé oder Wole Soyinka. Und von all jenen, die wissen, was die große Korruption unsere Gesellschaft kostet: Salviero Borelli, David M. Crane und Bernard Bertossa. Für mich war dies nicht weiter erstaunlich. Dem Machtmissbrauch Widerstand entgegenzusetzen oder dafür zu sorgen, dass die Macht sich den Gesetzen beugt, sind nur zwei Seiten einer Medaille, des Kampfes um Menschenwürde. Nur eine völlige Verkehrung aller Werte, wie sie manchmal in Epochen des Wandels geschieht, kann den Kampf gegen die Korruption für einen Angriff auf die Menschenrechte halten.

Die Pariser Erklärung soll ein Markstein auf diesem Weg werden. Sie formuliert drei simple Prinzipien für eine gerechte Justiz:

- *Transparenz ist die logische Folge der Freiheit.*
  Transparenz ohne Freiheit heißt, die Menschenrechte zu ignorieren. Freiheit ohne Transparenz aber stößt das Tor zum Verbrechen weit auf.
- *Die wirtschaftliche Globalisierung muss eine Globalisierung der Rechtssysteme nach sich ziehen.*
  Jene Länder, die die Früchte der Wirtschaftskriminalität decken, müssen vom internationalen Kapitalverkehr ausgeschlossen werden.
- *Die Verbrechen der Eliten stellen einen Angriff auf die übergeordneten Interessen der Nation dar.*
  Härtere Strafen, zum Beispiel die so genannte »zivile Konfiskation«[165] oder die Überwachung der Konten Betroffener, würden diesem krassen Bruch des Gesellschaftsvertrages wirksam begegnen.

Diese Ideen sind heute noch nicht bekannt. Umso mehr liegen sie mir am Herzen. Denn manchmal genügen schon winzige Anlässe, um die Ordnung der Dinge umzustoßen.

Eine der eindrucksvollsten Begegnungen, die ich seit meiner Rückkehr nach Norwegen hatte, ist zweifellos die mit Kristian Ottosen, einem der letzten Überlebenden des KZ Struthof.[166]

Seine Geschichte berührt mich. Zum einen, da ich es für wichtig halte, sich daran zu erinnern, welch bestialisches Höllenfeuer ein allmächtiger Staat entfachen kann, der sich die

Vernichtung des Bösen, des Anderen, des Juden auf die Fahnen geschrieben hat, wenn man nach mehr Repression und schärferen Mitteln strebt, um die Korruption in ihre Schranken zu weisen. Die große Korruption zu bekämpfen, heißt nicht, durch und durch schlechte Menschen vernichten zu wollen. Alles, was wir wünschen, ist, das Gleichgewicht zwischen den Starken und den Schwachen wieder herzustellen.

Zum anderen übt das, was Ottosen getan hat, auf mich eine große Faszination aus.

Als er nach Sachsenhausen deportiert wurde, bekam er, weil er Deutsch sprach, bald eine Aufgabe in der Poststelle des Lagers zugewiesen. Er hätte dort eine ruhige Kugel schieben und das Ende dieses Albtraums abwarten können, war sein Schicksal doch im Vergleich mit dem seiner Kameraden geradezu beneidenswert. Ottosen aber hatte eine Idee. Die norwegischen Behörden schickten den Deportierten regelmäßig Lebensmittelpakete, von denen viele mangels richtiger Adresse nicht zugestellt werden konnten. Genau dies war der Sinn der Operation »Nacht und Nebel« – die Deportierten sollten vom Erdboden verschwinden, ohne Spuren zu hinterlassen. Also stahl Kristian Ottosen Papier und Bleistift und machte sich auf, die aus anderen Lagern Ankommenden nach den Namen auf den »nicht zustellbaren« Paketen zu befragen, um herauszufinden, wo sie interniert waren. Auf diese Weise deckte er die Existenz eines geheimen Lagers auf, das auf den Karten nicht verzeichnet war: Struthof, wo er später selbst landete.

So erstellte er über Monate hinweg eine Liste aller norwegischen Deportierten in den verschiedenen Lagern. Diese Liste vertraute er dann einer jungen Heldin, einer Norwegerin namens Wanda Heger, an, die regelmäßig ins Lager kam. Mithilfe des schwedischen Roten Kreuzes kam dann eine Rettungsaktion in Gang, bei der dreißig weiße Lastwagen mit schwedischem Hoheitszeichen von Lager zu Lager fuhren, um die Internierten aus Skandinavien mitzunehmen.[167]

Für mich hat diese Geschichte symbolische Bedeutung. Sie steht für die Möglichkeit eines jeden, an seinem Platz dazu beizutragen, dass die Welt ein wenig besser wird. Wenn dieser Mann es geschafft hat, unter den denkbar schrecklichsten Umständen etwas zu verändern, warum sollten wir, die wir in einer freien Welt leben, dies nicht bewerkstelligen können?

Meine Freunde befällt häufig pure Verzweiflung, wenn ich ihnen Geschichten aus meinem beruflichen Alltag erzähle. Möglicherweise hat dieses Buch einen ähnlichen Effekt auf seine Leser. Dann aber hätte es seinen Zweck verfehlt. Denn auch wenn es hier von der ersten bis zur letzten Seite um das Verbrechen geht, ist das eigentliche Thema die Hoffnung. Schließlich ist mehr Unterdrückung wohl für keinen von uns eine wünschenswerte Lösung. Und die Figur des strengen Gerichtsherrn flößt uns allen berechtigtes Misstrauen ein. Wer allzu sehr auf die Rolle des Engels pocht, landet am Ende selbst in Teufels Küche. Mich persönlich hat der dauernde Kampf, bei dem ich Männer und Frauen aufspüren, zu etwas zwingen, festnehmen, ins Gefängnis stecken oder vor Gericht stellen lassen musste, eher demotiviert. Das Bild der »eisernen Lady« entspricht meinem Naturell nicht im Geringsten. Wer dies glaubt, verwechselt die Umstände, denen ich in den vergangenen Jahren ausgesetzt war, mit meinem wahren Wesen. Im »wirklichen Leben« begegne ich meinen Mitmenschen auch am liebsten mit Verständnis und Zuneigung. Wie Candide hätte ich es vorgezogen, einfach nur »meinen Garten zu bestellen«. Das ist mein Ideal.

Der Lauf der Dinge hat dies verhindert. Doch selbst wenn die Ausübung von Autorität mir im Grunde nicht liegt, so bin ich doch stolz, diese Aufgabe auf mich genommen zu haben. Denn auch dies ist eine der unverzichtbaren Seiten der Gesellschaft. Recht zu sprechen, ist eine Form der Schöpfung. Es lindert Leid und beugt vermeidbaren Übeln vor. Dies ist die eigentliche Funktion der Strafe: Wie ein Leuchtturm warnt sie uns noch weit vor der Küste.

Und manchmal lässt sie es auch Licht werden.

Während ich die letzten Seiten dieses Buches schreibe, explodiert die Natur in einem Blütenrausch. Am 26. September letzten Jahres badete ich noch im Fjord von Oslo. Das Wasser hatte eine Temperatur von mehr als zwanzig Grad. Zwei Wochen später kam der Schnee. Auf dem Hügel, auf dem ich jetzt lebe, blieb er liegen bis zum April. Dann fuhr ich eine Woche ins Ausland, und als ich zurückkam, öffneten sich bereits die ersten Knospen. Niemand genießt das Licht mehr als jene, die sechs Monate im Jahr darauf verzichten müssen. Die »Winternacht draußen«, die ich in den Jahren des Kampfes und der Bedrohung durchlebt habe, war nicht ohne Sinn. Auf jeden Fall koste ich nun den Geschmack des Frühlings, seine sich intensivierenden Farben voll aus. Doch vor allem eines liegt mir am Herzen: Ich will hier, vor aller Welt, Zeugnis ablegen, denn die Zukunft ist möglich.

Paris und Oslo, August 2002 bis Mai 2003

Anhang

Die Pariser Erklärung

(La Déclaration de Paris)

Wir, die Unterzeichner dieses Appells, die wir aus nördlichen und südlichen, östlichen und westlichen Ländern kommen, wollen hinweisen auf das Zerstörungswerk der großen Korruption und der aus ihr resultierenden Straffreiheit für die Täter.

Die explosionsartig erfolgte Deregulierung der Märkte hat Praktiken der Vorteilsnahme wie Provisionen und Kickback-Zahlungen immensen Vorschub geleistet, sodass sie sich in den letzten Jahren in beunruhigender Weise ausgebreitet haben und mittlerweile in zahlreichen Wirtschaftssektoren gang und gäbe sind.

Die anfälligsten Branchen sind zweifelsohne die Energiewirtschaft, die Bauwirtschaft, der Waffenhandel, die Raumfahrt und die Förderung von Rohstoffen.

Auf diesen Märkten von nationalem Interesse gehört für einige große Gesellschaften Korruption mittlerweile zur Firmenpolitik. Mehrere tausend Entscheidungsträger auf der ganzen Welt operieren in Zonen außerhalb jeglicher legalen Kontrolle.

Die große Korruption lebt von der Komplizenschaft der westlichen Banken. Sie bedient sich des Finanzkreislaufs der Offshore-Gesellschaften. Jene zirka sechzig Territorien bzw. Staaten, die solche Praktiken innerhalb ihrer Grenzen erlauben, sind der Boden, auf dem sie gedeiht.

Die große Korruption ist ein Frontalangriff auf das Prinzip der Gerechtigkeit. Sie ist verantwortlich dafür, dass die Reichtümer der Länder des Südens und Ostens den betroffenen Staaten nicht zugute kommen. Sie führt zur Einrichtung schwarzer Kassen und illegaler Parallelzahlungen an die Entscheidungsträger. Sie zerstört die Vertrauensbasis, die für eine funktionierende Wirtschaft unverzichtbar ist.

Da sie ihre Fangarme mitunter bis ins Herz der Macht ausstreckt, unterminiert sie sukzessive die alten westlichen Demokratien. Sie verhindert, dass arme Länder sich entwickeln und ihre politische Selbstbestimmung ausüben können.

Während die Globalisierung den Kapitalströmen freien Lauf lässt, ist die Justiz, welche grenzübergreifende Wirtschaftsdelikte verfolgt, an ihre nationalen Grenzen gebunden, welche für die Straftäter längst nicht mehr existieren. Einige »Bankenstaaten« verschanzen sich bewusst hinter dem Prinzip der nationalen Souveränität, um die Herkunft von Geldern aus kriminellen Machenschaften zu verschleiern. Es nimmt nicht wunder, dass die Nutznießer dieses Systems nicht an seiner Beseitigung interessiert sind.

Aus dieser mangelnden Gleichheit vor dem Gesetz müssen wir endlich die nötigen Konsequenzen ziehen. Das Gleichgewicht in unseren demokratischen Staaten muss wieder hergestellt werden. Statt darauf zu hoffen, dass die betroffenen Staaten einer Reform zustimmen, sollten wir neue Regeln für unser staatliches Zusammenleben aufstellen.

Denn wenn die Welt sich verändern soll, müssen sich zuerst die Regeln wandeln, nach denen sie funktioniert.

Aus diesem Grund fordern wir:

1. *Zur Erleichterung der Nachforschungen*

- die Aufhebung der diplomatischen, parlamentarischen und juristischen Immunität für die Zeit der Untersuchung in einem Fall von Wirtschaftskriminalität (der Verweis an ein ordentliches Gericht bliebe hingegen an eine parlamentarische Abstimmung über die Aufhebung der Immunität gebunden);
- die Aufhebung der Rechtsmittel gegen die Übermittlung von Informationen an ermittelnde Stellen im Ausland;
- ein striktes Verbot für alle Banken, in Ländern oder Territorien, welche eine internationale Kooperation bei der Strafverfolgung von Wirtschaftsdelikten ganz oder teilweise ablehnen, Zweigniederlassungen zu eröffnen bzw. Vermögenstransfers zu akzeptieren;
- die Verpflichtung für alle Institutionen, die am Geld- bzw. Vermögenstransfer beteiligt sind (vor allem Clearinginstitute und internationale Girozentralen), dafür zu sorgen, dass jeder Transfer bis an seine Quelle zurückverfolgt werden kann; insbesondere müssen Auftraggeber und Nutznießer des Transfers jederzeit präzise identifizierbar sein, sodass im Fall einer Strafverfolgung durch die Justizbehörden die Geldflüsse transparent werden.

2. *Für eine effektive Verurteilung*

- die Einführung eines Straftatbestandes der »illegalen Bereicherung«, wenn die für den Lebensstil des Betroffenen verbrauchten Summen seine offiziellen Einkünfte um mehr als eine Million Dollar übersteigen; darüber hinaus die Möglichkeit der »zivilen Konfiskation«, das heißt der Beschlagnahme sämtlicher Mittel, deren legale Herkunft nicht belegt werden kann;
- die Einführung eines Straftatbestandes der »schweren Korruption«, der immer dann zur Anwendung kommt, wenn mehr als zehn Millionen Dollar veruntreut wurden; das Strafmaß sollte sich an dem für Verbrechen gegen das Wohl der Nation orientieren.

3. *Für eine effektive Vorbeugung*

- die Verpflichtung für alle börsennotierten Gesellschaften, ihre Geschäfte für jedes Land, in dem sie tätig sind, einzeln zu erfassen, damit die Gelder, die in diese Staaten fließen, mit den von diesen ausgewiesenen Einnahmen übereinstimmen;
- dass die Justiz des Landes, in dem der multinationale Konzern seinen Hauptsitz hat, das Recht erhält, Korruptionsfälle des Unternehmens auch in seinen ausländischen Zweigniederlassungen zu verfolgen, wenn das Land, in dem das Delikt begangen wurde, die Strafverfolgung nicht selbst aufnimmt;

- eine bankmäßige Überwachung aller politisch exponierten Funktionäre und ihrer Umgebung; unter »politisch exponierten Funktionären« verstehen wir all jene, die in der Regierung, der Verwaltung oder an der Spitze von Unternehmen Aufgaben wahrnehmen, die sie direkt mit den »Risikosektoren« in Berührung bringen;

- für denselben Personenkreis (nahe Angehörige eingeschlossen) die Überwachung sämtlicher Depots und Geldkonten, die sie im Inland oder Ausland eröffnen, und zwar insofern, als sämtliche größeren Geldbewegungen von den Banken bzw. depotführenden Instituten bei Strafe angezeigt werden müssen.

Sich gegen die große Korruption zur Wehr zu setzen, ist eine unabdingbare Voraussetzung für jedes politische Handeln. Wir müssen das Vertrauen in die politischen und wirtschaftlichen Eliten wieder herstellen. Gerade im Zeitalter der Globalisierung obliegt jenen, die an der Spitze stehen, eine enorme Verantwortung. Daher müssen sie von jedem Verdacht frei sein. Nur so können wir wieder Hoffnung schöpfen.

Wenn Sie Ihrerseits die Pariser Erklärung unterzeichnen wollen, kopieren Sie doch bitte die vorhergehenden Seiten, setzen Sie Ihren Namen, Ihre Adresse und Ihre Unterschrift darunter und schicken Sie das Papier an:

Les Arènes
Déclaration de Paris
33, rue Linné
F–75005 Paris

Nähere Informationen zu unserer Initiative finden Sie in französischer Sprache unter www.declarationdeparis.org, in englischer Sprache unter www.parisdeclaration.org. Dort können Sie den Text per E-Mail unterschreiben und nachsehen, wer sich uns bereits angeschlossen hat.

Kurzchronik: Der Fall Elf

(Von Elisabeth Liebl)

Elf Aquitaine – nach mehreren Fusionen TotalFinaElf – ist heute Frankreichs größter Industriekomplex. Der siebtgrößte Ölkonzern der Welt hat eine starke Position in den afrikanischen Ländern, vor allem in Westafrika, wo er in insgesamt siebzehn Ländern operiert. Elf war bis 1994 im Staatsbesitz, doch auch nach der Privatisierung ist der französische Staat der Hauptanteilseigner.

Die sechsjährigen Ermittlungen der französischen Justiz, an denen Eva Joly federführend beteiligt war, brachten ans Tageslicht, dass ein Großteil der Konzerngeschäfte mithilfe von Schmiergeldzahlungen aus schwarzen Kassen getätigt wird. Die Schmiergelder in Höhe von Milliarden Franc flossen an Entscheidungsträger in Behörden und Parlamenten, mitunter auch an politische Parteien.

Welche Methoden dabei angewandt wurden, zeigt der Fall Christine Deviers-Joncour. Die damalige Geliebte des französischen Außenministers Roland Dumas wurde ihren Angaben zufolge 1989 vom Elf-Konzern eingestellt, um ihren Liebhaber davon zu überzeugen, seinen anhaltenden Widerstand gegen den Verkauf von sechs Fregatten an Taiwan aufzugeben. Dafür erhielt Madame Deviers-Joncour das sagenhafte Gehalt von zehn Millionen Euro in vier Jahren. Außerdem machte sie dem wesentlich älteren Dumas, der zur Zeit seiner Verhaftung Verfassungsratspräsident und damit einer der höchsten Justizbeamten Frankreichs war, teure Geschenke auf Firmenspesen – letztlich also auf Kosten des französischen Steuerzahlers.

Doch das Ausmaß der Veruntreuung, das während der Ermittlungen allmählich zutage trat, war noch weit größer. Die drei Topmanager des Konzerns rissen sich von 1989 bis 1993 mehr als zweihundert Millionen Euro unter den Nagel. Loïk Le Floch-Prigent gestand vor Gericht unter anderem den Kauf einer Dienstvilla für 8,6 Millionen Euro. Selbst seine Scheidung habe der Konzern bezahlt. Dabei erhielt Frau Le Floch-Prigent fünf Millionen Euro Schweigegeld, Wohnungen in Paris und London, eine Limousine und eine Monatsrente von fünftausend Euro.

Gelder flossen auch nach Deutschland. Für den Verkauf des attraktiven Minol-Tankstellennetzes im Osten der Republik und der Raffinerie in Leuna soll Elf insgesamt achtzig Millionen Mark an Provisionen gezahlt haben. Dies trug dem Konzern nicht nur den Zuschlag, sondern auch 1,4 Milliarden Mark an öffentlichen Subventionen ein. Man munkelte von geheimen Wahlkampfspenden für Helmut Kohl, der über den Verkauf bestens informiert war, konnte jedoch nie etwas nachweisen. Schwer abkassiert hat auf jeden Fall die Kohl-Vertraute Agnes Hürland-Büning, die eingestand, für ihre Überzeugungsarbeit im Fall Elf ein Beraterhonorar von 570 000 Mark kassiert zu haben. Der frühere FDP-Wirtschaftsminister Hans Friedrichs hielt die Hand gleich zweimal auf. Er fungierte beim Verkauf der Raffinerie nämlich sowohl als Elf-Berater wie auch als Aufsichtsratsvorsitzender von Minol, was für den unvoreingenommenen Betrachter einen gewissen Interessenskonflikt signalisiert. Friedrichs gibt zwar an, beide Funktionen nacheinander ausgeübt zu haben, die Aktenlage belegt jedoch das Gegenteil.

Der deutsche Lobbyist Dieter Holzer, der in Frankreich wegen Beihilfe zur Veruntreuung von Elf-Geldern angeklagt wurde, soll sein Honorar von umgerechnet etwa fünfundvierzig Millionen Mark für nur zehn Wochen Lobbying erhalten haben. Holzer behauptet, davon nur einen kleinen Teil an den Ex-Rüstungs-Staatssekretär Holger Pfahls weitergeleitet zu haben. Dem widersprechen die Erkenntnisse des Genfer Richters Paul Perraudin, der seit Jahren die Leuna-Affäre untersucht und dabei auf »das Zentrum eines Systems zur Weiterverteilung kriminell erworbener Gelder« stieß. Auf einer Pfahls-Website (www.filzgeschichten.de) kann man entsprechende Details nachlesen. So hat der ehemalige CSU-Mann Pfahls laut Genfer Justiz »in zeitlich engem Zusammenhang mit dem Leuna-Geschäft« in Panama ein Geflecht aus Briefkastenfirmen, Stiftungen und Holdings gegründet. Dabei waren ihm Treuhänder seines Geschäftsfreundes Holzer behilflich. Es soll darum gegangen sein, »Offshore-Strukturen einzurichten, um dort Gelder von Holzer zu parken«. Über Konten der Holzer-Firma Delta International flossen 1992 mindestens achtzig Millionen Mark »Provisionsgelder«, deren Bestimmung im Einzelnen bis heute unklar ist. Die Schweizer Ermittler sind sicher, dass aus dem Achtzig-Millionen-Topf mindestens sechs der siebzehn Millionen Mark stammen, die von 1992 bis 1997 zwischen Pfahls' panamaischen Offshore-Firmen und Holzers Konten in der Schweiz, Liechtenstein und Luxemburg hin und her flossen. Auffällig an diesen Geldflüssen sind hohe Barabhebungen durch Pfahls. Die Schweizer Justiz mutmaßt daher, dass das Geld für »Bestechungen« genutzt wurde.

Nichtsdestotrotz weigert sich die deutsche Staatsanwaltschaft, im Fall Leuna in irgendeiner Form Untersuchungen einzuleiten, obwohl die Ermittlungsbehörden in Frankreich und der Schweiz deutliche Hinweise auf nach Deutschland geflossene Schmiergelder haben. Für die von der CDU geforderte »schonungslose Aufklärung« fühlt sich niemand zuständig.[168]

Mittlerweile ist in Frankreich nicht nur der Prozess Dumas, der quasi das Vorspiel zum Mammutprozess darstellte, zu Ende gegangen. Auch der Elf-Prozess selbst mit seinen siebenunddreißig Angeklagten neigt sich seinem Ende zu. Der heute achtzigjährige Roland Dumas wurde in letzter Instanz freigesprochen. Das Kassationsgericht glaubte ihm schließlich doch, dass er von alldem »nichts gewusst« habe. Kritiker meinen jedoch, diese Entscheidung spiegele vor allem eins wider: das Verlangen der Republik, ihre Institutionen nicht zu beschädigen. Die mittlerweile fünfundfünfzigjährige Christine Deviers-Joncour kam weniger gut davon: zweieinhalb Jahre Haft, eines davon auf Bewährung, und eine Geldstrafe von 150 000 Euro. Auch Loïk Le Floch-Prigent wurde im Dumas-Prozess schon verurteilt: zweieinhalb Jahre Haft ohne Bewährung und eine Geldstrafe von 300 000 Euro. Seine rechte Hand, Alfred Sirven, erhielt eine Haftstrafe von drei Jahren sowie ebenfalls 300 000 Euro Geldstrafe.

Beide gehören zu den Hauptangeklagten in dem Mammutprozess, bei dem am 7. Juli 2003 in Paris die letzten Plädoyers gehalten wurden. Wegen Veruntreuung von Firmengeldern hat der Staatsanwalt für Le Floch-Prigent fünf Jahre Haft und eine weitere Geldstrafe in Höhe von 380 000 Euro beantragt. Sirven und André Tarallo, auch »Monsieur Afrique« genannt, drohen acht Jahre Haft und eine Geldstrafe von fünf Millionen Euro wegen Veruntreuung von Firmengeldern. Die Urteile werden in erster Instanz im September 2003 ergehen und danach sicher angefochten werden. Im Übrigen haben auch die Anwälte der Verteidigung auf »schuldig« plädiert. Grund für die Verfehlungen ihrer Mandanten sei ihre unglaubliche »Naivität« gewesen.

Anmerkungen

1 Ich wurde als Richterin ins Comité interministériel de restructuration industrielle (CIRI) berufen, ein ministerienübergreifendes Komitee für die Restrukturierung von in Schwierigkeiten geratenen Industrieunternehmen.

2 Am 18. August 1994 beantragte die Pariser Börse ein Ermittlungsverfahren, das meiner Abteilung übertragen wurde. Nachdem wir die von der Kommission für Börsengeschäfte zusammengetragenen und uns übermittelten Daten überprüft hatten, nahmen wir Ermittlungen auf. Es ging dabei um Börsengeschäfte von gewaltigen Dimensionen, die offenkundig mithilfe von Strohmännern des Ölkonzerns Elf (mittlerweile TotalFinaElf) zugunsten der Bidermann-Gruppe getätigt wurden.

3 Am 31. Dezember 1993 war die Elf-Gruppe mit einem Umsatz von 31,86 Milliarden Euro die Nummer eins in Frankreich.

4 Am 17. März 2003, dem ersten Tag des Elf-Prozesses, füllten die gescannten Dokumente zwei DVDs bzw. zehn CD-ROMs mit einer Speicherkapazität von 3200 MB (DVD) bzw. 650 MB (CD-ROM).

5 Eine der Elf-Tochterfirmen, üppig mit Geld ausgestattet und mit einem Sonderstatus, da sie zu fünfzig Prozent dem Staat von Gabun gehört.

6 Am 21. April 1995, als die Untersuchung bereits erste Ergebnisse zeitigt, erstattet die Firma Elf in dieser Angelegenheit Anzeige gegen unbekannt.

7 Zu Anfang der sechziger Jahre stattete Pierre Guillaumat die Direktion des Ölmultis mit einer Nachrichteneinheit aus. Diese wurde von einem Spezialagenten geleitet, der wiederum in ständigem Kontakt mit de Gaulles Chefberater Jacques Foccart stand. Im Laufe der folgenden Jahrzehnte blieb die Sicherheit von Elf in den bewährten Händen der »Dienste«: zuerst unter dem Befehl von Colonel Maurice Robert, der mit Jacques Foccart das SDECE-Afrique (Service de Documentation Extérieure et de Contre-Espionnage, Vorläufer der DGSE) gründete, dann unter Patrice de Loustal, der die mobile Eingreiftruppe der

DGSE (Direction générale de la sécurité extérieure) leitete, bzw. unter Jean-Pierre Daniel, auch »le colonel« genannt, ebenfalls ehemaliger Geheimdienstoffizier. (Vgl. »L'étrange interpénétration des services d'Elf et de la France«, in: *Le Monde* vom 28. September 1997.)

8 Das 1949 gegründete Institut des Hautes Études de Défense Nationale versucht, Franzosen in Schlüsselpositionen in der Verwaltung, der Armee und wichtigen Industriezweigen die zentralen Grundsätze der Landesverteidigung – im weitesten Sinne – transparent zu machen. 1997 wurde das IHEDN Teil der öffentlichen Verwaltung und untersteht damit direkt dem Premierminister.

9 Die französische Justiz kennt den »juge du siège«, der auf Lebenszeit ernannt wird und völlig unabhängig ist. Er ordnet gerichtliche Untersuchungen an und fällt Urteile wie in Deutschland. Auf der anderen Seite gibt es den Staatsanwalt, der direkt dem Justizministerium unterstellt ist. Seine Aufgabe ist es, das Gesetz anzuwenden und über die Interessen der Gesellschaft zu wachen. Der »juge d'instruction«, der Ermittlungsrichter, muss sich mit dem Staatsanwalt abstimmen. Dieser kann eine Entscheidung des Ermittlungsrichters aufheben lassen oder bestimmte Maßnahmen anordnen, wenn er sich an die Ermittlungskammer des Appellationsgerichts wendet.

10 Der Untersuchungsrichter kann nur kraft eines »anfänglichen« Ermittlungsauftrags vonseiten des leitenden Staatsanwalts an einem bestimmten Gericht tätig werden. Dieser legt die Fakten vor, die eine gerichtliche Untersuchung rechtfertigen (Art. 80 der französischen Strafprozessordnung). Wenn dem Untersuchungsrichter neue Fakten bekannt werden, muss er diese sofort der Staatsanwaltschaft mitteilen, die den Ermittlungsauftrag entsprechend erweitert.

11 Der Untersuchungsrichter verfügt von Anfang an über das Recht, einen Verdächtigen vorläufig festzunehmen – unter bestimmten Bedingungen und der Kontrolle der Staatsanwaltschaft. Seit dem Gesetz vom 15. Juni 2000 obliegt diese Aufgabe dem Haftrichter, dem »juge des libertés et de la détention«.

12 Der Untersuchungsrichter François Renaud aus Lyon gehört zu den Gründern der Richtergewerkschaft. Er wurde in der Nacht vom 2. auf den 3. Juli 1975 von drei Männern auf offener Straße erschossen, als

er von einem Essen mit Freunden nach Hause kam. Das Verbrechen wurde nie aufgeklärt.

13 Es ist ein dunkler Citroën AX.

14 Dieser Vorgang, der für die Bürger sehr kostspielig ist, bedeutet, dass man rund um die Uhr von hoch spezialisierten Polizeiteams bewacht wird. Personenschutz wird meist für Richter angeordnet, die auf dem Gebiet der Terrorismusbekämpfung tätig sind. Für einen Untersuchungsrichter, der sich mit Wirtschaftskriminalität beschäftigt, war diese Maßnahme bis dato noch nie vonnöten.

15 Brief an die Gerichtspräsidentin vom 12. Juni 1996.

16 Antonio Di Pietro war Staatsanwalt in Mailand. Er war ein wichtiger Part der Aktion Mani Pulite (»Saubere Hände«), in der im ganzen Land Politiker für das Entgegennehmen von Schmiergeldern zur Rechenschaft gezogen wurden. Im November 1994 trat Di Pietro zurück, weil er dem Druck nicht mehr gewachsen war, der seit dieser Zeit auf seinem Privatleben lastete.

17 Natürlich erwachte diese boshafte Unterstellung während des Elf-Prozesses erneut zum Leben. Der Anwalt eines Beschuldigten gibt zwischen zwei Gerichtsverhandlungen en passant und vor Zeugen zu verstehen, er halte hieb- und stichfeste Beweise für meine Bestechlichkeit in Händen. Aus gutem Grund legt er diese jedoch nie vor. Nur der angenommene Preis für meinen Verrat hat sich in den sechs Jahren verhundertfacht: Nun heißt es, ich habe 4,5 Millionen Euro erhalten. Ich werte dies als handfesten Beweis meiner Leistung.

18 Eine dieser Reaktionen, die unter die Haut gehen können, wurde kürzlich veröffentlicht. Edith Boizette, die dienstälteste Ermittlungsrichterin in der Abteilung für Wirtschaftskriminalität, in einem Interview mit zwei Journalisten von *Le Monde*: »Ich bin nicht vollkommen überzeugt, dass Personenschutz, der sich über drei oder vier Jahre hinzieht, wirklich sinnvoll ist. [...] Im Grunde wird uns damit nur Sand in die Augen gestreut. [...] Für [Eva Joly] ist der Personenschutz Teil ihrer Machtinsignien. [...] Ich persönlich beneide sie um diese Sonderbehandlung nicht. Ich fahre abends lieber in meinem kleinen Auto nach Hause. [...] Wir müssen uns fragen, wie real die Gefahr wirklich war und welches Ausmaß sie tatsächlich hatte.« (In: Greilsa-

mer, Laurent, Schneidermann, Daniel: *Où vont les juges?*, Paris 2002, S. 54f.)

19 http://www.cfpj.com/spe_cfj/garde/gardecor/joly1.html.

20 Damals war die Elf-Gruppe offiziell in hundert Ländern präsent. Sie hatte mehr als 800 Zweigstellen und war an 350 anderen Gesellschaften beteiligt.

21 Der ehemalige Schüler der Elitehochschule ENA (École nationale d'administration), der zum selben Jahrgang gehört wie Jacques Chirac, trat 1967 in die ERAP (Entreprise de recherches et d'activités pétrolières, Staatsunternehmen und Vorläufer von Elf) ein. Vier Jahre später wurde er Verwaltungsdirektor, dann Regionaldirektor für Afrika. Zum Präsidenten von Elf-Gabon ernannte man ihn 1977. Diesen Posten füllte er zwanzig Jahre lang aus. Später wurde er noch Präsident von Elf-Congo (1984), Elf-Angola (1988), Elf-Trading (1992) ...

22 Nach Artikel 144 der Strafprozessordnung ist eine vorläufige Festnahme dann zulässig, wenn dies das einzige Mittel ist, die Beweislage zu sichern, die Bedrohung von Zeugen oder eine Absprache zwischen den Vernommenen zu verhindern.

23 Alexandre Benmakhlouf war damals leitender Staatsanwalt am Appellationsgericht in Paris. Er stand den Gaullisten nahe und war vorher technischer Berater im Stab von Jacques Chirac in Matignon (1986–1988), später, als Chirac Bürgermeister von Paris (1988–1991) war, fungierte er als Referent bzw. juristischer Berater. Dem späteren Justizminister Jacques Toubon (1995–1996) diente er als Stabschef.

24 Ab dem Sommer 2000 werden im Rahmen der »Angolagate« genannten Affäre, in der Philippe Courroye ermittelt, immer neue Aspekte der »Schattenrepublik« deutlich. Offenkundig wurden so genannte »Vermittler« in Angola, Russland und Frankreich tätig. Wenn man den Informationen der Presse Glauben schenken darf, wechselten dabei 150 Millionen Euro an Schmiergeldern den Besitzer. Auch in diesem Fall erhielt der ermittelnde Richter Polizeischutz.

25 In: *L'Union* vom 24. April 1997. »Loïk-Le Plouc« ist eine Verballhornung von »Loïk Le Floch-Prigent«. Der *plouk* ist im Französischen ein »Bauernlümmel«.

26 Das Uran wird in Franceville gefördert, der Geburtsstadt Omar Bon-

gos. Die Förderung wird koordiniert von der Firma Comuf. Als Michel Pecqueur, ehemaliger Hochkommissar für Atomenergie und Vorgänger von Loïk Le Floch-Prigent an der Spitze des Elf-Konzerns, den Elf-Tower verlässt, wird er zum Präsidenten von Comuf ernannt. (Vgl. Lorentz, Dominique: *Une guerre*, Paris 1997.)

27 Der Begriff wurde zum ersten Mal – und im positiven Sinne – 1970 vom Staatspräsidenten der Elfenbeinküste Félix Houphouët-Boigny verwendet. In den frühen neunziger Jahren erfuhr er dann eine Renaissance, als die Kritiker der engen Verflechtungen Frankreichs mit seinen ehemaligen afrikanischen Kolonien ihn für sich reklamierten. Seitdem bezeichnet er die wirtschaftlichen und politischen Seilschaften, die sich zwischen dem alten Kolonialherrn und den ehemaligen Satellitenstaaten herausgebildet haben.

28 André Tarallo hatte sich in Korsika eine Villa im Wert von mehr als 100 Millionen Francs gebaut. Vor allem die Inneneinrichtung war äußerst kostspielig. Bei der Durchsuchung ging es darum, festzustellen, wie bezahlt worden war bzw. wer die Aufträge erteilt hatte.

29 Nur eine kleinere Durchsuchung wurde von der Anklagekammer vom Verfahren ausgeschlossen, weil diese zu der Auffassung kam, wir hätten uns außerhalb unseres Ermittlungsauftrags bewegt.

30 An einem bestimmten Punkt der Untersuchungen überlegen wir, den Personenschutz auf Serge Rongère auszudehnen, verfolgen diesen Gedanken jedoch nicht weiter.

31 Die Filiale der Crédit-Lyonnais-Bank im Pariser Quartier Maubert meldete mehrere Tagesgeldkonten an das Mutterhaus. Leider war es uns nicht möglich, die entsprechenden Dokumente zu finden, da diese laut Auskunft der Bankdirektion beim Brand ebendieser Niederlassung verloren gegangen sind.

32 Da Roland Dumas eingeschriebenes Mitglied der Anwaltskammer ist, ist dies Vorschrift.

33 Offen gestanden glaube ich nicht, dass ein Journalist Roland Dumas informiert hat und dass dieser tatsächlich ein Interesse daran hatte, uns den Namen desselben mitzuteilen. Das war wohl nicht mehr als ein Vorwand. In seinem Buch *L'Epreuve, les preuves* (Paris 2003) zeichnet der ehemalige Außenminister jedenfalls ein völlig anderes Bild

der Situation: »Ich schlief tief, als es an der Tür schellte. Es war 7.30 Uhr am Morgen. Ich konnte mir nicht vorstellen, wer um diese Zeit an meiner Tür läutete. Als ich durch den Spion hinaussah, merkte ich schnell, was hier gespielt wurde.« Außerdem führt Roland Dumas noch die Aussage eines Nachbarn an, der behauptete, er sei »von vielen Autos auf der Straße geweckt worden, lange bevor Polizei und Richter kamen. Er war aufgestanden, hatte die Vorhänge beiseite gezogen und hinuntergesehen. Die Straße sei regelrecht blockiert gewesen« (S. 18 und 29). Ich behaupte hier, dass beide Aussagen nicht der Wahrheit entsprechen. An jenem Morgen jedenfalls hat Roland Dumas vor drei Zeugen angegeben, bereits am Vorabend von der Durchsuchung erfahren zu haben. Und auf der Straße war rein gar nichts zu sehen, als wir dort ankamen.

34 Im oben genannten Buch schreibt Roland Dumas: »Zwischen den beiden Richterinnen sehe ich aus wie ein Dieb zwischen zwei Polizisten. [...] Als die Richterinnen mit mir in den Dienstwagen des Verfassungsrates steigen (als sei ich bereits verhaftet), werden die Blitzlichter noch stärker. [...] Die Falle war klug gestellt« (a. a. O., S. 28). Ich halte meine Behauptung aufrecht, dass Roland Dumas sich in unseren Wagen setzte. Die zahlreichen Fotos belegen dies eindeutig. Eine feine Nuance, welche die banale Wahrheit – eine unerwartete und für alle peinliche Situation, mit der jeder auf seine Weise fertig zu werden versuchte – von dem von Dumas evozierten Gespenst illegaler Machenschaften klar unterscheidet.

35 »Ich kann mir einfach nicht vorstellen, dass diese Aktion mit der Presse nicht beabsichtigt war. Die große Anzahl der Journalisten ließ vermuten, dass man sogar die Paparazzi alarmiert hatte. Hier ging es nicht um Diskretion, ganz im Gegenteil. Man suchte die Öffentlichkeit. Wer aber profitierte von der ganzen Inszenierung? Wer wendet sich denn ohne Unterlass an die Medien? Wer posiert gern vor Fotografen?« (In: Dumas, a. a. O., S. 29.)

36 Airy Routier, wichtigster »Investigativjournalist« der Wochenzeitschrift, hat für die ehemaligen Elf-Manager Partei ergriffen. Seiner Aussage zufolge wurde er zu Beginn der Affäre von dem Lobbyisten Olivier Le Picard kontaktiert, der damals für Loïk Le Floch-Prigent ar-

beitete. Dieser habe ihn mit seinen Anwälten bekannt gemacht. Seitdem bin ich für diese Zeitschrift, die Roland Dumas traditionell sehr nahe steht, ein rotes Tuch.

37 Natürlich wird eine eilige Untersuchung der Vorkommnisse angeordnet, sie bleibt jedoch ergebnislos.

38 Im März 1993 ergibt eine Untersuchung über die Abhöraktivitäten des Präsidenten, dass François Mitterrand 1982 eine »Anti-Terror-Einheit« gründete. Diese Gruppe verfügte über das Recht, ohne jede demokratische Kontrolle Abhörmaßnahmen vorzunehmen. Dutzende von Personen, darunter Anwälte und Journalisten, wurden auf Verlangen des Staatschefs mehr als zehn Jahre lang ausspioniert. Im August 2002 beantragte der Ermittlungsrichter Jean-Paul Valat die Eröffnung eines Strafverfahrens wegen Verletzung der Privatsphäre und – in einigen Fällen – des Datenschutzes gegen zwölf Personen.

39 Im September 1986 verkündete die französische Regierung – unterstützt vom Hochkommissar für Atomenergie –, die radioaktive Wolke von Tschernobyl sei an Frankreich vorbeigezogen. Dies, obwohl Belgien, Deutschland, die Schweiz und Italien betroffen waren. Doch der Wind scheint Franzose zu sein, deshalb hat er vermutlich an der Grenze Halt gemacht. Die später ergriffenen Maßnahmen straften die Verlautbarung Lügen, aber zunächst einmal ging es der Regierung ausschließlich darum, in der Atommacht Frankreich das positive Bild der Atomenergie nicht zu beeinträchtigen. Die Information der Allgemeinheit war in diesem Fall offenkundig nebensächlich.

40 Im Vorwort des Herausgebers bezichtigt die Zeitung die französische Justiz eines »unverständlichen Mangels an Eifer«, der »sämtliche Untersuchungen im Fall Elf in Misskredit bringt und daran zweifeln lässt, ob mit der nötigen Härte und Konsequenz vorgegangen wurde«. (In: *Le Monde* vom 5. Januar 1999.)

41 Als Daniel Léandri während des Elf-Prozesses vor dem Richter erschien, stellte er sich als einfacher »Friedenshüter« dar. Er sei »vom Innenminister abkommandiert worden, um die Vorkommnisse im frankophonen Afrika zu kontrollieren«. Während der Jahre 1986 bis 1988 sowie 1993 bis 1995 habe er im Auftrag von Charles Pasqua eine besondere Mission erfüllt. Léandri ist einer der engsten Mitarbeiter,

sozusagen der »Engel des Herrn«, von Pasqua, dem ehemaligen Innenminister und heutigen Führer der rechtspopulistischen Partei Rassemblement pour la France (RPF).

42 Sinnigerweise handelt es sich dabei um die SCTIP, die Leitstelle für die technische Kooperation der Polizei, deren offizielle Aufgabe es ist, »die Organisation und Funktion der nationalen Polizei im Ausland zu koordinieren: Ausbildungs- und technische Hilfe in Ländern der Dritten Welt, Sammlung von Informationen für die innere Sicherheit Frankreichs, Unterstützung der französischen Industrie in Sicherheitsfragen ...«

43 Christine Deviers-Joncour hatte darauf bestanden, neue Elemente, von denen sie Kenntnis erlangt hatte, der Justiz mitzuteilen.

44 Als Eric Turcon bei der Rückkehr Sirvens nach Frankreich 2001 tatsächlich Verteidiger im Elf-Fall wird, beantragt er übrigens nicht, dass die Hausdurchsuchung bei ihm als Beweismittel annulliert wird.

45 Vgl. zum Beispiel Maillard, Jean de: *Un monde sans loi*, Paris 1998.

46 Der *Nouvel Observateur* titelt am 14. April 1999: »Feuer auf Eva Joly eröffnet!«

47 Zur Begründung zieht die Anwaltskammer die Verantwortung des Staates heran. Nach Artikel 781-1 des Code de l'organisation judiciaire ist dieser nämlich verpflichtet, »Schäden, die durch Fehler der Justiz entstanden sind, zu beheben«. Diese Schäden seien »aufgrund von Fehlern bei der Durchsuchung« entstanden. (In: *La Gazette du Palais* vom 4. April 1999.)

48 Die Gewerkschaft der Richter erhebt Protest gegen das Vorgehen der Anwaltskammer. Ihr zufolge zielt dies einzig darauf ab, »Untersuchungen zu verhindern, die hoch stehende Persönlichkeiten, im Besonderen den Präsidenten des Verfassungsrates, betreffen«. Die Klage wird am Ende zurückgezogen. Die Justizministerin zitiert mich nicht vor den Conseil supérieure de la magistrature. Monsieur Turcon trägt seine Sache bis vor das Kassationsgericht, verfolgt sie dort aber nicht weiter. Am 14. Februar 2001 urteilt das Gericht zu meinen Gunsten.

49 Einer meiner früheren Kollegen, Armand Riberolles, stellt die Situation so dar: »Da ist eine neue Schule im Entstehen begriffen, eine neue

Art der Verteidigung, die in erster Linie auf den Dissens setzt. Man geht auf den Richter los, statt sich die Fakten anzusehen. Philippe Courroye und Eva Joly wurden Opfer dieser neuen Strategie der Verteidigung.« (In: Greilsamer/Schneidermann: *Où vont les juges?*, a. a. O., S. 148.) Philippe Courroye war unter anderem Untersuchungsrichter in der Crédit-Lyonnais-Affäre um den designierten EZB-Chef Jean-Claude Trichet.

50 Im Laufe unseres Gesprächs vom 12. März 1999 veranlasst der Erste Präsident des Kassationsgerichts, dass auch Laurence Vichnievsky, die bis zu diesem Zeitpunkt von Drohungen verschont geblieben war, unter Personenschutz gestellt wird.

51 Einer der großen Journalisten Spaniens, Juan Tomas de Salas, der frühere Chefredakteur der Zeitschrift *Diario 16*, ist derselben Meinung: »Wir haben unsere Ideale verloren. Es gibt keinen investigativen Journalismus mehr, sondern nur noch geheime Mächte, welche gezielt jene Informationen auf den Markt bringen, die ihnen in den Kram passen. Diese Mächte benutzen uns für ihre persönlichen Interessen.« (In: El *País* vom 22. Juli 1994.)

52 In: *Décideurs juridiques et financiers*, Nr. 41, S. 61.

53 Vichnievsky, Laurence (und Jacques Follorou): *Sans instructions*, Paris 2002.

54 Sieben Richter haben am 1. Oktober 1996 an der Universität Genf einen Aufruf unterzeichnet, der die freie Zugänglichkeit juristischer Informationen einfordert. Bislang haben sich diesem Appell europaweit mehr als viertausend Richter angeschlossen.

55 *Notre affaire à tous*, Paris 2000.

56 Pierre Péan und Philippe Cohen allerdings werten in ihrem Buch *La Face cachée du »Monde«* (Paris 2003) die Entscheidung der Zeitschrift *Le Monde*, einen Teil unseres Buches vorab zu drucken, als Dankeschön für die Informationen, die ich dem Blatt zugespielt haben soll. Sie bezeichnen mich als »Korrespondentin ehrenhalber«. Ich habe Hervé Gattegno, dem *Le-Monde*-Journalisten, der mit dem Fall Elf befasst war, während der Ermittlungen nicht eine einzige Information zukommen lassen. Einmal habe ich mit dem Chefredakteur dieser Zeitschrift telefoniert. Dabei ging es um die skandalöse Behandlung, die

der Haftbefehl gegen Alfred Sirven erfuhr. Mein Gesprächspartner hat von diesem Gespräch eine Aktennotiz gemacht. Der Vorabdruck wurde von meinem Verleger mit Chefredakteur Eric Fottorino ausgehandelt. Ich war dabei nicht zugegen. Aus diesem Grund habe ich Pierre Péan und Philippe Cohen wegen Verleumdung angezeigt.

57 Ein Haftbefehl erlaubt den Behörden nur, den Beschuldigten vierundzwanzig Stunden in Haft zu behalten. Die Anordnung der Untersuchungshaft muss vor Ablauf dieser Frist ergehen, sonst ist der Beschuldigte wieder auf freien Fuß zu setzen.

58 In Anbetracht seines Alters sorgen wir für eine medizinische Überwachung des Beschuldigten, was seine Anwesenheit in unseren Büros noch verlängert.

59 Roland Dumas wurde zu 30 Monaten Haft, davon 24 auf Bewährung, verurteilt. Alfred Sirven erhielt 48 Monate Haft, Le Floch-Prigent 42 Monate – jeweils ohne Bewährung. Christine Deviers-Joncour wurde zu 36 Monaten Haft, davon 18 Monate auf Bewährung verurteilt. In letzter Instanz wurde Roland Dumas freigesprochen.

60 Die Tageszeitung meint, über meine Abberufung spekulieren zu müssen: »Die Schockwelle, die sich seit zwei Tagen aufbaut, könnte sich als tödlich erweisen [...] Nun gibt es auch noch eine Affäre Joly!« (In: *Le Figaro* vom 1. Juni 2001.)

61 Der Vorsitzende der Anwaltskammer lehnt es ab, eine Gegendarstellung zu veröffentlichen, womit er geltendes Recht verletzt. Seine Sturheit veranlasst mich, mein Heil vor Gericht zu suchen. Tatsächlich gewinne ich den Prozess im April 2003. Der Vorsitzende der Anwaltskammer hat gegen das Urteil Berufung eingelegt.

62 Am 29. Januar 2003 wird Roland Dumas während der Berufungsverhandlung freigesprochen.

63 Die Zahl der richterlichen Amtshandlungen, die in jeder Ermittlungsabteilung vorgenommen werden, wird aufgelistet. So können unsere Vorgesetzten unseren Arbeitseifer besser einschätzen.

64 Silvio Berlusconi wurde bis dahin bereits mehrere Male verurteilt: wegen Falschaussage im Fall um die Geheimloge P2 (Urteil aufgehoben durch die Amnestie von 1989), zu dreiunddreißig Monaten Gefängnis in erster Instanz wegen Korruption (während der Berufung

verjährt), zu achtundzwanzig Monaten Gefängnis wegen illegaler Parteienfinanzierung (während der Berufung vor dem Appellations- bzw. Kassationsgericht verjährt) und zu sechzehn Monaten Gefängnis wegen Bilanzfälschung (während der Berufung verjährt). (Vgl. *Le Monde* vom 22. März 2002.)

65 Ich möchte hier all jene erwähnen, die entscheidend dazu beigetragen haben, dass die Ermittlungen im Fall Elf zu Ende geführt werden konnten. Bei der Staatsanwaltschaft waren dies François Franqui, Anne-Josée Fulgéras, Jean-Pierre Champrenault und Jean-Claude Marin. Unter den Richtern war es vor allem die Erste Vizepräsidentin Claude Noquet, deren unumwundene Unterstützung nie nachließ.

66 Ich entschied mich für Anne-Mette Dyrnes, Leitende Staatsanwältin in der norwegischen Kommission gegen Wirtschaftskriminalität und Leiterin der norwegischen Delegation im Internationalen Geldwäsche-Ausschuss der OECD (GAFI); für Atle Roaldsøy, Leiter der norwegischen Delegation im Anti-Korruptions-Ausschuss der EU (GRECO); und Unn Torgersen, der für Dokumentation und Koordination zuständig ist.

67 Innerhalb von drei Jahren (1995–1998) wurden gegen Antonio Di Pietro, ehemaliger Staatsanwalt in Mailand, siebenundzwanzig Prozesse angestrengt. Er musste sich ganze 353-mal gegen die Verleumdungen von Journalisten und Politikern gerichtlich zur Wehr setzen. (Siehe dazu *Politique internationale*, Nr. 85, Herbst 1999, S. 14.)

68 »Justice et politique: L'impossible cohabitation?«, in: *Panoramiques*, Nr. 63, 2003, S. 98.

69 Ebenda.

70 In Frankreich sind mittlerweile folgende herausragende Werke erschienen: Lascoumes, Pierre: *Elites irrégulières*, Paris 2000; Maillard, Jean de: *Un monde sans loi*, a. a. O.; Meny, Yves: *La Corruption politique*, Paris 1992.

71 Zu nennen sind dabei die außergewöhnlichen und singulären Anstrengungen der Mission d'information sur les obstacles au contrôle et à la répression de la délinquance financière et du blanchiment des capitaux en Europe, geleitet von Vincent Peillon und Arnaud Montebourg, sowie der Mission d'information sur le rôle des compagnies

pétrolières dans la politique internationale, der Marie-Hélène Aubert vorsitzt.

72 In: *The New York Times* vom 10. Februar 2002.

73 Im Jahr 1992 traten die Staatsanwälte von Mailand, allen voran Antonio Di Pietro, eine Lawine los. Mit ihnen begann die Bewegung der Mani Pulite, der »Sauberen Hände«, die die allgemeine Korruption der italienischen Parteien enthüllte. Anfangs ging es nur um Ermittlungen gegen Bettino Craxi, einen bekannten Sozialistenführer. Doch Stück für Stück kam die ganze Wahrheit ans Licht. Der gesamte Vergabesektor öffentlicher Arbeiten war ein einziges Schmiergeldsystem (mit Provisionen, die bis zu zehn, ja zwanzig Prozent der Auftragssumme ausmachten), das alle Parteien gleichermaßen betraf. Die Verhaftungen und Prozesse führten zur Auflösung der sozialistischen und der christdemokratischen Partei.

74 Dem Magazin *Forbes* zufolge ist Silvio Berlusconi der drittreichste Mann Europas und der zwölftreichste der Welt.

75 In: *Le Monde* vom 11. Januar 2002.

76 »Justice et politique: L'impossible cohabitation?«, in: *Panoramiques*, a. a. O., S. 98. Dazu möchte ich nur zwei Dinge klarstellen: Die Mittel, die uns zur Verfügung standen, waren alles andere als unbegrenzt. Und was die »magere Maus« angeht: Diese Ermittlungseinheit hat immerhin die Grundlagen für den Elf-Prozess gelegt, in dem es um die Veruntreuung von mehreren hundert Millionen Euro geht. Aktuell ermittelt sie im Fall »Angolagate« und hat jetzt schon Schwarzgeldströme von hundert Millionen Euro aufgedeckt.

77 Im *Treatise of Human Nature* schreibt er: »Carelessness and inattention alone can afford us any remedy« (Unaufmerksamkeit und Nachlässigkeit allein können uns alle Aufschlüsse zuteil werden lassen), London 1985.

78 In: *La Libération* vom 7. Dezember 1994.

79 In: *La Repubblica* vom 6. März 1997 und *L'Hebdo* vom 28. Februar 2002.

80 Siehe AFP-Meldungen vom 12. Februar 2003.

81 Fay, Bruno, Olivier, Laurent: *Le Casier judiciaire de la République*, Paris 2002.

82 Siehe AFP-Meldungen vom 15. November 2001.

83 Ebenda.

84 Siehe AFP-Meldungen vom 12. Februar 2003.

85 In: *The Financial Times* vom 15. April 2002.

86 In: *The Washington Post* vom 22. Mai 2002.

87 In: *Le Monde* vom 8. Februar 2002.

88 Siehe AFP-Meldungen vom 23. März 2001.

89 Siehe AFP-Meldungen vom 24. Januar 2003.

90 Nach Informationen der Nichtregierungsorganisation Coalition 2000, die seit fünf Jahren Nachforschungen anstellt und Tausende von Unternehmer befragt hat.

91 Interview in *La Libération* vom 7. Februar 2003.

92 In der UN-Konvention gegen den illegalen Handel mit Betäubungsmitteln und psychotropen Substanzen wurde die Geldwäsche zum ersten Mal als strafrechtlich relevanter Tatbestand betrachtet, der in die Gesetzgebung aller Länder einfließen sollte. Später gründete man den Internationalen Geldwäsche-Ausschuss der OECD (GAFI), der diesbezüglich Empfehlungen aussprach und eine schwarze Liste der Staaten erstellte, die nicht kooperationswillig waren.

93 Die Erfinder dieser Mechanismen haben sie zynischerweise nach einer heute ausgestorbenen, besonders gierigen Dinosaurierrasse benannt, die durch den Film Jurassic Park weltberühmt wurde.

94 Die Zahlen stammen vom IWF (Basis 2002), zitiert nach: Chavagneux, Christian: *Rapport de conseil d'analyse économique sur la governance mondiale*, La Documentation française, 2003 (Les rapports du Conseil d'analyse économique, n° 38).

95 Borjesson, Kristina: *Black List. Quinze grands journalistes américains brisent la loi du silence*, Paris 2003.

96 In: *Le Monde* vom 30. Oktober 2002.

97 Levin zitiert namentlich die Bank of New York, die Bank of America, die Citigroup JP Morgan Chase et cetera.

98 »Les filiales compromettantes des grandes banques européennes«, in: *L'Expansion* vom 28. September 2000.

99 Menthon, Pierre-Henri: »Colbert, le grand serviteur de l'État, n'a pas oublié de se servir«, in: *Historia*, Oktober 1996. Nichtsdestotrotz stand

diese Form des Missbrauchs auch damals schon unter Strafe: »Bestimmte Praktiken wie die Annahme von Schmiergeldern waren auch im 17. Jahrhundert bereits per Gesetz untersagt. Es gab mehrere Aufsehen erregende Prozesse, zum Beispiel 1661 gegen den Oberintendanten Fouquet oder 1680 gegen den italienischen Finanzier Bellinzani, den man beschuldigte, dem Assistenten Colberts kostbare Tafelaufsätze zum Geschenk gemacht zu haben.«

100 Abramovici, Pierre: »Les jeux dispendieux de la corruption morale«, in: *Le Monde diplomatique* vom November 2000.

101 Siehe Zinn, Howard: *Une histoire populaire des Etats-Unis*, Marseille 2002.

102 Stavisky gründete zusammen mit dem Bürgermeister von Bayonne eine Bank und gab Kassenanweisungen für 235 Millionen Franc aus, denen nur eine Deckung von zwanzig Millionen Franc gegenüberstand. Als der Skandal aufflog, fand man heraus, dass Stavisky schon wegen ähnlicher Delikte gesucht wurde, eine Nachricht, die er durch Schmiergelder an Beamte immer zu unterdrücken wusste. – Beim 1953 aufgeflogenen Piaster-Skandal entdeckte man, dass hohe französische Beamte den unterschiedlichen Wechselkurs des Piasters in Saigon (1 zu 17) und Paris (1 zu 10) quasi als Gelddruckmaschine benutzt hatten, indem sie die Beamten des offiziellen Wechselbüros bestachen. Der Vorfall war umso tragischer, als diese leichte Möglichkeit, Geld zu machen, auch von den Vietminh genutzt worden war, um sich mit Waffen zu versorgen, mit denen wiederum französische Soldaten getötet wurden.

103 Marchal, Roland: *Dubaï – cité globale*, Paris 2002, S. 17.

104 Meny, Yves: »Corruption, politique et démocratie«, in: *Confluences Méditerranée*, Nr. 15, Sommer 1995.

105 Diese Bestimmung wurde in Frankreich im Jahr 2000 rechtskräftig. Mittlerweile ist sie durch die OECD-Konvention zur Bekämpfung der Korruption außer Kraft gesetzt. Diese verpflichtet die vierunddreißig OECD-Mitgliedsländer, die Bestechung ausländischer Beamter unter Strafe zu stellen. Trotzdem ist es noch möglich, straffrei ausländische Beamte zu bestechen, wenn die Korruption von einer Zweigstelle des Unternehmens ausgeht, die außerhalb der OECD-Länder liegt. – In

Deutschland sind Bestechungsgelder seit 1934 als Betriebskosten absetzbar. Eingeschränkt wurde diese Bestimmung 1996. Danach waren inländische Bestechungsgelder nicht mehr absetzbar, wenn der Empfänger rechtskräftig verurteilt worden war, was eher selten geschah. Auch diese Regelung wurde durch die OECD-Konvention außer Kraft gesetzt. Ansonsten gilt das oben Gesagte.

106 Die Coface-Gruppe (Compagnie française d'assurance pour le commerce extérieur) ist der weltgrößte Exportkreditversicherer.

107 Zwischen 1995 und 1999 beläuft sich der Durchschnittswert der annullierten Geschäfte auf mehr als acht Milliarden Franc. Der Spitzenwert liegt bei 16,5 Milliarden Franc. In seinem Jahresbericht bemängelt der Rechnungshof, dass »die von der Coface im staatlichen Auftrag abgewickelten Geschäfte weder in den Büchern der Coface noch im Staatshaushalt gesondert ausgewiesen sind [...] Anders als die Rückzahlung der gewöhnlichen Staatskredite sind die von der Coface erzielten Rückzahlungen weder im Staatshaushalt noch in der Rechnungslegung zu rekonstruieren.«

108 Siehe zum Beispiel den Jahresbericht 2002 von Transparency International, die jene Sektoren wegen ihrer Exportlastigkeit zu den von der Korruption am stärksten betroffenen zählt.

109 Siehe die Aufstellung der Zeitschrift *Fortune* für das Jahr 2002.

110 Siehe dazu die Studie von Palan, Ronan: *Tax Havens and the Commercialization of State Sovereignty in International Organisations*, Nr. 56, Winter 2002, S. 153–177.

111 Le Floch-Prigent, Loïk: *Affaire Elf, affaire d'État*, Gespräche mit Eric Decouty, Paris 2001, S. 34.

112 Diese Spannen sind allgemein bekannt. So schreibt Pierre Abramovici: »Die Provisionen im Waffengeschäft, die in den entwickelten Ländern zwischen fünf und sechs Prozent liegen, können auch zwanzig, dreißig, ja mitunter sogar bis zu vierzig Prozent betragen.« Siehe »Les jeux dispendieux de la corruption morale«, in: *Le Monde diplomatique* vom November 2000.

113 *Le Canard enchaîné* vom 26. Mai 1999.

114 Nach Auskünften der *Direction générale à l'armement*, die dem Verteidigungsminister untersteht.

115 Um genauere Zahlen zu erhalten, genügt es, sich die vier wichtigsten Kunden der französischen Waffenhersteller anzusehen: Die Vereinigten Arabischen Emirate haben im selben Zeitraum Waffen für 63,5 Milliarden Franc geordert, Saudi-Arabien für 53,2 Milliarden Franc, Syrien für 12,7 Milliarden und Pakistan für 3,3 Milliarden. Geht man von einem »Provisionssatz« von dreißig Prozent aus, wie er für diese Länder mindestens üblich ist, dann erhält man eine Summe von sechs Milliarden Euro oder 39,8 Milliarden Franc über neun Jahre verteilt. Das sind jährlich 675 Millionen Euro oder 4,42 Milliarden Franc ... mit nur vier Kunden!

116 Die Rangordnung für 2002 habe ich der Zeitschrift *L'Expansion* entnommen.

117 Im September 2000 hat die Schweizer Bankenaufsicht ein Verfahren gegen die Crédit-Suisse-Bank, die Crédit agricole Indosuez und die Londoner City eingeleitet, weil von dort neunundfünfzig Prozent der Gelder stammten, die der nigerianische Diktator in Genf deponiert hatte. (Siehe: *Alternatives économiques* vom Oktober 2000.)

118 *The New York Times* vom 10. Februar 2002.

119 Der Prüfbericht, der im Auftrag der Mailänder Staatsanwaltschaft über die Bücher der *Fininvest*, der Holding von Silvio Berlusconi, angefertigt wurde, zeigt deutlich die Janusköpfigkeit heutiger Konzerne. Die Wirtschaftsprüfer der KPMG kamen zu folgendem Ergebnis: Sie stellten fest, dass es eine »Fininvest B« gibt, ein Netzwerk von vierundsechzig Gesellschaften, deren Sitz sich durchweg in den Steuerparadiesen befand, auf den britischen Jungferninseln, den Bahamas, auf Jersey oder Luxemburg. »Sie durften nirgendwo, vor allem nicht in den geprüften Bilanzen, auftauchen, damit die Verbindung zur Fininvest-Gruppe nicht durchsickerte«, erläuterte der Rechtsanwalt David Mills, der die Gesellschaft leitete, welche sich um dieses Netzwerk zu kümmern hatte.

120 Die amerikanische Journalistin Lucy Komisar schreibt: »Die Amerikaner sind enormen Summen auf der Spur. Es soll sich um mehrere Milliarden Dollar handeln, die vom irakischen Diktator für persönliche Zwecke beiseite geschafft wurden. Das verwirrende Netzwerk der vielfältigen Scheinfirmen und Bankkonten wurde von erstklassigen

Spezialisten in Liechtenstein, Panama und der Schweiz geschaffen und wird nun Stück für Stück freigelegt.« (In: *La lettre du blanchiment* vom Mai 2003.)

121 In: *The Economist* vom 26. Oktober 2002.

122 Aus der Schlussrede Levins zur Sitzung über »Privatbanken und Geldwäsche« der ständigen Untersuchungskommission des Senats am 9. November 1999.

123 Auf einer Konferenz in Porto Alegre am 2. Februar 2002. Garzón ermittelte wegen des Verschwindens spanischer Staatsbürger zur Zeit der chilenischen Pinochet-Diktatur und sorgte mit seinem Haftbefehl für die Festnahme des ehemaligen Diktators in London.

124 Cohen, Roger: »Global Forces Batter Politics«, in: *The New York Times* vom 17. November 1996. Siehe auch die umfassenden Studien zu diesem Thema, die auf der Website des Center for Public Integrity veröffentlicht wurden, vor allem Renzulli, Diane: »Capitol Offenders: how private interests govern our states« (www.icri.org). In diesem Zusammenhang ist wohl auch interessant, dass Pierre Falcone, einer der Beschuldigten in der Angolagate-Affäre, für die Kampagne von George W. Bush jr. hunderttausend Dollar spendete, also genauso viel wie Kenneth Lay, der Enron-Chef.

125 Siehe Hodges, Tony: *Angola from afro-stalinism to petrol-diamond capitalism*, Fridtjof Nansen Institute & The International African Institute 2001. Die Grafik beruht auf Daten der Weltbank.

126 Siehe Verschave, François-Xavier: *Noir Silence. Qui arrêtera la Françafrique?*, Paris 2000, S. 364. Siehe auch den Bericht »All the President's Men« der Nichtregierungsorganisation Global Witness. Dort wird auf ein Konto bei einer Bank auf den Jungferninseln Bezug genommen, das auf mehrere angolanische Militärs lautet und auf dem mehr als 1,1 Milliarden Dollar ruhen. Der Bericht ist in Französisch, Portugiesisch und Englisch abrufbar über www.globalwitness.org/reports.

127 Bericht vom 9. April 2002 (zitiert in *Le Monde* vom 23. April 2003). Bei der Untersuchung geht es um Waffenlieferungen der Gesellschaft *Brenco* nach Angola. Da sie noch nicht abgeschlossen ist, kann die wahre Summe sowohl höher als auch niedriger liegen.

128 In: *Le Monde* vom 24. Mai 2002.

129 Siehe: Brana, P., Aubert, M.-H., Blum, R.: *Pétrole et éthique: une conciliation possible?*, Documentation Française 10/1999, Bd. 1, S. 149.

130 In Frankreich leisten diese Vorfinanzierungen für Kongo-Brazzaville und Angola vor allem die Banken Crédit agricole und Paribas. (»Un milliard de dollars de prêts gagés en quelques mois«, in: *La Lettre du continent* vom 31. März 1999.)

131 In: *L'Autre Afrique* vom 1. April 1998.

132 Ohne in Rechnung zu stellen, dass die französische Regierung dem Land regelmäßig seine Schulden erlässt. Das letzte Mal geschah dies im Jahr 1996 (vierhundert Millionen Franc) auf Betreiben von Jacques Chirac.

133 »Die Lebenserwartung liegt bei höchstens zweiundfünfzig Jahren. Nur neununddreißig Prozent der Kinder sind gegen Masern geimpft – in den sonstigen Entwicklungsländern liegt der Durchschnitt bei 79 Prozent.« (Verschave, François-Xavier: *Noir Silence. Qui arrêtera la Françafrique?*, Paris 2000, S. 194.) Die Zahlen beruhen auf Daten des Entwicklungshilfeprogramms der Vereinten Nationen.

134 Vor seiner erneuten Machtübernahme wurde es auf 1,2 Milliarden Franc geschätzt. In: *L'Evénement* vom 22. Mai 1997.

135 *Les Echos* vom 28. Januar 2000.

136 Piketty, Thomas, Saez, Emmanuel: *Quarterly Journal of Economics*, hg. vom Cepremap-Institut, Paris 2003.

137 *The Wall Street Journal* vom 18. Mai 2002.

138 Siehe »Patrons: pendant la crise, les salaires grimpent«, in: *Libération* vom 21. Mai 2003.

139 Am 15. Oktober 1998 beschloss die Strafkammer des Kassationsgerichtes, dass der Beschluss, sich mit der einen oder anderen Vergütungsform die Gehälter um mehr als 4500 Euro pro Monat zu erhöhen, bei Gesellschaften, die einen Verlust von mehr als 102 000 Euro aufweisen, den Tatbestand dieses Delikts erfüllt, da »die Vorstände den gravierenden Zustand der Firmenfinanzen schließlich kennen«. (Siehe dazu auch: Cass. Crim. 2 octobre 1997, n° 92-85.066, in: Joly, Eva, Joly-Baumgartner, Caroline: »L'Abus des biens sociaux à l'épreuve de la pratique«, *Economica* 2002.)

140 »1999 stellte die *New York Times* fest, dass sich der Zuwachs der natio-

nalen Einkünfte auch unter den besser gestellten zwanzig Prozent der Bevölkerung recht ungleich verteilt: Ein Prozent der Haushalte vereint neunzig Prozent der Einkommenszuwächse auf sich.« (Philips, Kevin: *Wealth and Democracy – a Political History of the American Rich*, New York 2002; auszugsweise übersetzt von Yves Mamou, »Big Money«, in: *Le Monde* vom 3. Dezember 2002.)

141 Machiavelli, Niccolò: *Der Fürst*, Stuttgart (3) 1963, S. 103.

142 Hines, James, Rice, Eric: »Fiscal Paradise: Foreign Tax Havens and American Business«, in: *Quarterly Journal of Economics*, Nr. 109.

143 Siehe dazu den Bericht zum Thema »Steuerparadiese« vor dem französischen Parlament. Dort wird der anerkannte Investmentbanker Merril Lynch zitiert, der schätzt, dass vierundfünfzig Prozent der weltweit angelegten Vermögenswerte auf den Konten der Bankenparadiese schlummern.

144 Jarry, Alfred: *Ubu Rex*, Frankfurt a. M. (2) 1988, S. 42.

145 Palan, Ronan: *Tax Havens and the Commercialization of State Sovereignty in International Organisations*, Nr. 56, Winter 2002.

146 Vor allem nach einem Beschluss des House of Lords in Großbritannien, der Ägypten 1929 die Steuerhoheit über ein Unternehmen zuerkannte, das zwar in London seinen Sitz hatte, dessen Gewinne jedoch nach Kairo transferiert wurden. (Zitiert in Piccioto, Sol: *International Business Taxation*, London 1992.)

147 Siehe Chavagneux, Christian: »Secret bancaire: une légende helvétique«, in: *Alternatives économiques*, Nr. 188, Januar 2001.

148 »Die Aufhebung des Bankgeheimnisses ist ein Angriff auf die Menschenrechte«, erklärte zum Beispiel Lucien Thiel, der Präsident der Luxemburger Bankenvereinigung, und stieß damit in ein Horn, das seit Jahrzehnten immer wieder gespielt wird. (In: *L'Expansion* vom 28. Mai 1998.)

149 Blum, Richard H.: *Offshore Haven Banks, Trusts and Companies: The Business of Crime in the Euromarket*, New York 1984.

150 *The New York Times* vom 10. Oktober 1998.

151 »Enron's Other Strategies: Taxes«, in: *The Washington Post* vom 22. Mai 2002.

152 Die *New York Times* (18. Februar 2002) berichtete über den Automobil-

hersteller Chevron bzw. den Ölkonzern Exxon Mobil, dass sie sich dieser Technik bedienten.

153 Bericht von Jean-Pierre Zanotto und Edmondo Bruno-Liberatti an den Europarat, 18. Februar 2000.

154 Einen Vorgeschmack gibt zum Beispiel der Bericht der Untersuchungskommission des französischen Parlaments über die Geldwäsche in Monaco. Dort behält sich der Generalstaatsanwalt das Recht vor, alle Informationsersuchen über Bankangelegenheiten zurückzuweisen, wenn diese »der Souveränität des Fürstentums schaden« könnten.

155 In: *Le Monde* vom 21. November 1998.

156 *Symposium du Luxembourg, Question écrite du Parlement européen*, Nr. 373, von Lord Kirkhill, verkündet von der Internationalen Liga für Menschenrechte.

157 Gegen Clearstream wurde am 15. Mai 2001 ein Verfahren eröffnet wegen »Steuerhinterziehung, Urkundenfälschung und Gebrauch falscher Urkunden, Bilanzfälschung, Nichtanzeige von Wirtschaftsverbrechen sowie Geldwäsche«. Das »Szenario systematischer Manipulationen« wurde vom Staatsanwalt Carlos Zeyen in einer Verlautbarung vom 9. Juli 2001 jedoch zurückgewiesen.

158 Siehe *Agefi* vom 16. September 1998. In einer Meldung der AFP vom 18. April 1997 heißt es, dass angesichts der mit nur wenig Personal ausgestatteten Finanzbehörden in Luxemburg die dort ansässigen Holdings nur einmal alle sechzig Jahre mit einer Betriebsprüfung rechnen müssen.

159 Vortrag von Bernard Bertossa auf einer OECD-Konferenz in Neu Delhi im Februar 2002.

160 In: *L'Hebdo* vom 4. April 2002.

161 In: *Libération* vom 12. Dezember 2001.

162 »Wenn auch nur ein Stempel auf den übermittelten Dokumenten fehlt, können die Verteidiger des Beschuldigten bereits die Annullierung des gesamten Materials beantragen. Dabei umfassen solche Akten manchmal mehr als tausend Seiten. Und um in Italien als Beweismittel zu gelten, muss ein Dokument, das im Ausland beschlagnahmt wurde, mit derselben Prozedur beschlagnahmt worden sein, wie die

italienische Strafprozessordnung dies vorschreibt. Ansonsten wird es vor Gericht nicht zugelassen. Dies ist für alle Richter der Schweiz wirklich ein Problem.« (In: *Le Temps* vom 4. Oktober 2001.)

163 *De la division du travail social*, 1. Buch, Kapitel 2.1.

164 Aung San Suu Kyi sollte den Text Anfang Juni von einem Abgesandten vorgelegt bekommen. Mir war sehr daran gelegen, die Unterschrift dieser Frau zu erhalten, die auf der ganzen Welt zum lebenden Symbol der Menschenrechte geworden ist, weil sie gegen die Korruptheit der Mächtigen protestierte und die Unterstützung des birmanischen Militärregimes durch internationale Konzerne, unter anderen den französischen Ölmulti Total, unnachsichtig anprangerte. Unglücklicherweise hat die Militärjunta einmal mehr beschlossen, die Friedensnobelpreisträgerin unter Arrest zu stellen. Daher haben wir beschlossen, ihr die Pariser Erklärung symbolisch zu widmen.

165 Dieses Prinzip existiert bereits im Strafrecht Irlands (Proceeds of crime act 1996) und Großbritanniens (Proceeds of crime act 2002). Es ermöglicht dem Gericht, ohne Strafverfahren alle Güter, deren legale Herkunft der Eigentümer nicht zweifelsfrei nachweisen kann, zu beschlagnahmen.

166 Natzweiler-Struthof im Elsass war das einzige Nazi-Konzentrationslager auf französischem Boden. Es war als Arbeitslager gegründet worden, wurde aber zu einem wesentlichen Stützpunkt der Operation »Nacht und Nebel«. Dabei wurden durch besonders harte Arbeitsbedingungen und gezielte Misshandlungen überdurchschnittlich viele Häftlinge getötet. Natzweiler-Struthof war für seine hohe Sterblichkeitsrate bekannt.

167 Wanda Heger hat diese Aktion in einem auch auf Deutsch erschienenen Buch beschrieben: *Jeden Freitag vor dem Tor*, München 1989.

168 Siehe Kleine-Brockhoff, Thomas, Schirra, Bruno: *Das System Leuna – Wie Politiker gekauft werden, warum die Justiz wegschaut*, Hamburg 2001.

Dank

In Norwegen: ein Danke an Helle und Anniken, Guro, Jens-Petter, Rolf-Einar, Per-Ludvig, Bjørg, Jørn, Olav, Sonja, Marit, Kari, Tone, Anne-Mette, Katherine, Atle, Jan und Unn.

In Frankreich: ein Danke an Patricia, Tanja, Julien, Caroline, Thomas, Dominique, Christian, Pierre, Serge, Jacques, Vincent, Emmanuel, Laurence, Elisabeth, Jean-Baptiste und Sophie.

In den Vereinigten Staaten: ein Danke an David, Kristina, Lucy und Enery.

In Italien danke ich Leo.

In Mexiko Raoul.

Auf den Philippinen Jak.

In der Schweiz danke ich Bernard, Paul, Curtile, Silvie und Gretta.

In Indien Anita, Arne und Mahendra.

In Kanada ein Danke an Luise.

In Großbritannien: Lucinda und Michel.